工业和信息化高职高专"十三五"规划教材立项项目

高等职业教育**财经类**"十三五"规划教材

U0725100

MARKETING

市场营销（微课版）

任会福 李娜 彭莉 主编
姚常珠 焦建萍 陆一鸣 副主编
翟敏 主审

人民邮电出版社

北 京

图书在版编目（CIP）数据

市场营销：微课版 / 任会福，李娜，彭莉主编. --
北京 ：人民邮电出版社，2019.2
高等职业教育财经类"十三五"规划教材
ISBN 978-7-115-49470-2

Ⅰ．①市… Ⅱ．①任… ②李… ③彭… Ⅲ．①市场营
销学－高等职业教育－教材 Ⅳ．①F713.50

中国版本图书馆CIP数据核字（2018）第220653号

内 容 提 要

本书紧扣从事营销管理工作人员所需的素质、知识和技能，采用任务驱动模式，设计了市场营销概述、市场分析、消费者购买行为分析、目标市场战略、产品策略、定价策略、渠道策略、促销策略和新媒体营销9个项目模块。

本书既可作为高职高专院校财经类专业的教材，同时也可作为企业管理人员和员工营销素质与技能培训的参考书。

◆ 主　　编　任会福　李　娜　彭　莉
　　副 主 编　姚常珠　焦建萍　陆一鸣
　　主　　审　翟　敏
　　责任编辑　刘　琦
　　责任印制　焦志炜

◆ 人民邮电出版社出版发行　　北京市丰台区成寿寺路11号
　　邮编　100164　电子邮件　315@ptpress.com.cn
　　网址　http://www.ptpress.com.cn
　　北京隆昌伟业印刷有限公司印刷

◆ 开本：787×1092　1/16
　　印张：12　　　　　　　　　2019年2月第1版
　　字数：288千字　　　　　　2024年8月北京第12次印刷

定价：39.80 元

读者服务热线：(010)81055256　印装质量热线：(010)81055316
反盗版热线：(010)81055315
广告经营许可证：京东市监广登字20170147号

本书是工业和信息化人才教育与培养指导委员会组织的"工业和信息化高职高专'十三五'规划教材立项项目"课题研究成果。

市场营销是一门建立在经济科学、行为科学和现代管理理论基础上的综合性应用学科。它主要研究企业市场营销活动的理论、原则、方法及其一般规律，同时也研究企业发现需求、引导需求、创造需求的学问，是企业的经营之道和生财之路。通过学习这门课程，读者可以有效地解决企业生存和发展的"瓶颈"，为企业的经营发展指明方向。

本书贯彻教育部《关于加强高职高专教育人才培养工作的意见》和《高职高专院校人才培养工作水平评估方案》的精神，积极响应高职高专教学改革的号召，以培养社会需要的技能型人才为导向，注重学生能力的培养，内容融"教、学、做"于一体。

本书编写人员结合企业生产实践，采纳众多企业一线人员的教学建议，按照"适合、实用"的原则，在理论内容上做了合理的取舍，增添了符合教学要求的技能实训项目。

本书在编写过程中，力求做到以下几点。

（1）理论上，不求面面俱到，以必需、够用、实用为标准。一方面以"4P"理论作为基本框架，同时考虑理论发展的动态，增加了部分营销前沿理论。

（2）倡导案例式教学。每个项目都用案例来导入教学，旨在明确教学目标的导向性，为理论学习做最直观的阐释，增加学生学习的主动性、好奇性；另外，每个教学模块还精心设计了案例分析环节，按照循序渐进、由浅入深的教学规律，提升学生的理论分析技能。

（3）通过课堂讨论提升理论学习效果。本书在每个教学模块结束前都设计了一些问题，这些问题需要学生运用发散性思维来进行探讨并获得答案，目的是让学生在互动中集思广益、互相启发。

（4）精心设计技能实训项目。在理论与技能学习的基础上，每个项目模块最后都设计了实训项目，教学中可以以小组为单位，深入企业完成该部分内容的实践学习。

本书由任会福、李娜、彭莉任主编，姚常珠、焦建萍、陆一鸣任副主编，翟敏任主审，其中任会福编写了项目一和项目二，李娜编写了项目三和项目九，彭莉编写了项目四和项目五，姚常珠编写了项目六，焦建萍编写了项目八，陆一鸣编写了项目七。另外，任会福还负责全书大纲的起草、总撰和定稿工作，李娜负责全书课堂讨论、技能实训项目的设计。

本书在编写过程中，吸收借鉴了国内外学者的研究成果，并得到了南开大学商学院李东进教授、泰安职业技术学院何平和教授及德州职业技术学院陈章侠、殷淑英、张立山三位教授的大力帮助，在此一并表示感谢。

尽管我们在编写过程中竭尽全力，书中仍有很多不足之处，敬请广大读者提出宝贵意见。来信可发至电子邮箱：13953467208@163.com 或 jelly6666@126.com。

编者
2018 年 7 月

目 录

市场营销概述

学习目标

【知识目标】

1. 掌握市场、市场营销的基本概念。
2. 了解市场营销学的发展过程。
3. 掌握市场营销观念的演变过程。
4. 了解市场营销管理过程。
5. 掌握市场营销人员应具备的营销精神。

【能力目标】

1. 运用市场及市场营销的理论分析实际问题。
2. 能够分清传统营销观念与现代营销观念的区别。
3. 学会运用市场营销观念指导企业进行市场营销活动。
4. 能够运用市场营销理论对企业进行市场分析。

案例导入

亚马逊：执着地创造顾客价值和关系

人们想到网上购物时，最先想到的可能就是亚马逊。1995 年，这位网络先行者最早打开了虚拟世界的大门——创始人杰夫·贝佐斯通过网络在其位于西雅图郊区的车库里开始出售图书。如今亚马逊仍然销售书籍——许许多多的书籍，但是它也销售其他东西，从音乐、电子产品、工具、家居用品、服装、生活用品到裸钻和龙虾。

亚马逊公司要求所有决策的制定都必须着眼于提升亚马逊网站的用户体验。事实上，在亚马逊的许多会议上，会议室里最有影响力的人就是一把"空椅子"——桌边的这把空椅子代表着极其重要的消费者。有时这把椅子并不是空的，会坐着一位"客户体验改善者"，即一位接受了特殊培训、能够代表顾客利益的员工。为了让"空椅子"有足够响亮和清晰的发言权，亚马逊根据近 400 个与消费者相关的目标对业绩进行严密追踪。

亚马逊在满足消费者需求上的执着追求，促使其采用与其他公司不同的方法接受挑战和不断创新。例如，亚马逊注意到书籍购买者需要更优化的途径来接触电子书籍以及其他数字化的内容后，研发出了电子书阅读器（Kindle）这一前所未有的原创产品。在 Kindle 上，公司花了 4 年多的时间，采用一整套全新的技术进行开发。亚马逊因"从消费者出发"的理念获得了丰厚的回报，如今 Kindle 已经成为该企业销量第一的产品，在亚马逊官网上出售的电子书数量也超过了精装书和平装本的总和。因此，最初为提升客户体验所做的种种努力，如今使亚马逊在迅速增长的电子媒体世界中赢得了强有力的竞争地位。电子书阅读器不仅让消费者可以随时接触亚马逊出售的电子书、音乐、视频以及应用（App），而且让消费者比以前更容易与这个网络巨头进行互动。消费者不仅可以用 Kindle 在亚马逊网站上购物，还可以在公司的博客和社交媒体主页上与其互动。

与"卖什么"相比"如何卖"显得更加重要。亚马逊希望为每一位消费者创造一种特殊的体验。大多数亚马逊网站的常客都能感受到自己与企业有一种强烈的关联关系，这在进行网络购物缺少面对面交流的环境下尤为可贵。亚马逊执着地追求让每一位消费者的体验都尽可能独一无二。例如，亚马逊网站用极具个性化的个人主页来迎接消费者，它的"相关推荐"专栏可以提供个性化的产品推荐。亚马逊是最早使用协同过滤技术的公司，协同过滤是对每个具有相似背景的消费者的以往购买情况和购买模式进行研究，据此为消费者提供个性化的网页内容。如果说它拥有 2.37 亿名消费者，就意味着它经营着 2.37 亿家商店。亚马逊不仅是在网上卖东西，它还创造了直接的、个性化的消费者关系和令人满意的网上体验。年复一年，亚马逊几乎在所有的消费者满意度排行榜上都位列前茅。

亚马逊因执着地专注于递送消费者价值而取得成功，已经成为当今企业的榜样。杰夫·贝佐斯从一开始就知道，只有为消费者创造卓越的价值，亚马逊才能赢得生意和忠诚；有了自己的消费者，企业才能获得利润和收益，从而取得成功。正如贝佐斯所说："事情变得越来越复杂时，我们只需问自己'什么对消费者最有利？'就能使事情简单明了了。我们相信只要坚持做到这一点，就一定会成功。"

启示：

究竟是什么成就了亚马逊？创始人兼首席执行官（CEO）贝佐斯将这个问题的答案简单的归纳为一句话："为消费者痴迷"。其核心思想就是在企业运作中完全以消费者为导向。

任务1　市场与市场营销

市场营销在一般意义上可被理解为与市场有关的人类活动，因此，我们首先要了解"市场"的含义。在知识经济时代，市场营销在开拓潜在市场，满足市场顾客需要，提高企业核心竞争力等方面，发挥着日益重要的作用。

一、市场的内涵

在市场营销学中，市场是指具有现实或潜在需求，有货币支付能力，并且有购买欲望的个人或组织的总和。

市场包含 3 个主要因素：有某种需要的人（人口），为满足这种需要的购买力、购买欲望，即

$$市场 = 人口 + 购买力 + 购买欲望$$

综上所述，有某种需要的人（人口），为满足这种需要的购买力、购买欲望是构成市场的 3 个要素。这 3 个要素是相互制约、缺一不可的，只有将三者结合起来才能构成现实的市场，才能决定市场的规模和容量。

二、市场营销及相关概念

（一）市场营销的定义

市场营销是指个人或组织通过创造并同他人或组织交换产品和价值，以获得其所需之物的一种社会管理的过程。对上述市场营销的概念应当如何理解呢？

1. 市场营销的实质：社会性的经营管理活动

"市场营销"一词来源于英语的"Marketing"，指企业的市场营销活动，也指市场营销学这一学科。从实质上讲，市场营销是指一种活动，尤其是指企业的经营管理活动。它广泛地存在于各种主体之间的交换活动之中，因而说，市场营销从实质上说是一种社会性的经营管理活动。

市场营销的定义

2. 市场营销的本质：商品交换活动

通俗地讲，市场营销就是企业围绕产品销售而展开的一系列运筹与谋划的活动，而销售就是把产品卖出去，有买才有卖。因此，从本质上来说，市场营销是一种商品交换活动。市场营销就是以满足人们各种需要和欲望为目的，变潜在交换为现实交换的一系列经营管理活动。

3. 市场营销的主体：企业

市场营销适用于存在交换关系的所有领域。市场营销的主体可以是个人、企业、城市、国家及社会等，但最具有典型意义的营销主体是企业。因此，在对市场营销基本理论与方法的阐述中，本书主要以企业为例展开，基本思想对其他类型主体仍然适用。

4. 市场营销的客体：消费者

在市场营销者看来，卖方构成行业，买方则构成市场。以企业为主体的市场营销活动的对象是市场，也就是消费者（个人消费者与组织消费者）。市场营销就是企业面向市场开展的一种经营活动，是企业围绕市场需求开展的一种市场经营活动。市场营销应当从了解市场需求开始，到满足市场需求结束，市场需求是市场营销活动的中心。

5. 市场营销的核心：交换

市场营销的核心是交换，从供给与需求两个方面来分析，同时满足自己需要和他人需要的唯一途径是商品交换，只有同时满足交换各方需要的交换活动才是市场营销，不满足任何一方或仅仅满足其中一方需要的市场活动都不是真正意义上的市场营销。

6. 市场营销的目的：满足消费者需求的同时使企业获取利润

对于企业来说，赢利是其存在的理由，满足消费者的需要与欲望是它获得利润的途径。企业只有发现消费者的现实与潜在需要，并通过商品交换尽力满足它，把满足消费者需要变

成企业赚钱的机会，这才是市场营销这一活动的终极目的。例如，海尔集团通过不断了解消费者的新需求，把生产的大量节能保鲜冰箱卖给了广大的消费者，达到了消费者满意和企业获利的双赢。

7. 市场营销的手段：系统性市场营销经营组合活动

企业的系统性市场营销组合活动是企业市场营销的手段。它主要包括 4 个阶段：生产之前的市场调查与分析活动，主要了解市场需求；生产之中对产品设计、开发及制造的指导，主要指导企业生产；生产之后的销售推广活动，主要开拓市场；产品售出之后的售后服务、信息反馈、消费者需要满足等活动，主要满足市场需求。这充分说明了市场营销应有的工作内容。因此，现代企业营销包括需求预测、新产品开发、定价、分销、物流、广告、人员推销、销售促进、售后服务等经营管理活动。

（二）市场营销的相关概念

企业营销的目的是了解人们的需要和欲望，满足需求。因此，人类的各种需要和欲望是市场营销的出发点。

1. 需要

需要（Needs）是指人们因为某种欠缺没有得到满足时的心理感觉状态，它是人类所固有的，市场营销者不能创造这种需要，而只能适应它，如人们饥饿时肚子咕噜咕噜地叫；天气变冷了，身体冻得打哆嗦。

2. 欲望

欲望（Wants）是指想得到某些基本需要的具体满足物时的愿望，如人们饥饿时肚子咕噜咕噜地叫，非常想吃水饺和包子；天气变冷了，身体冻得打哆嗦，非常想买一件羽绒服。市场营销者能够影响消费者的欲望。

3. 需求

需求（Demand）是指具有支付能力并且愿意购买某种物品的欲望。例如，人们饥饿时肚子咕噜咕噜地叫，非常想吃水饺和包子。到了学院食堂一看价位也不高，就立即采取了购买行动。人们愿意购买并且有支付能力，此时需要转化为需求。又如，天气变冷了，身体冻得打哆嗦，非常想买一件羽绒服，到了百货大楼一看，羽绒服的价格都太高了，远远超出了支付能力，就没有购买。愿意购买但是没有支付能力，此时的需要就不能转化为需求，因此，需求与需要的区别为是否有足够的货币支付能力。

4. 交换

产品只有通过交换才能产生市场营销。

交换（Exchange）是指通过提供某种东西作为回报而与他人换取所需产品或服务的行为。交换是营销理论的中心。交换需要具备 5 个条件，交换是一个过程。交换不同于转让，交换发生的条件为：①有交换双方；②每一方都有对方需要的、有价值的东西；③每一方都有沟通和运送货品的能力；④每一方都可以自由地接受或拒绝；⑤每一方都认为与对方交易是合适的或称心的。

5. 交易

一旦达成协议，就意味着发生了交易行为。

交易（Transaction）是交换活动的基本单元，是由双方之间的价值交换所构成的，如把钱给商店同时换取了新衣服。

三、市场营销组合

市场营销组合是市场营销理论体系中非常重要的内容，是企业市场营销战略的一个重要组成部分，企业要想组织起有效的市场营销活动，就要制定合理的市场营销组合策略，选择可行的方案，充分利用企业的全部资源，形成企业的经营特色，以增强营销竞争力。

（一）市场营销组合概述

市场营销组合是企业开展营销活动所应用的各种可控因素的组合，具体地说，是指企业在选定的目标市场上，综合考虑环境、能力、竞争状况对企业自身可以控制的因素，加以最佳组合和运用，以完成企业的目的与任务。理查德·克莱维特教授把营销组合要素归纳为产品、定价、渠道、促销。

1960 年，麦卡锡教授把企业开展营销活动的可控因素归纳为 4 类，即产品（Product）、价格（Price）、销售渠道（Place）和促销（Promotion），因此，提出了市场营销的 4P 组合。到 20 世纪 80 年代，随着大市场营销观念的提出，人们又提出了应把政治力量（Political Power）和公共关系（Public Relation）也作为企业开展营销活动的可控因素加以运用，为企业创造良好的国际市场营销环境，因此，就形成了市场营销的 6P 组合。1986 年 6 月，菲利浦·科特勒教授又提出了 11P 营销理念，即在大营销 6P 之外加上探查、分割、优先、定位和人，并将产品、定价、渠道、促销称为"战术 4P"，将探查、分割、优先、定位称为"战略 4P"。该理论认为，企业在"战术 4P"和"战略 4P"的支撑下，运用"权力"和"公共关系"这 2P，可以排除通往目标市场的各种障碍。第 11P 为人，即企业内部的员工和企业外部的营销目标消费者。20 世纪 90 年代初，世界进入了一个全新的电子商务时代，消费个性化和感性化更加突出，企业为了了解消费者的需求和欲望，迫切需要与消费者进行双向信息沟通。

1990 年，美国市场学家罗伯特·劳特伯恩教授提出了 4C 理论，即 Customer（消费者）、Cost（成本）、Convenience（便利）和 Communication（沟通）。该理论针对产品策略，提出应更关注消费者的需求与欲望；针对价格策略，提出应重点考虑消费者为得到某项商品或服务所愿意付出的代价；并强调促销过程应用是一个与消费者保持双向沟通的过程。4C 理论的思想基础是以消费者为中心，强调企业的营销活动应围绕消费者的所求、所欲、所能来进行，这与以企业为中心的 4P 理论有着实质上的不同。

4P 理论	4C 理论
卖方立场	买方立场
产品（Product）	顾客（Customer）
价格（Price）	购买成本（Cost）
销售渠道（Place）	便利（Convenience）
促销（Promotion）	沟通（Communication）

（二）市场营销组合的特点

市场营销组合作为企业一个非常重要的营销管理方法，具有以下特点。

1. 市场营销组合是一个变量组合

构成营销组合 "4P" 的各个自变量，是最终影响和决定市场营销效益的决定性要素，而营销组合的最终结果就是这些变量的函数，即因变量。从这个关系看，市场营销组合是一个动态组合。只要改变其中的一个要素，就会出现一个新的组合，从而产生不同的营销效果。

2. 营销组合的层次性

市场营销组合由许多层次组成，就整体而言，"4P" 是一个大组合，其中每一个 P 又包括若干层次的要素。这样，企业在确定营销组合时，不但更为具体和实用，而且相当灵活；不但可以选择 4 个要素之间的最佳组合，而且可以恰当安排每个要素内部的组合。

3. 市场营销组合的整体协同作用

企业必须在准确地分析、判断特定的市场营销环境、企业资源及目标市场需求特点的基础上，才能制定出最佳的营销组合。所以，最佳的市场营销组合的作用，绝不是产品、价格、渠道、促销 4 个营销要素的简单相加，即 $4P \neq P + P + P + P$，而是使它们产生一种整体协同作用。就像中医开出的重要处方，4 种草药各有不同的效力，治疗效果不同，所治疗的病症也相异，而且这 4 种中药配合在一起，其作用大于原来每一种药物的作用之和。市场营销组合也是如此，只有使它们成为最佳组合，才能产生一种整体协同作用。正是从这个意义上讲，市场营销组合又是一种经营的艺术和技巧。

4. 市场营销组合必须具有充分的应变能力

市场营销组合作为企业营销管理的可控要素，一般来说，企业对其具有充分的决策权。例如，企业可以根据市场需求来确定产品结构，制定具有竞争力的价格，选择最恰当的销售渠道和促销媒体。但是，企业并不是在真空中制定市场营销组合的。随着市场竞争和消费者需求特点及外界环境的变化，企业必须对营销组合随时纠正、调整，使其保持竞争力。总之，市场营销组合对外界环境必须具有充分的适应力和灵敏的应变能力。

（三）市场营销组合策略

影响企业营销的因素有两类，一类是企业外部环境给企业带来的机会和威胁，这些是企业很难改变的；另一类是企业本身可以通过决策加以控制的，具体如下。

1. 产品策略

产品策略包括产品发展、产品计划、产品设计、交货期等决策的内容。其影响因素包括产品的特性、质量、外观、附件、品牌、商标、包装、担保、服务等。

2. 价格策略

价格策略包括确定定价目标、制定产品价格原则与技巧等内容。其影响因素包括付款方式、信用条件、基本价格、折扣、批发价、零售价等。

3. 促销策略

促销策略主要是指研究如何促进消费者购买商品以实现扩大销售的策略。其影响因素包括广告宣传、人员推销、营业推广、公共关系等。

4. 分销策略

分销策略主要研究使商品顺利到达消费者手中的途径和方式等方面的策略。其影响因素包括分销渠道、区域分布、中间商类型、运输方式、存储条件等。

上述 4 个策略的组合体即为市场营销组合策略。市场营销组合策略的基本思想在于从制定产品策略入手，同时制定价格、促销及分销渠道策略，组合成策略总体，以便达到以合适的商品、合适的价格、合适的促销方式，把产品送到合适地点的目的。企业经营的成败，在很大程度上取决于对这些组合策略的选择和它们的综合运用效果。

【案例】　企业营销组合实战：果粒橙——果汁市场的一枝独秀

2004 年年底，可口可乐公司倾力推出美汁源麾下品牌果粒橙。该产品凭借鲜明阳光的形象、厚重的口感迅速赢得了消费者的心，同时借助步步为营的渠道拓展、刚柔有度的促销，迅速在白热化的果汁饮料市场上占据了一席之地。

一、背景分析

2002 年，除了康师傅、娃哈哈、第五季节等果汁行业巨头，北京的富迪、华贝康橙、屈臣氏，上海的波蜜、尚品珍、佳得乐、麒麟，广州的晨光、利宾纳、果汁先生、百佳在内的几百家企业全力进入果汁市场，从此果汁行业进入了群雄争战的时代。

二、创新战略

1. 产品策略：创意领先

（1）差异化市场切入

创新是产品取得成功的关键因素。加入一粒粒真正果肉是果粒橙最大的卖点。果粒橙定位"含有果肉颗粒的果汁"，切入的是一个细分市场，正是这种准确的差异化市场切入，让果粒橙这个后来者具备了迅速成为这一细分市场领跑者的"基因"。

（2）产品品质卖点

该产品的另一个卖点是通过了 CFQ（国家食品质量监督检验中心）的监督检验。通过 CFQ 监督检验的饮料极少，这显示出产品非同一般的品质。可口可乐公司使果粒橙通过 CFQ 测试，让消费者更加信任该产品。这个产品的创新和创意也体现了可口可乐公司的匠心独运和缜密准备。颗颗的果粒，首先让人觉得货真价实，其次在外观上也极具诱惑力。

2. 广告策略：阳光营养全喜欢

果粒橙的广告分为电视广告、车身广告和户外灯箱广告 3 类。消费者走在路上的时候可看到果粒橙的路牌广告，在等车的时候也可以看到车亭广告，回家打开电视依然可以看到果粒橙广告。公司通过对消费者反复宣传果粒橙的广告，很好传播了其产品。其策略疏密有度、布局精心，重点将广告投放在经济发达的南方市场、大都市以及省会市场。所投放的频道以成人频道为主，与定位儿童、青少年的酷儿完全相反，投放时间也大都选在成人观众最多的 9 点之后，既经济又紧贴目标消费者。

3. 价格策略：梯度设计

果粒橙的包装也与其他产品存在差异，分为 450ml 和 1.25L 两种。这两种规格的果粒橙价格分别为 2.5 元/瓶和 5.8 元/瓶，与 500ml 和 1.5ml 的统一鲜橙多价格相近，容易被消费者所接受。

4. 渠道策略：真功夫精耕细作

可口可乐有着庞大的销售组织和队伍，依托精细区域组织 101 系统，可以对各个渠道进行精耕细作。产品刚一上市，原有的销售队伍马上在 101 营销体系内组织铺市，给每个业务员下达铺市的目标点数和竞赛规则，并进行双重考核，激励业务员的工作积极性。

针对消费者，果粒橙更多采用现场促销的方式，如赠饮、签售、摸奖、游戏等，吸引消费者，并通过与消费者进行面对面的沟通来促进其进行尝试性购买。这些都有力地促进了各渠道的销售工作，提高了业务员的销售积极性，形成良性循环。

四、市场营销学的产生与发展

市场营销学又称市场学、行销学、市场管理等，是一门研究以满足消费者需求为中心的企业经营活动及管理过程的实用性很强的应用学科。它发源于 20 世纪的美国，经过近一个世纪的迅速发展和传播，影响深远，受到世界各国的普遍重视。市场营销学的发展历史大体分为 4 个阶段。

（一）产生阶段

市场营销学是商品经济发展到一定阶段的产物。19 世纪末 20 世纪初，世界上主要的资本主义国家相继完成工业革命，并从自由资本主义过渡到垄断资本主义。由于科学技术进步，生产迅速增长，生产效率大大提高，出现了生产能力增长超过了市场需求增长的情况，企业之间的竞争日益激烈，市场上商品销售遇到了困难。一些企业为了增加销售，开始注意推销术和广告术，以刺激需求。一些经济学者，根据经济环境的变化和企业销售实践活动的需要，开始研究商品销售问题，探索营销活动的规律。1902 年，美国加利福尼亚大学、密执安大学和伊利诺伊大学经济系正式设置了市场营销课程。1911 年，第一个市场调查研究机构在美国的柯的斯出版公司成立"商情调查研究室"。1912 年，美国哈佛大学的赫杰特齐教授在调查走访大企业主的基础上编写了第一本以市场营销学命名的教科书，这本书的问世被视为是市场营销学作为一门独立学科出现的里程碑。但其研究内容比较狭隘，仅限于广告和人员推销方法，研究活动基本局限在商学院校里，所以没有引起社会的足够重视。

（二）形成阶段

1929—1931 年，资本主义世界爆发了经济大危机，生产严重过剩，商品销售困难，企业大量倒闭，市场需求大大下降，企业面临了如何把商品销售出去的重大问题。一些市场营销学者为解决企业的市场和销售问题，开始研究市场调查、预测、消费需求分析、需求刺激等，市场营销理论也逐渐受到社会和企业界的重视，市场营销理论的研究组织相继成立。1937 年，全国性的组织市场营销协会（AMA）在美国成立。研究组织的建立，促进了市场营销理论走向社会，大大推动了市场营销学的应用和发展。随着竞争的激化，企业开始重视广告、商标、包装等非价格因素的市场营销技术，旨在提高推销员能力的培训也普遍地在各企业中开展；开始进行市场调查和市场分析，普遍重视售后服务，市场营销活动也由以生产者为中心转向以消费者为中心，提出"消费者就是上帝"的口号；为了覆盖全国市场，出现了连锁店、邮购商店等组织形式，使零售业的面貌发生了很大的变化。但在这个时期，对市场营销理论的研究仍局限于人员推销方法和广告技巧，以及推销商品的组织和策略等，没有超越商品流通范围。

（三）成长阶段

20 世纪 50 年代，第二次世界大战结束后，资本主义国际市场大大缩减，为了获得国际市场，市场竞争更加激烈。同时，美国从军事工业转向民用工业，民用工业的生产能力大大提高，加上科学技术的进步和发展，劳动生产率大幅度提高，商品数量急剧增加，花色品种日新月异。战后人民收入和生活水平迅速提高，消费需求和欲望发生变化，消费者对商品的需求由量向质转变，市场上的商品普遍供过于求，市场逐渐由卖方市场转向买方市场。为此，旧的市场营销理论把市场作为生产过程的终点，注重为生产出来的商品进行广告宣传和推销的销售观念已不适应形势发展的要求。市场不仅是生产过程的终点，而且应该成为生产过程的起点，即在产品生产之前，就必须进行市场调查，研究消费者的需求和欲望，以消费者为中心，组织企业的生产和销售活动，提供消费者所需的产品，以满足消费者的需求和利益，从而获取企业利润。这一新观念的提出，使市场营销理论有了一个质的飞跃，超越了商品流通范围，涉及生产、分配、交换和消费的总循环过程，深入生产领域和消费领域，渗透到了企业的生产经营活动之中，与企业的经营管理密切结合。市场营销理论这一基本观念的变革，被西方学者称为是一次革命。

（四）成熟阶段

进入 20 世纪 70 年代，资本主义经济出现了资源、能源、公害、安全等一系列问题。强调消费者权利的消费者主义的兴起，令市场营销面临许多新的挑战，促使市场营销新观念不断产生和完善，如社会市场营销、战略营销、关系营销、绿色营销、数据库营销、营销网络和全球营销等。市场营销学吸收了其他学科的精华，成为一门多学科交叉的、应用性较强的、综合性的管理学科。现在，市场营销学无论在国外还是在国内都得到了广泛的应用。

五、研究市场营销学的指导思想

市场营销学在我国是一门发展中的复杂的应用性学科，在研究市场营销学时应遵循以下指导思想。

（一）以满足消费者需求为导向

研究市场营销必须以满足消费者需求为出发点，又以此为终止点。一切生产经营、销售活动都应围绕"满足消费者需求"这个中心，并以此为导向，既要满足生活资料及产品消费者的使用需求和心理需求，又要满足生产资料及劳务购买者的再生产需求和增值需求；既要满足消费者的现实需求，又要善于将消费者的潜在需求转变为现实需求。

（二）以综合组织营销活动为手段

研究市场营销学涉及产品、价格、分销、促销等战略与策略、技巧与方法。研究者必须综合运用这些策略与技巧，组织好营销活动，使企业以需求为动力，以生产为基础，以销售为桥梁，以消费为目的，形成良性循环。

（三）以国家宏观调控为指导

任何企业的营销活动相对整个社会而言，都只是微观经济活动。企业单凭自己的实力和眼光难以在世界风云变幻中长远地、稳定地发展，商海浮沉的现象比比皆是，企业之间的盲目竞争、投资建设的一窝蜂现象、昙花一现的企业家等更是屡见不鲜。须知，市场经济并非是完全的自由经济。市场经济有其客观的规律性，也有其自发性和局限性。市场经济的健康发展离不开国家的宏观调控和政府的合理干预。企业要取得长足的发展，必须将自己的生产、营销计划置于国家中期和长期发展计划之下，自觉遵守国家的宏观协调、控制和新兴指导，严格遵守政府和管理部门的有关法令、法规，合法经营。

（四）以社会整体利益为最终目标

通常说，办企业是为了赚钱。此话只说对了一半。企业经营者都明白，获取利润绝不是唯一目的。中国人历来主张，凡举大事者都必须讲究"天时、地利、人和"。天时和地利是指自然环境，人和则是指社会环境。企业只有顺应和保护这两个环境，才能得以生存和发展。为了眼前一点利益而浪费土地、滥伐森林、乱采地下水、肆意捕杀野生动物、放任"三废"污染空气和水源等做法，只能以既害人又害己而告终。相反，另一些企业家以部分利润赞助社会公益或文艺、体育活动，兴办教育，救济贫困，既为社会做了好事，又提高了自己的知名度和美誉度，这样企业才能长盛而不衰。

任务2　市场营销管理

一、市场营销管理的概念和实质

市场营销管理是指规划和实施理念，商品和服务的设计，定价，分销与促销，为满足消费者需要和组织目标而创造交换机会的过程。

市场营销管理是一个包括分析计划、组织实施、指挥协调和监督控制的过程。它涵盖理念、有形商品和服务等领域。它以交换为基础，以满足交换各方的需要为目标。因此，市场营销管理的实质是需求管理。

二、市场营销管理的过程

任何一种经营管理活动的完成，都是在一定的观念与理论指导下，制定相应的战略，然后规划保证战略得以实现的策略（战术），并且对战略、策略的实施进行计划、组织、协调、控制。市场营销也不例外。市场营销是市场经济条件下企业经营管理的一项重要内容，其工作内容可以概括为以下几个方面。

（一）树立与贯彻现代营销观念

思路决定出路，营销观念不同，实施的营销行为也会有所不同，不同的营销行为会产生不同的营销效果。面对市场开展营销活动，可以以不同的营销观念作指导，在不同的营销观念指导下会产生不同的营销效果，所以企业要有效开展市场营销，首先必须树立正确的营销观念，这是企业市场营销管理过程的第一步。

（二）分析与预测市场营销机会

市场营销机会分析的具体内容是分析企业市场营销环境的各构成因素，特别是对消费者需求、动机与行为进行分析。市场营销机会分析的具体方法是营销调研与预测。

（三）规划与部署市场营销战略

市场营销管理的第三步是规划与部署市场营销战略。企业的市场营销战略规划包括确定企业的任务与目标，选择合适的市场机会并制定相应的发展战略，制定业务投资组合计划等工作。企业的目标市场营销战略包括市场细分、选择目标市场、市场定位等工作。

（四）制定与实施市场营销组合策略

市场营销管理的第四步是要制定或规划保证战略目标得以顺利实现的营销策略。营销策略主要包括产品策略、价格策略、分销策略和促销策略，也就是通常所说的 4P 组合，企业在营销活动中不能孤立看待这 4 个策略，而要综合分析考虑，选择最为有效的组合，以更好地实现营销战略目标，所以 4P 组合也被称为市场营销组合策略。

（五）管理与监控市场营销活动

管理活动具有计划、组织、协调、控制、领导、决策等职能。市场营销是企业经营管理活动中的一项重要内容，同样也具有分析、计划、组织、实施控制等职能，所以市场营销管理的最后一步是对市场营销活动全过程的组织、实施、监督与控制。具体来说，就是要做好市场营销的计划管理、市场营销的组织安排、市场营销控制等管理性工作。

三、市场营销管理的任务

市场营销管理的总任务是调节需求的时间、性质和水平，以实现企业的营销目标。在不同的需求状况下，市场营销管理者承担着不同的任务。

（一）转变市场营销：负需求

负需求是指市场上绝大多数消费者对产品不喜欢的一种需求状态。在这种需求状况下，市场营销管理的任务是转变市场营销方式，即分析消费者为什么不喜欢这种产品，并采取适当的营销措施，如重新设计新产品或完善老产品、改变价格、加大促销力度等，以改变人们对这种产品的态度或信念，变负需求为正需求。

（二）激发市场营销：无需求

无需求是指人们对某种商品毫无兴趣或漠不关心的一种需求状态。形成这种状况的原因：人们认为某些产品无价值；人们认为其有价值，但在特定的目标市场却无价值，如沙漠地区消费者对游泳衣、救生圈的需求；新产品或消费者不熟悉的产品，人们不了解或买不到，所以无需求。针对无需求的情况，市场营销管理的任务是激发市场营销，即采取各种营销策略，激发人们的兴趣和欲望，创造新的需求。

（三）开发市场营销：潜在需求

潜在需求是指相当一部分消费者对某种产品或服务有强烈的需求，而现有产品或服务又无法使之满足的需求状态。针对潜在市场需求状态，市场营销管理的任务是开发市场营销，即企业通过市场调查研究及预测，开发出满足消费者潜在需求的新产品，使潜在需求转变为现实需求。

（四）重振市场营销：下降需求

下降需求是指消费者对某种产品或服务的需求呈下降趋势的状态。针对下降需求，市场营销管理的任务是重振市场营销，即企业采取适当的市场营销策略，改变引起下降的因素，如完善产品的性能、改变广告宣传内容、销往新目标市场、开发新的销售渠道等，使下降趋势得以抑制，变下降需求为上升需求。

（五）协调市场营销：不规则需求

不规则需求是指消费者对有些商品或服务的需求在一年的不同季节、不同的月份，或者在一周的不同时间，甚至在一天的不同时间点，上下波动很大、有时多有时少的不规则的状态。针对不规则的需求状态，市场营销管理的任务是协调市场营销，即通过各种措施协调需求。例如，采取需求差别定价策略，在需求少时降低价格，鼓励人们在淡季消费，在需求多时提高价格，限制消费。

（六）维持市场营销：充分需求

充分需求是指消费者对某种产品或服务需求的时间和水平正好等于预期需求的时间和水平，这是一种理想的需求状态。针对这种需求状态，市场营销管理的任务是维持市场营销，即企业采取措施维持目前的需求水平，如保持产品的质量、广告频率及次数等，努力降低产品营销成本。

（七）限制市场营销：过度需求

过度需求是指消费者对某种产品或服务的现实需求水平超过了企业或组织所能提供或愿意提供的水平。针对这种需求状态，市场营销管理的任务是减少市场营销，即企业采取各种营销措施，暂时或永久地减少需求，如提高价格、减少促销等，使需求水平降低到正常水平。

（八）反市场营销：有害需求

有害需求是指市场对某种有害产品或服务的需求，如香烟、酒、毒品等。针对这种需求，市场营销管理的任务是反市场营销，即企业采取措施劝导人们放弃某种需求，如劝人们戒烟、戒酒等或停止供应有害的产品或服务，以法律形式禁止供应等。

任务3　市场营销观念

企业的市场营销观念是企业所信奉的哲学和理念，是企业从事市场营销活动的基本指导思想和行为准则。

　　企业的市场营销观念随着生产力和科学技术的不断发展、市场供求的变化、市场竞争的激化和市场营销管理的变化经历了从粗到细、由低级向高级发展的演化过程。企业的市场营销观念可归纳为 5 种，即生产观念、产品观念、推销观念、市场营销观念和社会营销观念，其中前三种被称为传统市场营销观念，后两种被称为现代营销观念。

一、传统市场营销观念

（一）生产观念

　　生产观念是在卖方市场条件下，以生产为中心、"以产定销"的营销观念。这种观念认为，消费者欢迎那些买得到而且买得起的产品。企业经营管理的重点是提高生产效率、增加产量、降低成本，在营销方面用不着花费很多精力。例如，美国皮尔斯堡面粉公司从 1869 年至 20 世纪 20 年代，一直运用生产观念指导企业的经营，当时这家公司提出的口号是"本公司旨在制造面粉"。福特汽车公司曾一度宣扬"不管顾客需要什么颜色的车，我们只有黑色的"。

　　生产观念是生产力和科学技术都还比较落后，或是生产发展比较缓慢时期的产物。以生产观念为导向的企业基本上处于 3 种市场环境条件之下。一是产品明显供不应求。只要企业将产品生产出来，总能销得出去。西方国家在 20 世纪 20 年代以前，我国在 20 世纪 80 年代以前的情况基本上都是这样。我国当时许多消费工业品，如手表、自行车、缝纫机都要凭票、凭证供应，所以生产企业只需要扩大生产、提高产量，而根本没有必要去考虑市场销路的问题。二是价格竞争是市场竞争的基本形态。在这种情况下，企业竞争的主要手段是降低产品的价格，而降低价格的前提则是对生产规模的扩大和生产成本的控制，所以企业必然以主要精力去扩大生产和降低成本。三是实行计划经济体制。在计划经济条件下，企业实际上只是政府计划的附属体，是一个严格按照计划进行生产的工作部门，资源和产品的分配不属于企业的责权范围，所以企业也没有必要去考虑生产之外的其他问题。

（二）产品观念

　　产品观念是以产品为中心的营销观念。这种观念认为，消费者欢迎那些质量好、价格合理的产品，企业管理的工作重心是提高产品质量，只要物美价廉，消费者必然会找上门，企业无须大量推销，"酒香不怕巷子深"是当时的典型表现。这种观念在商品经济不甚发达的时代或许有一定道理，但在现代商品经济即市场经济高度发达的条件下，则肯定是不适宜的。产品观念是一种"营销近视症"，它过于重视产品本身，而忽视了市场的真正需要。因此，企业不应过分夸大生产的作用，而忽视市场营销。

（三）推销观念

　　推销观念是生产观念的发展和延伸。20 世纪 20 年代末，西方国家的市场形势发生了重大变化，特别是 1929 年开始的资本主义世界大危机，使大批产品供过于求，销售困难，竞争加剧，人们担心的已不是生产问题而是销路问题。于是，推销技术受到企业的特别重视，推销观念成为工商企业主要的指

营销精神

导思想。例如，美国皮尔斯堡面粉公司在此经营观念导向下，适时提出"本公司旨在推销面粉"的口号。

推销观念假设企业若不大力刺激消费者的兴趣。消费者就不会购买或不会大量购买它的产品。因此，企业必须建立专门的推销机构，大力施展推销和促销技术。

从生产导向发展为推销导向是经营思想上的一大进步，但基本上仍然没有脱离以生产为中心、"以产定销"的范畴。因为它只是着眼于既定产品的推销，只顾千方百计地把产品推销出去，至于推销出去后消费者是否满意，以及如何满足消费者需要，从而让消费者完全满意，则未能给予足够的重视。

【案例】　通用公司仓促推出洗碗机　结果是门前冷落鞍马稀

推出洗碗机，意在减轻人们的家务劳动负担，适应现代人的快节奏。然而，当通用电器公司率先将自动洗碗机投向市场时，等待它的并不是蜂拥而至的消费者，"门前冷落鞍马稀"的局面真是出人意料。

而后，公司的营销策划专家寄希望于广告促销上。按照过去的经验，只要让广告媒体实施心理上的轮番"轰炸"，消费者总会认识到自动洗碗机的价值。于是，该电器公司在各种报纸、杂志、广播和电视上反复广而告之，"洗碗机比用手洗更卫生，因为可以用高温水来杀死细菌"。该电器公司深知细菌越小，消费者产生的恐惧就越大。它就创造性地用电视画面放大细菌的丑恶形象，使消费者产生恐惧。该电器公司还宣传自动洗碗机对付那些难以清洗的餐具的能力，在电视广告里示范表演了清洗因烘烤食品而脏得一塌糊涂的盘子的过程。但努力后并未达到令人满意的结果。自动洗碗机的设计构思和生产质量都是无可挑剔的，但为什么一上市就遭此冷遇呢？消费者究竟为何不购买呢？

第一，传统价值观念作祟，消费者对新东西的偏见、技术上的无知、消费中的风险和消费能力的差距，使自动洗碗机难以成为畅销产品。

第二，有些追赶潮流的消费者倒是愿意买洗碗机以换取生活方便，但用机器洗碗事先要做许多准备工作，这样费事费时又增添了不少麻烦，到最后还不如手洗来得快。家庭厨房窄小，安装困难也使消费者望"机"兴叹。一些消费者虽然欣赏洗碗机，但认为它的价格难以接受。

第三，自动洗碗机单一的功能、复杂的结构、较大的耗电量和较高的价格也是它不能市场化、大众化的原因之一。

二、现代市场营销观念

（一）市场营销观念

市场营销观念是商品经济发展史上的一种全新的经营哲学，它是第二次世界大战后在美国新的市场形势下形成的。所谓市场营销观念，是一种以消费者需要和欲望为导向的经营哲学，它把企业的生产经营活动看作是一个不断满足消费者需要的过程，而不仅仅是制造或销售某种产品的过程。市场营销观念认为，组织目标的实现有赖于对目标市场需求的正确判断，并能以比竞争对手更有效的方式去满足消费者的需求。简而言之，市场营销观念是发现需要并设法满足它们，而不是制造产品并设法推销出去；是制造能够销售出去的产品，而不是推销已经生产出来的产品。市场营销观念把推销观念的逻辑彻底颠倒过来了，不是能生产什么就卖什么，有什么产品就推销什么产品，而是首先发现和了解消费者的需要，消费者需要什么就生产什么、销售什么，消费者需求在整个市场营销中始终处于中心地位。实现从推销观念到市场营销观念的转变是企业经营思想的一次重大飞跃。

【案例】

在美国的迪士尼乐园里，欢乐如同空气一般无处不在。迪士尼乐园使来自世界各地儿童的美梦得以实现。迪士尼乐园成立之时便明确了目标：它的产品不是米老鼠、唐老鸭，而是快乐。人们来到这里是享受欢乐的。而乐园带给大家的全是欢乐。此外，公司规定，游人无论向哪位员工提出问题，其都必须用"迪士尼礼节"回答，绝不能说"不知道"。因此游人们一次又一次地重返这里，享受欢乐，并愿付出代价。由此可见企业树立市场营销观念的重要性。

（二）社会营销观念

社会营销观念是以社会利益为中心的营销观念。社会营销观念认为，组织应该确定目标市场的需要、欲望和利益，然后再以一种能够维持或改善消费者和社会福利的方式向消费者提供更高的价值。

由于市场营销观念强调了满足消费者需求和实现企业的目标，却忽视了社会公众的利益，而消费者、企业的利益与社会公众的利益可能是相悖的。例如，私人汽车的大量使用，造成空气严重污染、交通阻塞、事故频繁；许多企业只顾以新产品刺激消费需求，却导致产品寿命过短，造成了资源的浪费。还有，本来是为了方便消费者购买而使用的各种包装袋、软饮料瓶等，用完后即被丢弃，且难于处理和分解，不但造成了包装材料的大量浪费，也造成了生活环境的脏乱。社会营销观念是市场营销观念的进一步发展，使营销观念进入了一个更加完善的阶段。

社会营销观念与市场营销观念的不同如下。

（1）奉行市场营销观念的企业，可能了解并满足了个人的欲望，却不能从消费者和社会的长远利益出发来行事。社会营销观念认为，市场营销观念忽视了消费者短期欲望和消费者长期社会福利之间可能存在的冲突，而社会营销观念却以一种能够维持或改善消费者和社会福利的方式考虑问题。

（2）社会营销观念要求营销者在制定营销政策时，要考虑企业利润、消费者欲望和社会利益三者之间的平衡，而市场营销观念只考虑了前两个因素。

综观市场营销观念的演变过程可以看出，经营观念必须与企业所处的宏观经济环境相适应。市场供求状况的变化是导致企业更新经营观念的直接原因，而商品生产的发展是推动企业经营观念转变的根本原因。在企业经营观念的更新改变过程中，最根本的转变是企业经营活动的中心发生了变化，由以生产者为中心转变到以消费者为中心，这是市场营销学的一场重大变革。

三、市场营销观念的新发展

（一）大市场营销

大市场营销观念认为，企业不仅要服从和适应外部的宏观环境，而且更应当主动地去影响外部市场营销环境；企业的市场营销策略除了应包括 4P（产品、渠道、价格、促销）策略之外，还必须再加上两个 P 策略，即政治策略（Political Power）和公关策略（Public Relations），这种战略思想被称为大市场营销。换一种说法就是企业为了成功地进入特定的市场，并在这个特定的市场上经营，不应当消极地顺从与适应外部环境与市场需求，而应在战略上同时使用政治的、经济的、心理的、公共关系的技巧，以赢得参与者的合作。

如果企业面对规模小的，甚至是单个消费者的市场开展营销活动时，4P 策略是必须考虑的营销策略。但是，当企业面对规模大、人数众多、跨地区、跨国界的市场，甚至是全球市场时，仅采用 4P 策略，会"力不从心"。这是因为，随着市场规模的扩大，企业会遇到很多原先不曾遇到的问题，如市场文化差异。特别是世界范围贸易保护主义和政府干预经济的日益加强，政治权力对企业营销的影响也会格外增强。在这种情况下，企业应取得政府官员、立法部门、企业高层决策者以及社会公众的支持和合作，扫清营销障碍，变封闭性市场为开放性市场。

▌【案例】 百事可乐的印度公关 ▌

20 世纪 80 年代，由于印度国内反跨国公司议员们的极力反对，可口可乐公司被迫从印度市场撤离。与此同时，百事可乐公司开始琢磨如何打入印度市场，百事可乐公司明白，要想占领印度市场就必须消除当地政治层面的对抗情绪。百事可乐公司认为，要解决这个问题就必须向印度政府提供一项使该政府难以拒绝的援助。百事可乐公司表示要帮助印度出口一定数量的农产品以弥补印度进口浓缩软饮料的开销，还提出了帮助印度发展农村经济，转让食品加工、包装和水处理技术，这些举措帮助百事可乐赢得了印度政府的支持，迅速占领了印度软饮料市场。

（二）绿色营销

绿色营销指的是企业在充分满足消费需求、争取适度利润和发展的同时，注重自然生态平衡，减少环境污染，保护和节约自然资源，维护人类社会长远利益及其长久发展，将环境保护视为企业生存和发展的条件和机会的一种新型营销观念活动。具体来说，绿色营销就是企业通过市场交换过程满足人们的绿色消费需求，促进经济和生态的协调发展所进行的市场调查、产品开发、定价、分销和促销以及售后服务等一系列的整体经营过程，其最终目标是使消费者、整体社会和发展环境达到最满意、最和谐的程度，如三星集团提出的"共创绿色文明，有你、有我、有三星"。

绿色营销是现代市场营销发展的一个重要方面，也是传统营销的延伸和扩展，从营销原理和营销过程来讲，它与传统营销一致，都包括市场调研、目标市场选择、制订营销计划、制订市场营销组织策略等。所不同的是，绿色营销更强调人类社会生存环境的利益，讲求企业活动和发展要与环境保护、生态平衡相协调，要从根本上保护消费者、社会、企业三者的共同利益，最终实现企业和人类社会的持续发展。

绿色营销是现代企业的必然选择，也是一种营销原则，更是人们对人类、社会和自然之间关系认识深化的产物。它的提出与实施将会给人类社会生活带来不可估量的影响。

（三）顾客让渡价值

顾客让渡价值是指顾客总价值与顾客总成本之间的差额。顾客总价值是指顾客购买某一产品与服务所期望得到的一组利益，包括产品价值、服务价值、人员价值和形象价值。顾客总成本是指顾客为购买某一产品所耗费的时间、精力、体力以及所支付的货币资金等，包括货币成本、时间成本、精力成本和体力成本等。企业要想在竞争中获胜，必须能提供比竞争者具有更高顾客让渡价值的产品或服务，这样，才能使自己的产品或服务为顾客所注意，进而购买本企业的产品。为此，企业可以从两方面改进自己的工作：一是通过改进产品、服务、人员与形象提高产品的总价值；二是通过降低生产与销售成本，减少顾客购买产品的时间、精力与体力的耗费，从而降低货币与非货币成本。

（四）顾客满意战略

进入 20 世纪 90 年代，正当国内企业纷纷导入企业形象（Corporate Identity，CI）设计之时，日本和美国等国家开始使用和 CI 的思想和方法颇为不同的 CS（Customer Satisfaction）。CS 战略即是顾客满意战略，其核心思想是企业的全部经营活动都要从满足顾客的需要出发，以提供满足顾客需要的产品或服务为企业的责任和义务，以满足顾客需要、使顾客满意为企业的经营目的。在美国，从汽车业到旅游服务业现在都已开始发布顾客满意度排行榜。CS 营销战略把顾客满意所引发的对企业的信任和忠诚视作企业最重要的资产。CS 开辟了企业市场营销的新视野、新观念和新方法，已被国外企业界人士看作增强市场竞争能力、塑造良好企业形象的主要武器。

（五）服务营销

对服务营销的研究主要从两个角度切入：一是研究服务业的市场营销活动；二是研究实物产品市场营销活动中的服务策略。由于服务产品与实物产品比较，具有无形性、生产与消费的同步性、服务产品的不能储存性以及服务质量的差异性等特点，所以服务业市场营销组合具备 7 个要素，即在传统的产品、价格、促销、渠道组合策略之外，增加了"人（People）""有形展示（Physical Evidence）"和"服务过程（Process）"3 个变量，从而形成了 7P 组合营销策略。

1. 人

服务产品的生产与消费过程是服务提供者与顾客广泛接触的过程，服务产品的优劣、服务业绩效的好坏不仅取决于服务提供者素质的高低，也与顾客行为密切相关，因而企业除了要关注服务员工素质的提高、服务业内部管理的加强等方面，研究人的行为也是十分重要的。人是服务的重要构成部分，服务业企业必须重视员工的甄选、训练、激励和控制。

2. 有形展示

有形产品可以进行自我展示，服务则不能。顾客看不到服务，但是，顾客可以看到服务的工具、设备、员工、信息资料，得知其他顾客的消费满意程度等。一切可以用来展示或传递服务特色与优点的有形因素，均可以被称作服务的有形展示。服务产品的不可感知性，要求服务营销学要研究服务的有形展示问题。服务产品有形展示的方式、方法、途径、技巧成为服务营销学研究的系列问题，这是服务营销学的突出特色之一。

3. 服务过程

服务过程是服务生产与服务消费的统一过程，服务生产过程也是顾客参与的过程。因而，服务营销学必须把对顾客的管理纳入有效的推广服务以及进行服务营销管理的轨道上去，如在市场营销过程中，顾客接受服务的途径、市场营销系统运作政策和程序的采用、顾客参与服务提供过程的程度等，都是市场营销需要考虑的问题。

任务4 营销人员应具备的基本素质与技能

一、市场营销人员应具备的基本素质

（一）高尚的职业道德和强烈的责任心

一个合格的营销人员应当热爱自己的工作，忠实于自己的企业，并将营销工作作为自己终生奋斗的事业；要以客户利益、消费者利益为第一位，并积极维护企业利益。合格的营销人员必须具有强烈的责任心、严肃的工作态度，坚守职业道德，并通过职业意志推动目标的实现。

【案例】 三尺柜台树丰碑

已故全国劳模、原北京市百货大楼售货员张秉贵，是新中国成立以后的第一批售货员。在当时实施计划经济，商品供不应求的情况下，为了让来店购买糖果的顾客少排一会儿队，他牺牲了业余时间，练就了"一把抓""一口清"等服务技能，不但为顾客节省了大量排队时间，还成为北京市的一道风景，许多人慕名前来参观。张秉贵的敬业精神，被著名作家冰心誉为"一团火"精神，是全国商业战线的楷模。

（二）积极的心态和坚强的意志

营销工作是一项烦琐、劳动强度大、工作时间不确定的工作，营销人员应该能够承受各种挫折，保持积极的心态，同时还要有毅力、耐心、韧性和持续的行动力，能持之以恒，坚持到底，直至胜利。

营销人员要有"六不怕精神"：一不怕苦，二不怕累，三不怕难，四不怕险，五不怕远，六不怕失败。

营销人员还要具备"4个千万"：走遍千山万水，吃遍千辛万苦，想尽千方百计，说尽千言万语。

快递哥的跑车

意志的作用在于发挥能动性，自觉克服来自内部或外部的各种障碍，努力实现目标。市场营销人员承担着企业兴衰的重任，同时又是连接消费者与企业的桥梁，所以必须要有自我激励精神，要有坚强的意志品质。

【案例】 李阳与"疯狂英语"

李阳，祖籍山西，1969年出生于乌鲁木齐。李阳上中学时学习成绩不很理想。1986年自新疆实验中学勉强考入兰州大学。大学一、二年级，李阳多次补考英语。为了彻底改变英语成绩差的窘况，李阳开始奋起一搏。他摒弃了偏重语法训练和阅读训练的传统学习方法，另辟蹊径，独创性地将考试题变成了朗朗上口的句子。经过4个月的艰苦努力，李阳在1988年大学英语四级考试中取得了全校第二的优异成绩。

后来李阳通过自我锤炼成为著名的英语播音员、中英文双语主持人、一代英语口语名

师、"万能翻译机"和"英语播种机"。再后来，他被邀请到全国数百个城市传授英语学习经验，全国上千万人听过他的精彩讲学。

十多年来，他的学生遍布大江南北，他曾经应邀前往日本、韩国、美国讲学，传播"疯狂英语"和"疯狂汉语"，成为全球近 30 个国家千余家媒体追踪采访的热点人物，并创办了我国著名的教育品牌——"疯狂英语"。

（三）顾全大局的精神和强烈的团队意识

营销人员应该以社会发展为己任，站在社会进步和企业发展的战略高度考虑问题，处处维护社会利益和企业形象，绝不能以一己之私为企业带来负面影响和利益损失。

【案例】　不是谁都能成功的

美国市场营销协会（AMA）的一项调查表明：有 48%的推销员在第一次拜访客户后便放弃了继续推销的意志；有 25%的推销员在第二次拜访客户后放弃了继续推销的意志；有 12%的推销员第三次拜访客户后放弃了继续推销的意志；有 5%的推销员在第四次拜访客户后放弃了继续推销的意志。只有 10%的推销员锲而不舍，而他们的业绩占了全部销售额的 80%。（资料来源：吴宪和.《市场营销》.上海财经大学出版社，2005.）

思考：有多少推销员会在与客户交流后放弃自己的工作？这些人主要缺乏什么？坚守在营销岗位上的人具备哪些素质？

（四）准确的判断力和冷静分析问题的能力，善于以人格魅力影响客户

营销人员的个性特征是由他们岗位的特殊性、工作的复杂性和曲折性决定的。一般来说，营销人员应具有外向的性格特征，但事实上，一些具有内向性格特征的人也可以成为成功的营销家。他们的人格特点：工作越复杂，越表现出主动性，足智多谋，富有想象力，具有准确的判断力、冷静分析问题的能力；对产品，有充足的认识；对工作或现实持客观的态度。面对客户，具有高度的热忱、耐心、礼貌、有控制力；与客户谈判时，表现出较强的灵活性；从事紧急公关时，善于把握机会，工作有条不紊；面对刁蛮的客户或棘手的问题时，友善、礼貌、冷静、大度，能以人格魅力扭转局面。

【案例】　是矮小还是高大

被日本人称为"推销之神"的原一平，身高 1.45 米。可他的推销额连续 15 年居全国第一。他 69 岁时应邀演讲，有人问他成功的秘诀是什么，他脱掉袜子请人摸他的脚底板，他的脚底板上有一层厚厚的茧。又有人问他："在几十年推销生涯中是否受过侮辱，"他回答："我曾十几次被人从楼梯上踹下来，五十多次手被门夹痛，可我从未受过侮辱。"（资料来源：吴宪和.《市场营销》.上海财经大学出版社，2005.）

思考：如果你面对无理、不理解，甚至侮辱你的客户，你将如何应对？你对自己的心理与个性如何评价？

（五）健康的心理素质和强健的体魄

世界卫生组织对"健康"的定义："不仅未患疾病，还包括具有承受正常的社交活动的心理

能力"。健康的心理素质包括：（1）对现实与他人的认识趋于准确客观；（2）对事实持稳定的态度，能够承受各种挫折，保持良好的心态；（3）广泛而深厚的人际接纳能力。同时由于营销工作劳动强度大、工作时间不确定，营销人员需要养成良好的习惯，练就强健的体魄。

二、营销人员应该具备的九大技能

（一）具备自我表达和企业形象策划能力

能够从不同的角度把自我的个性、特点、能力展示出来，熟练运用文字或语言对企业及产品形象作详细描述，成为本企业产品的营销专家或行家能手。

（二）具有对目标市场的调查与分析能力

能够编写调研方案，设计调查问卷，熟练运用各种调研方法，撰写市场分析报告。

（三）具备目标市场战略策划能力

能够用市场细分的标准，对现有的市场进行有效的市场细分，灵活运用目标市场的选择策略，对竞争的环境进行分析，做出正确的市场定位选择。

（四）具有运用市场营销信息分析市场环境、选择合适策略的能力

能充分利用调研得到的各种信息，结合企业实际和特定的市场营销环境，分析市场特点和消费者需求，并选择相应的市场营销策略。

（五）具备娴熟的产品销售能力

营销人员要能够固定客户范围并对推销工作准备充分，以合适的方法寻找、拜访、接近顾客，制订合适的洽谈方案，善于运用各种谈判技巧打破僵局，促成交易，并能够对货品进行有效的管理。

（六）具有较强的客户管理能力，及时处理客户投诉

营销人员应能有效管理客户，并对客户档案资料进行及时的分析与处理，以真诚的态度为顾客服务，能及时、正确处理客户投诉，努力提高客户满意度，对客户的信用情况进行认真的调查，严格把关。

（七）熟悉网络营销，具备进行电子商务的能力

熟悉企业网络的基础知识，能对网页进行设计，实现与客户的交流，并与之进行电子化交易。

（八）具有较强的团队协作能力

营销人员要将自己融入整个团队，善于处理团队成员之间的关系，充分调动团队成员的积极性，善于协作，和大家齐心协力，努力实现营销目标。

（九）熟悉相关法律法规，并能够运用自如

能够运用法律规定规范销售合同行为，正确签订销售合同，履行合同义务；以营销活动相关的法律法规为指导，提出合法的营销对策和建议，正确制订市场营销方案，规范营销行为；掌握必要的解决营销纠纷的实务技能，会通过合法途径、程序解决营销纠纷。

课堂讨论

你认为营销人员还应具备哪些素质和技能？

能力形成考核

【知识测试】

1. 如何从不同的角度理解市场的含义？
2. 什么是消费者市场？其特点有哪些？
3. 市场营销的具体阶段及内容有哪些？
4. 试比较新旧营销观念的区别，并说明为什么要树立新的营销观念。
5. 倡导绿色营销有什么重要意义？

【能力训练】

让奥运金牌托起孩子的希望

在奥运会期间，海尔正式启动了"一枚金牌，一所希望小学"计划，即在北京奥运会上，我国运动员每获得一枚金牌，海尔就将为贫困地区的孩子捐建一所希望小学。

为期17天的北京奥运会已经圆满闭幕，通过健儿们的奋力拼搏，我国体育代表团交出了一份优异的答卷，以51枚金牌的成绩居金牌榜第一，并在女子体操、射箭、击剑、赛艇、蹦床、拳击等多个项目上取得历史性的突破。

相应地，海尔"一枚金牌，一所希望小学"计划也遍地开花——共捐建希望小学51所，遍布全国25个省，其中就包括四川北川地震灾区的15所，3万多名贫困地区的孩子因此收获了"希望"，有了新的学校。

让金牌托起希望——海尔的这项计划不但完美地诠释了奥运精神，更使金牌"增值"——承载了更为深刻的社会意义。海尔集团新闻发言人张铁燕表示，海尔一直积极支持希望工程，将反哺社会、致力公益作为企业的使命，而北京奥运会是我国的盛事，所以海尔"一枚金牌，一所希望小学"计划就是为了让更多贫困地区的孩子也能感受到奥运的喜庆气氛，分享奥运带来的"希望"。

思考：

（1）海尔的"奥运金牌希望计划"体现了哪种营销管理哲学或观念？

（2）在这项计划中，海尔是如何处理有关各方的利益的？

（3）海尔的"奥运金牌希望计划"的社会意义是什么？

【技能提升】

[实训项目]

对当地某企业进行营销观念分析，并制定招聘或培训营销人员的要求。

[实训目的]

检验学生对于营销观念以及对营销人员的素质及能力要求的理解程度。

[实训任务]

（1）请在当地学校合作企业中任选一家，分析该企业的营销观念并提出改进意见。

（2）为该企业招聘或培训营销人员制订规划。

[实训步骤]

（1）选定某一校企合作企业了解情况。

（2）以小组为单位对企业营销观念进行分析、讨论。

（3）为该企业招聘或培训人员活动撰写策划书。

（4）课堂评析各小组实训报告。

[考核评价]

由任课老师负责指导与考核评价，其中预习准备 10%，实际调查符合要求 20%，初始记录完整 20%，实训分析报告完整清晰 40%，团队合作 10%。

项目二

市场分析

学习目标

【知识目标】

1. 了解微观环境和宏观环境的构成要素。
2. 了解企业为应对营销环境的变化所采取的对策。
3. 掌握市场营销调查的方法和基本步骤。
4. 掌握调查问卷的格式和内容。

【能力目标】

1. 能够运用机会/威胁分析法来分析企业的营销环境。
2. 能够运用各种调查方法。
3. 能够设计各种调查问卷。

案例导入

诺基亚"陨落"的启示

诺基亚曾经一度是手机行业的王者,其辉煌的时候市值高达 1 100 亿欧元,而出售给微软的价格仅为 55 亿欧元。一个手机王者为什么最终却成为微软的附属品?究其原因主要有七个:没有抓住消费趋势,最终被后来的苹果、三星等全面超越;对市场的变革反应迟钝,过于沉溺在过去的辉煌中;专利和新技术不能及时进行消费者转化;战略摇摆,举棋不定,错失良机;品牌老化,缺乏时尚感,慢慢失去想象力;只专注单个产品创新,而未能在生态系统上进行创新;仅仅改良,仅仅满足需求是不够的。

任何产业的形势都在不断发生变化,而诺基亚在这个变化过程中,对一些形势的判断出现了失误,新的产品战略未能引领消费需求,喊着"科技以人为本"的旗号,却未能适应商业和消费的变革,最终死在了坚守功能化手机和固执的战略道路上,让微软以较低的价格完成了"设备+服务"的战略收购。

启示：及时观察和分析市场环境，抓住变化，做出适当的调整，才能使企业获得持续发展。

任务1　市场营销环境概述

一、市场营销环境及其构成

（一）概念

市场营销环境是指影响企业市场营销活动及其目标实现的各项因素和力量的总称。市场营销环境是企业生存的空间和企业营销活动的重要依据，其与企业是鱼与水的关系。

（二）构成

市场营销环境可分为微观营销环境和宏观营销环境。微观营销环境是直接影响和制约企业营销活动的条件和因素，包括供应商、竞争者、营销中介、最终顾客、投资者、公众等。宏观营销环境是间接影响和制约企业营销活动的条件和因素，包括人口、经济、政治与法律、自然环境、社会文化、科技等因素（见图2-1）。

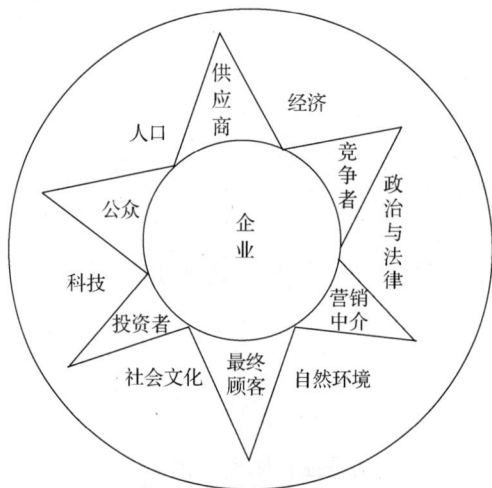

图 2-1　市场营销环境系统

（三）特征

1. 综合性

无论是市场营销的微观环境还是宏观环境都是由众多因素构成的，有的因素起决定作用或主要作用，有的起次要作用或补充作用，但它们都是构成完整和良好的市场营销环境所必需的。企业在做出营销决策时，要统筹兼顾，力争在现有环境中达到最佳营销目的。

2. 整体性

市场营销环境是一个有机整体，各部分互相联系、互为条件，构成了完整的市场营销环境系统，任何因素的变化都可使其他因素发生连锁反应，进而导致整个营销环境的变化，影响企业营销的效果。进行市场营销环境分析时要注意从整体出发，既要考虑微观环境可控有利的一面，也要顾及宏观环境因素非可控不利的一面，实现两者的最佳组合，发挥整体优势。

3. 区域性

地区间差异导致企业营销环境也存在着区域性。例如，就宏观环境而言，有的国家对产品的进出口有严格的限制，有的国家则没有限制，这会直接影响企业的对外营销策略；对微观环境而言，针对各国消费者的爱好不同，同样产品的包装、价格会因为销售地域的不同而有差别。因此，企业应审时度势，充分认识各区域环境特点，制定合适的营销策略。

4. 动态性

市场营销环境的动态性主要表现在环境中各因素都处在不断变化之中。政策的变化、收入的变化、习惯的改变、企业生产能力的变化、管理水平及原材料状况的变化等，都从正反两方面影响企业的营销活动。企业只有在动态的环境中寻求相对稳定的宏观与微观环境的均衡，才能较为合理地找到市场营销的出发点。

【案例】　金陵首富村——武家嘴

坐落在苏皖交界，白白湖畔的高淳县武家嘴村，位置偏僻、土地稀少，曾经是一个穷得叮当响的小渔村，被称为"渔花子"村。然而，近年来却异军突起，连续6年成为南京市内的首富村。全村资产在百万元以上的农户占40%，村内造型别致的农民别墅鳞次栉比，其室内装潢水平一点儿也不逊色于城市，冰箱、彩电、空调、音响等家用电器更是一应俱全。

面对市场营销环境的不断变化，村民是如何致富的呢？武家嘴的崛起，主要抓住了3次较大的发展机遇。

第一次是1991年上海浦东开发。该村在广泛收集信息的基础上，经过认真分析，认准了浦东开发对水运船户来说是个巨大的"商机"，于是村委会和村党支部大胆鼓励村民发展造船业。那时，全村滩涂的沿湖岸边都变成了造船厂，家家户户都在造大船。浦东开发，使武家嘴人的钱包鼓了。

第二次是1993年，国家宏观调控后，大力压缩基本建设总量，黄沙等建筑物资市场萧条，村民们一筹莫展。村党支部明确告诉大家，一条"沙"路走到底，肯定会陷入困境。为此，村党支部积极引导村民向集装箱等多种品种物资运输转变。正因为积极调整了运输结构，他们非但没有减收，反而收入有所增长。

第三次是党的十五大对非公有制经济的地位和作用做了充分肯定，这给武家嘴人吃了一颗"定心丸"。村党支部进一步统一村民的认识，倡导"致富思源，富而思进"，使武家嘴有了新的飞跃。

二、市场营销环境研究的内容

（一）微观营销环境

微观营销环境是直接制约和影响企业营销活动的力量和因素，其对企业具体的营销活动，如采购原材料、对外业务往来等有直接的影响和联系。所以，微观营销环境又被称为直接营销环境或企业作业环境。

1. 企业

市场营销部门一般由市场营销副总裁、销售经理、推销人员、广告经理、营销研究与计划以及定价专家等组成。营销部门在制定和实施营销目标与计划时，不仅要考虑企业外部环境力量，而且要充分考虑企业内部环境力量，如生产、采购、研发、财务、最高管理层的协调与配合，争取高层管理部门和其他职能部门的理解和支持。因此企业在营销中，为了实现营销目标，必须协调和处理好企业内部各部门之间的各种矛盾和关系。现代市场营销理论特别强调企业对环境的能动性和反市场营销环境的作用，认为企业对周围环境，不仅有反应、适应的必要，而且还有积极创造和控制的可能。

2. 供应商

供应商是向公司供应它们生产产品和劳务所需要的各种资源的企业，是公司的整个顾客"价值传送系统"中的重要一环。公司要进行生产，首先要有各种原材料、燃料、辅助材料等的供应作保障。供应商直接制约着公司的营销活动，其变化对营销有着重要的影响。营销部门必须关注供应能力——供应短缺或延迟、工人罢工及其他因素。这些因素在短期内会影响销售，而在长期内会影响顾客的满意程度。营销部门也必须关注公司主要原料的价格走势，供应成本上升会影响公司的销售额。因此，公司在寻找供应商时，必须对供应商的情况进行综合评价，选择信誉好、价格低的供应商。

现代营销环境

3. 竞争者

在现代市场经济中，大多数公司在进行营销活动时，是面对着垄断竞争目标市场的，不可避免地会遇到已有或潜在的竞争对手的挑战。从消费需求的角度划分，公司的竞争者可以分为4种类型。

① 产品竞争者，是指生产同种产品但不同规格、型号、款式的竞争者。

② 品牌竞争者，是指产品相同，规格、型号等也相同，但品牌不同的竞争者。

③ 平行竞争者，是指能够满足同一种需求的不同产品的竞争者。

④ 需求竞争者，是指提供不同产品，以满足不同需求的竞争者。

前两类竞争者都是同行业的竞争者，是企业必须认真了解、研究、对待的竞争者。同类产品的市场竞争对手是企业无法控制的，它对企业的生存发展起着十分重要的作用。企业要取得成功，就必须创造一定的优势，加强对其他竞争对手的研究，如此才能有针对性地选择自己的经营对策。

4. 营销中介

营销中介是指为企业营销活动提供各种服务的企业或部门的总称。任何企业的营销活动都离不开营销中介，有了营销中介所提供的服务，企业的产品才能顺利到达目标消费者手中，所以营销中介对企业的营销活动产生直接的影响。但由于不同的营销中介在具体的营销活动中所处的地位不同，因而其对营销活动的影响程度也不同。营销中介主要包括中间商、物资分销机构、营销服务机构和金融机构等。

5. 顾客

顾客就是企业服务的对象，是企业的目标市场。顾客是企业直接营销环境中最重要的因素。顾客是企业产品的直接购买者，顾客的变化意味着企业市场的获得或丧失。顾客市场可分为消费者市场、企业市场、经销商市场、政府市场、国际市场 5 种，企业应当仔细研究其顾客市场。消费者市场是由个人和家庭组成的，他们是为自身消费而购买商品和服务。企业市场购买产品和服务是为了进一步深加工，或在生产过程中使用。经销商市场购买产品和服务是为了再次销售，以获取利润。政府市场由政府机构构成，购买产品和服务用以服务公众，或作为救济转移支付。国际市场则是由其他国家的购买者构成，包括消费者、生产商、经销商和政府。每种市场都有各自的特点，销售人员需要对其进行仔细研究。

6. 投资者

投资者指为了从事生产和经营而投入资金者。投资者对企业营销活动的影响与竞争者的影响是不同的。竞争者对企业营销活动的影响主要来自竞争者的价格、广告宣传、促销手段的变化，而投资者对企业营销活动的影响主要在于投资者投入资金的多少。资金投入量的多少，可以直接影响企业的生产规模、生产技术和产品质量。

7. 公众

公众是指对企业完成其营销目标的能力有着实际或潜在利益关系和影响力的群体或个人。企业所面临的公众主要有金融公众、媒介公众、社区（社团）公众、政府公众和内部公众。企业对公众的态度会对企业的营销活动产生巨大的影响，它既可能有助于增强企业实现营销目标的能力，也可能妨碍这种能力，所以企业必须采取一定的措施，成功地处理与主要公众的关系，争取公众的支持和偏爱，为自己营造和谐宽松的社会环境。例如，企业与银行及其他金融机构关系融洽，企业生产和经营所需的资金就能得到保证，这能使企业的营销活动顺利进行。反之，营销则受影响。

（二）宏观营销环境

企业营销活动除了受到微观环境的直接制约和影响外，往往还受到宏观营销环境的影响和制约，宏观营销环境是指对企业营销活动带来市场机会和环境威胁的主要社会力量，如人口、经济、政治与法律、自然环境、社会文化、科技等，因此，企业开展营销活动时必须分析这些因素。由于这些条件或因素从宏观角度间接作用（以微观营销环境为媒介）于企业的营销活动，因此我们也可以把这些因素称为间接营销环境。

1. 人口

人口是构成市场营销的基本要素。人口包括人口规模、人口增长、人口结构、人口的地理分布密度等因素。市场营销是围绕市场中心展开的，而市场又是由具有购买欲望和购买力的人组成的。因此，人口就成为企业在营销中首要分析评估的宏观环境因素。

（1）人口规模。一般来说，在经济发展和收入水平相等的条件下，一国人口规模越大，则市场规模就越大。人口规模对市场规模的影响，通常表现在对基本生活资料市场的需求量方面。因此，人口规模尤其成为企业开展营销活动时考察基本生活资料市场的因素。据预测，到 2050年，世界人口将突破 100 亿。我国人口已经超过 13 亿。随着世界及我国人口规模的扩大，世界及我国市场规模也会不断扩大。

（2）人口增长。企业不仅要通过了解人口现状来了解现有市场规模，更需要关注人口发展的趋势。因为人口增长与否或速度快慢，直接影响未来市场需求增长与否或变化方向。目前，发展中国家或地区人口增长率平均达 2.1%，其中，撒哈拉以南非洲人口增长率平均高达 3.2%，而发达国家则为 0.6%，有些西欧、北欧国家或地区人口增长率为负。这意味着发展中国家或地区的消费需求会不断增长，市场潜力很大；相反，有些西欧、北欧国家或地区人口出生率下降，则可能会造成这些国家儿童用品消费需求总量的相对减少，对营销儿童用品的企业是一种"环境威胁"，但对另一些行业，如旅游业、交通运输业、餐饮业等行业来说，却增加了市场机会。

（3）人口结构。企业营销者除了要了解掌握人口规模、人口增长以外，还应分析人口的结构。因为人口结构不同，人们对商品的需求不同，分析不同的人口结构，可为企业寻找目标市场提供依据。人口结构主要包括人口的年龄结构、性别结构、学历结构、家庭结构以及民族结构。

① 年龄结构。人根据年龄不同通常被分为 6 个群体：学龄前儿童、学龄儿童、青少年、25～40 岁青年人、40～60 岁中年人和 60 岁以上的老年人。不同年龄人群对商品的需求不一样。目前，世界人口呈老龄化趋势，在发达国家，65 岁以上老年人占总人口的比重已超过 13%，预计到 2025 年将达到 23.6%。人口的年龄结构发生了极大的变化。2000 年，我国 0～14 岁人口比例为 22.89%，15～64 岁人口比例为 70.15%，65 岁及以上老年人的人口比例为 6.96%，我国人口结构已经转变为老年型人口结构。预计到 2050 年，我国老年人口比例将达 27%，这将意味着在今后 20 年内，世界及我国的"银发市场"，如保健用品、营养品、老年医疗卫生等市场将会发达起来。

② 性别结构。不同性别的人口，会使市场需求带来产生差异。例如，女性比男性更喜欢打扮、逛商场，上街采购日用品、化妆品、女性服装等，而男性则在购买大件物品方面表现出积极性。企业营销者有必要掌握人口结构给企业产品营销带来的差异影响，以便顺利实现营销目标。

青岛染布市场分析

③ 学历结构。人口学历反映人口受教育程度的高低。不同学历等级的人口，会表现出不同的消费偏差。通常，高学历等级的人口更多倾向于购买有知识含量的商品；低学历等级的人口则较多希望所购商品价廉、实用。随着我国九年义务教育的普及和接受高等教育机会的增加，人口的学历层次将会普遍提高，这将会给计算机等知识商品市场营销带来机遇，甚至文化礼品市场将在我国逐渐兴起，成为市场的一个重要组成部分。

④ 家庭结构。家庭是市场需求的基本单位。不同结构的家庭会有不同的购买行为，从而影响企业的市场营销行为。目前，世界上家庭规模普遍呈现由扩大型向核心型转化的趋势。欧美国家的家庭规模基本上户均 3 人，亚非拉等发展中国家家庭户均 5 人左右。在我国，"独生子女"的小家庭已经逐步由城市向乡镇普及发展。家庭结构向核心型发展，必然引起家庭数量的剧增，其对住房、家具、家用电器等的需求会有所增长。

⑤ 民族结构。世界各国的民族结构有单一的，也有多元的。如日本，几乎所有的人都是属于一个民族，即大和民族。而在我国，除了汉族以外，还有 55 个少数民族，他们在饮食、服饰、居住、婚丧、节日等物质和文化生活方面各有特点。这些不同消费者的需求与风俗习惯影响了消费者需求的构成和购买行为。因此，企业营销者要注意民族市场的营销，重视开发适合各民族特性、受其欢迎的商品。

（4）人口的地理分布。由于受自然地理条件以及经济发展程度等多方面因素的影响，人口的分布是不均匀的。世界人口正在加速城市化，在许多国家和地区，人口往往集中在几个大城市里。从我国来看，人口主要集中在东南沿海一带，约占全国总人口的 94%，而西北地区人口仅占 6%左右，而且人口密度逐渐由东南向西北递减。另外，城市的人口比较集中，尤其是大城市，人口密度很大，在我国就有上海、北京、重庆等好几个城市的人口超过 1 000 万人，而

农村人口相对分散。人口的这种地理分布表现在市场上，就是城市市场集中程度高，销售周转快；农村市场大，但运输成本高。

随着经济的活跃和发展，人口的区域流动性也越来越大。在发达国家，除了国家之间、地区之间、城市之间的人口流动外，还有一个突出的现象就是城市人口向农村流动。我国自 1979 年以来，人口的区域流动表现为农村人口向城市或工矿地区流动，内地人口向沿海经济开放地区流动，这增加了人口流入较多地区的基本需求量，给当地企业带来较大的市场和较多的营销机会。

2. 经济

经济环境是影响企业营销活动的主要因素，包括收入因素、消费结构、产业结构、经济增长率、货币供应量、银行利率、政府支出等因素，其中收入因素、消费结构、产业结构对营销活动影响较直接。

（1）收入因素。收入因素也是构成市场的一项重要因素。因为市场容量的大小，归根结底取决于消费者的购买力大小，一个消费者的需要能否得到满足，以及怎样得到满足，主要取决于他收入的多少。

（2）消费结构。消费者的消费支出，不仅与其收入相联系，而且同储蓄与信贷紧密联系。在一定时间内，个人收入用于储蓄的部分增多，实际支出部分就会减少，这会影响企业销售量。信贷与消费者的支出也有密切的联系。实行消费信贷，可以使消费者提前支出个人收入，创造更多的需求，从而刺激企业生产的发展。要实施消费信贷，预支消费者的收入，必然以社会生产力高度发展、商品充裕为前提。

（3）产业结构。产业结构指各产业部门在国民经济中所处的地位和所占的比重及相互之间的关系。一个国家的产业结构可以反映该国的经济发展水平。从我国的实际情况看，第一产业国民生产总值和就业人口比重将逐渐下降，第二产业国民生产总值略有上升，但就业人口可能不变，而第三产业无论是就业人口，还是国民生产总值都将逐步上升。这种变化趋势给发展第三产业提供了机会。所以企业只有针对其变化趋势，制定相应的策略，才能处于主动地位。

【案例】 日本为什么要生产经济型轿车

20 世纪 60 年代，影响汽车工业发展的主要因素有两个：一是第三世界的石油生产被发达国家所控制，石油价格低廉；二是轿车制造业发展很快，多座位的豪华车、大型车盛极一时。但是，敏锐的日本汽车制造商看到的却不是这些表面上的经济繁荣，他们通过分析种种现象，预测出要发生全球性的能源危机，石油价格会大幅上涨。因此，必须改产油耗低的汽车才能适应能源短缺的环境。而且他们还预测：随着汽车数量的增多，马路上车流量的增加，停车场的收费水平会提高。因此，只有小型车才能适应拥挤的马路和停车场。日本汽车制造商还分析了发达国家家庭成员对汽车的使用情况。去超级市场、上班、送孩子上学，一个家庭只有一辆汽车显然不能满足需要。因此，小巧玲珑的经济型轿车自然能得到消费者的宠爱。

3. 政治与法律

任何企业的营销决策，都要受特定的政治与法律的制约和影响。所以，企业必须研究和分析政治和法律方面的变化。

（1）政治因素

政治是经济的集中表现，因此在现实生活中往往难以区分政治因素与经济政策。政治因素及其变化影响着企业的营销活动。就国际背景来说，过去我国经济落后，国际地位不高，许多商品出口受阻，对外贸易增长不快。1978 年以来，我国经济实力增强，国际地位日益提高，使得我国出口商品增长迅速，而且出口地区不断增多。所以，国际政治环境因素对国际营销活动有很大的影响。

（2）法律因素

西方营销学家认为，企业法律环境是由那些强制和影响社会上各种组织和个人的法律、政治等机构所组成的。而这些法律环境对企业营销活动的影响主要体现在两个方面。一方面，是对企业施行管理的立法，包括企业法、税法、商标法、广告法、合同法、反不正当竞争法、会计法等。这些法律明确规定了企业经济活动的内容和形式，同时对企业与企业之间的业务往来的整个过程予以监督和保障。另一方面，是对社会及消费者的保护立法，主要从保护自然环境、防止公害以及不使消费者受到损害的立场出发对企业进行制约。

4. 自然环境

自然环境是指影响企业生产和经营的物质因素，如企业生产需要物质资料、企业生产产品过程中对自然环境的影响等，由于这些因素是从物质方面影响企业营销的，因此亦可被称为自然环境因素。自然环境的发展变化会给企业带来一些"环境威胁"和"市场营销机会"，如化工行业、造纸业、印染业等行业必须在满足不破坏环境条件后才能生产，所以企业在营销中不可忽视自然物质环境方面的动向。

5. 社会文化

人类总是在特定的社会中生活，久而久之必然形成特定的文化，包括一定的态度或看法、价值观念、道德规范以及世代相传的风俗习惯等。

社会文化环境是影响人们欲望和行为（包括消费者的购买行为）的重要因素。例如，我国人民每逢农历新年，都要大量购买过年用的各种礼品等。西方人每逢圣诞节，就大量购买节日用的各种食品、日用品、圣诞树、礼品，互送圣诞贺卡，欢度节日。人们的这些欲望和行为就是受这些特定的社会环境、传统文化的影响，在这些特定的时期内，人们对某些商品的需求大增。

社会文化环境对消费者行为的影响，还表现在风俗禁忌上，它涉及交谈用语、产品的颜色、图案、造型等各个方面。例如，由于不同国家的人有着不同的风俗习惯，企业营销时就要注意禁忌。企业要开拓国际市场，不仅要有优质的产品和娴熟的谈判技巧，而且必须了解和掌握异国的风俗习惯、商业习惯与禁忌。否则，就会造成双方误会，影响成交。

6. 科学技术

科学技术是影响人们物质生活水平最为关键的因素。科学技术在推动生产力发展的同时，也不断地促进社会分工的深化和新的社会需要的产生。科学技术的这种发展趋势，既给企业的生存与发展带来了挑战，也给企业带来了新的市场营销机会。

（1）科学技术的发展带来了经济结构的调整。第二次世界大战以来，新科技革命蓬勃兴起，形成了"科学—技术—生产"的体系，产生了以新科技为特征的新兴部门，这就对某些行业的企业造成了环境威胁，有些行业出现了被淘汰的倾向。例如，由于研制出了晶体管，产生了晶体管行业，而真空管行业就被淘汰。由于科技的进步，计算机教育、信息处理、自动化控制等行业应运而生。企业的市场营销人员假如注意到了这些变化，相应地采取对策，不仅可使自己的企业免受"灭顶"之灾，还可获得更高的经济效益。日本钢铁企业在纯氧顶吹转炉这一新技术刚发明的时候，就注意到它的新价值，各个厂家立即做出战略转变的决策，积极采用这一新技术。由于日本的厂家紧紧地把握了这一新技术的发展趋势，最终使日本钢铁生产企业跨上了一个新台阶，出现了飞跃，钢铁生产技术达到了世界最先进水平。

（2）科学技术的发展改善了企业经营管理。进入 21 世纪，企业的战略重点已经从传统的物质产品转向信息化、无形化和连续化的创新能力。网络的出现，极大地改善了企业的联络和沟通能力，使企业的内部运转和相互之间的联系发生了革命性变化。在创造价值的过程中，因特网不仅能够提高劳动生产率，而且能够帮助企业不断开发应用复杂的新技术。企业信息化则可以极大地提高企业的创新能力，据统计，新产品开发周期可缩短 70%。目前，世界 500 强企业都十分重视借助信息网络技术增强企业的技术创新能力，增强核心竞争力。

（3）科学技术的发展对企业的营销活动产生着日益深刻的影响。当前，随着互联网技术及多媒体技术的进一步发展，人们的消费行为发生了很大的变化，"网上购物""电视购物"吸引了越来越多的消费者群体，人们可以坐在计算机桌旁或舒适的沙发上享受购物的乐趣，免受劳顿之苦。同时，科技的飞速发展使得产品生命周期缩短，从而给我们带来越来越多的新产品。这样的现状一方面促使企业要注重研究新形势下消费者的需求变化，不断开发、创新营销组合，另一方面也促使营销人员运用必要的科技装备来提高营销效率与水平，更新营销观念，以适应市场营销的新变化。

在营销过程中，任何企业都不可能从根本上改变市场营销的宏观环境，但可以认识这种环境，可以通过经营方向的改变和内部管理的调整，去适应环境变化，达到营销目标。

任务2　市场营销环境分析

一、机会/威胁分析法及对策

企业面对威胁程度不同和市场机会吸引力不同的营销环境，需要通过外部环境分析来评估环境机会与环境威胁。企业通常可采用"机会—威胁"矩阵来分析、评价营销环境。

（一）企业市场机会评价

可用市场机会矩阵图来评析企业市场机会，如图 2-2 所示。

成功的可能性

潜在吸引力	大	小
大	Ⅰ	Ⅱ
小	Ⅲ	Ⅳ

图 2-2　市场机会矩阵图

市场机会矩阵图横向代表成功的可能性，纵向代表潜在的吸引力。

第Ⅰ象限营销的机会，机会的潜在吸引力和成功的可能性都很大，表明营销机会对企业发展有利，同时，企业有能力利用营销机会，企业应采取积极的态度把握机会。例如，当“非典”来临时，板蓝根、“84”消毒液和口罩都供不应求，很多销售板蓝根、“84”消毒液和口罩的商家就面临着很大的机遇，而且成功的把握很大。企业就可以利用这次机会实现短期利润的增长。

第Ⅱ象限营销的机会：机会的潜在吸引力很大，但是成功可能性很小，说明企业暂时还不具备利用这些机会的条件，应当放弃。针对国人对健康的追求和渴望，企业希望可以开发具有保健功能的产品，这对企业无疑是有很大潜在吸引力的，但对有的企业来说实现的可能性太小。这时，企业就应该好好分析当前的形势，尤其要注意相应的条件是否具备。

第Ⅲ象限营销的机会：机会的潜在吸引力很小，成功的可能性大，虽然企业拥有利用机会的优势，但不值得去开拓。这样的情况很多。例如，更换或改进产品的包装会对消费者形成新的刺激，但这种刺激的程度往往是有限的，虽然说成功的可能性很大，但要考虑成本和收益。

第Ⅳ象限营销的机会：机会的潜在吸引力很小，成功可能性也小，企业应当主动放弃。

（二）企业环境威胁评价

对环境威胁的分析，一般着眼于两个方面：一是出现威胁的可能性，二是利润损失的程度。可用环境威胁矩阵图进行评析，如图 2-3 所示。

出现威胁的可能性（概率）

利润损失程度	大	小
高	Ⅰ	Ⅱ
低	Ⅲ	Ⅳ

图 2-3　环境威胁矩阵图

环境威胁矩阵图中横向代表出现威胁的可能性大小，纵向代表利润损失程度高低。

第Ⅰ象限内利润损失程度高，出现威胁的可能性大，表明企业面临着严重的环境危机。面对危机，企业应处于高度戒备状态，积极采取相应的对策，避免威胁造成的损失。例如，污水排放量很大的造纸厂在政府提倡环境保护而限制排污量的时候，企业面临的环境威胁就很大，甚至面临着倒闭的危险。对此，企业就需要转变经营策略，或者把污水治理外包给污水处理公司，或者工厂自己加大其治污力度。

第Ⅱ象限，利润损失程度高，但出现威胁的可能性小，危害一旦出现会给企业造成严重的损失。企业不可忽视，必须密切注意其发展方向，也应制定相应的措施准备面对，力争将危害降至最低。例如，流行性病毒对于餐饮行业的打击是惨重的，像“非典”出现的时候，餐饮行业只能选择加大消毒和宣传力度或者是创新，否则只能关门。但是，这种情况出现的概率是很低的。

第Ⅲ象限，营销环境威胁利润损失程度低，但出现威胁的可能性大，这可以被称为较佳环境。虽然企业面临的威胁不大，但是，由于出现的可能性大，企业也必须充分重视。

第Ⅳ象限出现威胁的可能性小，即使出现了威胁，利润损失也少，所以是最佳的企业市场营销环境。在这种情况下，企业不必担心，但应注意其发展动向。这样的情况很多，也有很大一部分情况是随机的，所以企业也不能一有什么风吹草动就草木皆兵，这样不仅会使企业员工和消费者无所适从，也会使得企业丧失很多机会。

（三）威胁—机会环境综合分析

营销环境带来的对企业的威胁和机会是并存的，威胁中有机会，机会中也有挑战。企业还可以运用威胁—机会环境矩阵综合分析，更清楚地认识企业在环境中的位置，如图 2-4 所示。

威胁水平

机会水平		低	高
	高	Ⅰ理想企业	Ⅱ冒险企业
	低	Ⅲ成熟企业	Ⅳ困难企业

图 2-4 市场机会与环境威胁因素矩阵图

第Ⅰ象限为理想企业。这类企业机会水平高，威胁水平低，说明企业有非常好的发展前景，这样的企业是很少的。例如，面对全球环境保护呼声的提高，绿色企业就成为理想企业，它们前期投入很多的人力、物力在这方面，就可以在有这种门槛出现的时候最先满足条件从而进入市场，占取先机。针对这样的要求，企业就应该往这方面发展，这样就会迎来比较宽松的环境和广阔的前景，而不会被绿色壁垒等所限制。

第Ⅱ象限为冒险企业。这类企业机会水平和威胁水平都高。也就是说在环境中机会与挑战并存，成功和风险同在，因此，这类企业应抓住机会并充分利用，同时制定避免风险的对策。现实中的企业，尤其是那些大中型企业，一般生产多品种的产品，市场营销环境变化不一定给每一种产品带来同等的威胁或同等的机会。但对具体产品的市场威胁和机会分析，也可采用同种方法。

第Ⅲ象限为成熟企业。这类企业机会和威胁水平低，说明企业发展的机会已经很少，自身发展潜力也很低，企业应该研究环境带来的新机会，进一步开拓，否则将影响企业的生存。这样的企业有很大一部分集中在规模较大的行业中，如我国的服务行业、服装行业、工艺品行业等劳动密集型行业，一般情况下，不会有较多的威胁和机会。

第Ⅳ象限为困难企业。这类企业面临较大的环境威胁，而营销机会很少，这种企业如果不能减少环境威胁，将陷入经营困难的境地。例如，在倡导绿色经济的大环境下，污染大的企业就很可能成为困难企业。

（四）企业面对市场营销环境机会与威胁的对策

企业市场营销环境的变化是不以人们的意志为转移的，企业应在对市场营销环境分析与评价的基础上采取相应的对策，把握市场机会，避免环境威胁。

1. 市场营销环境机会

企业应努力进入对自己来说理想的行业，及时退出困难的行业。对于是否进入冒险的行业以及是否退出成熟的行业，则应视企业的具体情况而定。面对机会，企业的应对策略有以下 3 种。

① 发展策略，又称抢先策略，一旦企业认为机会较好，即可抓住机会开发新产品和服务，抢先进入市场，在竞争中处于领先地位。一般来说，这种策略投资较大，并且有一定风险。

② 利用策略，又称紧跟策略，企业对机会分析后认为经营风险大，但对企业的吸引力也大，此时，在市场上已有企业进入的情况下，采取紧跟方式，既可避免风险，又可较早进入市场。

③ 维持策略，又称观望策略，是一种较为保守的做法，企业对机会采取观望态度，一旦时

机成熟再加以利用。这一策略使企业往往有较大的回旋余地，比较适合中小企业。

2. 市场环境威胁

企业面对市场环境威胁时一般可采取以下 3 种对策。

（1）反对或反抗策略。反对或反抗策略即试图限制或扭转不利因素的发展。企业可通过各种方式促使政府通过某种法令或达成某种协议，或制定某项政策来改变环境威胁；还可通过各种促销方式或提高产品质量来改变消费者对企业产品的态度，从而达到应对威胁的目的。例如，木材资源减少，威胁到了木器加工企业的生产，企业可主动与林业部门联营，制定"林业生产—木材供应—木器生产"策略，减少资源短缺威胁。

（2）减轻策略。减轻策略即企业顺应威胁的要求，改变企业营销策略，以减轻环境威胁的程度。例如，面临木材资源短缺的企业，还可以改进木材加工工艺，增用辅料或代用材料，减少木材消耗；也可以进行综合利用，提高木材利用率，以减轻资源短缺带来的困难。

（3）转移策略。转移策略即企业在无法避免或减轻所面临的环境威胁时，将产品转移到其他市场，或退出该行业而转移到其他赢利更多的行业，实行多元化经营。例如，企业将部分资金转移到其他部门，实行多元化经营；也可以全部转产，或者全部采用新材料代替木材作为原材料等。

二、SWOT分析方法及对策

（一）SWOT分析法的内容

企业对内部环境进行分析主要是对优势与劣势进行分析，通常采用 SWOT 分析法。SWOT 它是英文 Strength（优势）、Weak（劣势）、Opportunity（机会）、Threaten（威胁）的缩写。由于企业的内外情况相互联系，我们可以将企业外部环境提供的机会和威胁与企业内部条件的优势与劣势结合起来进行分析，从而制定营销战略。

（二）SWOT分析法的分析步骤（见图2-5）

图 2-5　SWOT 分析法的分析步骤

（三）企业营销对策

企业制定营销战略的目的是充分利用优势，克服劣势，抓住机会，规避威胁，因此，企业可以利用 SWOT 分析法为其确定营销战略。

SWOT 分析法的结果分为 4 种情况，如表 2-1 所示。

表 2-1　　　　　　　　　　　　　　SWOT 分析与战略选择

外部环境 ＼ 内部条件	优势（S）	劣势（W）
机会（O）	SO 战略	WO 战略
威胁（T）	ST 战略	WT 战略

1. 扩张战略（SO）：此时企业的机会多，威胁少，应利用企业优势或长处抓住市场机会，积极扩张。企业资源不足时可与其他企业合作，或者通过兼并的方式获取现成的资源，加速扩大规模。

【案例】

海尔集团最早的产品只是单一的电冰箱系列，在稳固了自己在电冰箱行业的地位以后，将自己的产品范围延伸到了制冷家电，这可以被视为横向的扩张。随后，海尔集团又进一步将产品范围延伸到了白色家电和全部家电，实际上这是一种纵向的扩张。最后，在稳固了自己在家电行业的地位之后，海尔集团进行了一种脱离产业集群式的扩展——进军知识产业。

---

2. 防卫战略（WO）：说明此时企业外部机会多，但企业在市场竞争中处于劣势，这时企业应采取防卫策略。企业要努力克服自身弱点，争取化劣势为优势，或者与其他企业合作从而扩大优势。

3. 退出战略（WT）：说明此时企业的劣势多于优势，威胁多于机会，如排污不过关的中小造纸企业。这时企业应采取退出策略，将资源转移到其他业务上。

4. 分散战略（ST）：说明此时企业有优势但也处于不利的环境中，此时企业可采取分散战略来分散风险，如多元化经营。

任务3 市场营销调查

一、市场营销调查的概念和内容

（一）市场营销调查的概念

市场营销调查是指运用科学的方法，有目的、有计划、有步骤、系统而客观地收集、记录、整理、分析有关市场营销方面的各种情报资料，从而了解市场的现状及其发展趋势，为市场预测和决策提供客观依据的经济活动。市场营销调查可大体分为以目标市场为对象的企业微观调查和以整体为对象的政府宏观市场调查。

（二）市场调查的内容

市场调查的内容十分广泛，凡是对企业生产经营活动有影响的各种因素都是市场调查的对象。一般市场调查的内容主要包括以下几个方面。

1. 市场环境调查

企业身处的错综复杂的市场环境，既给企业提供机会，也对企业构成威胁。企业只有主动充分地使其经营活动与市场环境相适应，才能获得最佳效果。影响企业的市场环境大致可分为间接环境和直接环境两大类。间接环境是指对企业活动起间接影响与制约作用的环境因素，主要包括人口、经济、科学技术、政治法律及社会文化等因素。直接环境是指对企业经营活动起直接影响制约作用的环境因素，包括竞争者、顾客、供应者、营销中介（营销服务机构、中间商、储运公司等）等因素。

适者生存，企业要成功就必须适应环境，如何适应环境呢？只有在掌握各种环境因素对企业影响程度的基础上，采取相应的策略来趋利避害，才能立于不败之地。

2. 市场需求调查

市场需求调查是市场营销调查的核心，因为满足消费者的需求是企业经营活动的中心和出发点。市场需求调查主要是销售潜量的需求调查。除此之外，市场需求调查还包括对需求量的因素，如市场容量、需求结构、同类产品的供给量及变化等的调查。

3. 消费者行为调查

这是运用心理学、社会学等方法从质的方面分析消费者的需求，即了解购买本企业产品的人数、消费者的类型，以及消费者的购买习惯及其变化、消费者对企业营销策略的反映、消费者对企业竞争者的产品服务所持的态度等。

【案例】 一次对豪华轿车市场的调查

在过去 10 年中，豪华轿车市场已经变成了汽车市场中竞争最激烈的一个细分市场。很多购买豪华轿车的美国消费者都选择从德国和日本进口车。

通用汽车的一位营销副总裁曾说："购进口车的消费者让我们感到灰心。"行业分析家争辩道："要在豪华轿车市场进行竞争，美国的汽车制造商需要更好地了解消费者，这样才能更好地细分市场，并通过有效的广告更好定位其产品。"通过研究轿车拥有者的个人价值观及其对轿车属性的评价，我们可以了解人们选择国外或国产豪华轿车的原因：因为豪华轿车就像很多其他的显著豪华消费品一样，人们可能主要是为了表明自己的社会和经济地位而购买的，由此展开以下调查。

调查人员通过向 498 位消费者邮寄调查问卷来收集数据，这些消费者是从一份名单中随机抽取的，而这份名单是从一个位于南方某个富足县的辛迪加调研公司获得的。这份名单包含了那些在去年曾经购买过美国豪华轿车（凯迪拉克或者林肯）、德国豪华轿车（奔驰或宝马），或者是日本豪华轿车（无限或凌志）的人。除了调查问卷，消费者还收到一封附函，里面解释了这项调查是一个学术性调研项目的一部分。人们被要求将这份问卷匿名邮寄回某大学（调查人员向其提供了已预付邮资的信封）。在最初发出的 498 份问卷中，有 17 份因为无法送到而被邮局退回。最后收回了 155 份，回收率为 32.2%。

调查的问题包括人们在购买新车时考虑的各种问题、轿车属性的重要性、不同价值的重要性和人口统计（性别、年龄、教育和家庭收入）问题。与人们在购买新车时考虑的各种问题相关的问题，是通过对消费者的访问而制定的，并且是用李克特 7 点尺度量表来进行度量的，尾部为"非常同意"和"强烈反对"。一份 12 个轿车属性的清单是通过对消费者的访问并参考《消费者报告》（Consumer Report）制定的。每一个属性的重要性都是用李克特 7 点尺度量表进行度量的，结束点标为"非常重要"及"非常不重要"。应答而价值的重要性（我们将趣味享乐与激情合并成了一个价值）也是用李克特 7 点尺度量表进行度量的，结束点标为"非常重要"及"非常不重要"。

4. 企业四大营销因素调查

（1）产品调查。企业进行产品调查主要是为了了解消费者对企业产品的质量、性能、款式、交货期及售后服务的评价和要求；对研制新产品的要求以及对拟推出的新产品的评估等，另外还要了解本企业产品的产量、原材料动力消耗、单位产品成本、资金利税率等情况及其与国际、国内同类产品的区别。

（2）产品价格调查。产品价格调查主要调查消费者对现在产品价格的反应，如消费者可接受的价格是多少、采取的定价策略是否妥当、竞争对手的定价策略和定价方法是什么等。

（3）销售渠道调查。销售渠道调查主要调查销售渠道的选择，是直接销售还是通过中间商销售；如果采用中间商，选择哪一类中间商为佳；了解消费者对中间商及分销网点的意见和要求；中间商有无仓储设备、中间商的仓储费及运输费的支出情况；竞争对手用何种销售渠道和中间商，效果如何等。

（4）促进销售调查。促进销售调查主要调查促销组合中，人员推销和非人员推销的经济效果哪个更好；如果采用广告策略，哪种广告媒体效果更好。消费者喜爱哪种广告设计，他们对广告效果的评价如何，并调查分析竞争对手的广告策略和效果。

二、市场营销调查的步骤

通过前面内容，我们已经知道企业进行市场调查时需要搜集哪些方面的信息资料。此外，企业还需要弄清按怎样的流程来搜集这些信息资料，以避免盲目性。一般来说，市场调查可分为 4 个阶段，具体如图 2-6 所示。

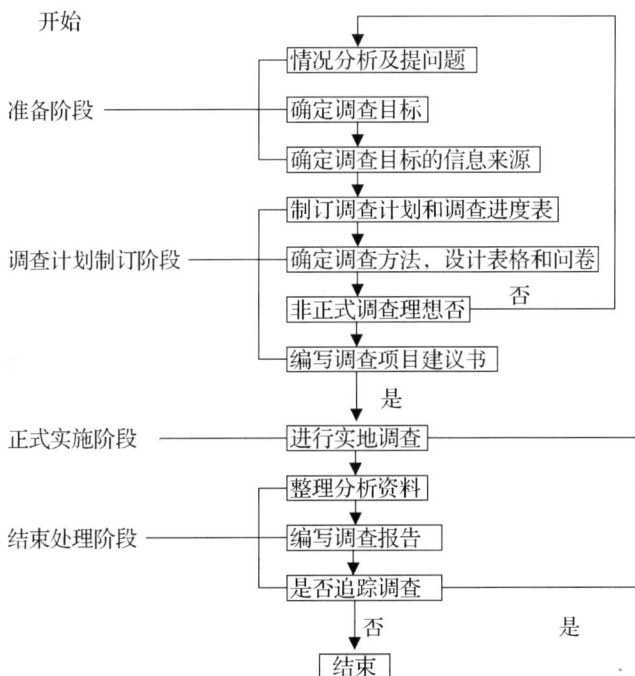

图 2-6 市场调查的具体流程

（一）准备阶段

一般从情况分析入手，进而提出问题，确定调查目标。例如，企业某产品的销售量呈下降之势，原因何在？是产品质量、功能、外观设计等不符合消费者需要，售前售后服务质量差，还是竞争者已有新产品投放市场？为了解决这些问题，就必须进行调查。调查之前，通常要完成以下准备工作。

1. 情况分析及提出问题

调查人员应根据企业已经拥有的各项资料（如企业历史、产品、竞争者、消费者、经营策略等情况），对企业面临的现状进行分析，为发现其因果关系提供线索和条件，提出确实需要解决的问题，并通过文字呈现出来，以便深入。如果问题确定得不准确，那就会使调查工作走向岔道，浪费人力、物力。

2. 确定调查目标

知道了大致调查什么问题之后，就应该进一步确定调查目标，即应该明确调查的目的、调查的内容、调查的深度和广度、所取得的调查材料交给谁等，做到有的放矢。调查目标包括总目标和具体目标。

3. 确定调查项目的信息来源

围绕所要调查的问题，应该明确哪些是需要取得的资料，是第一手资料还是第二手资料，从什么地方可以获得这些资料，调查的对象是谁，在什么时候调查，调查次数是多少等。

（二）调查计划制订阶段

1. 制订调查计划及调查进度表

周密的计划是市场调查得以顺利进行，并取得成功的保证。调查计划包括对调查人员的选拔、培训、管理计划，调查工作进度和调查经费开支计划（根据进度计划计算开支）。其中调查工作进度计划是调查工作按时完成的依据。调查可根据如下步骤进行：策划确定调查目标；查寻文字资料；进行实地调查；对资料进行整理分析；写出市场调查报告初稿并征求意见；报告的修改与定稿；将调查报告提交给有关部门；根据进度计划编制调查进度表。

2. 确定调查方法，设计调查表格和问卷

市场调查过程是获取信息、收集资料的过程。信息资料的来源有原始资料（第一手资料）和现存资料（第二手资料），如何取得这些资料，要取决于调查方法。在采用适当方法进行调查时，为了详细地记录信息资料，必须使用设计好的调查表格（如统计表格、实验表、观察表等）和调查问卷进行记录。

3. 非正式调查

非正式调查即进行试验调查，也称试控调查，主要以收集第二手资料为主，目的是验证调查目标、调查计划等的确定是否正确，若不正确，则重新修改。这样可以少走弯路。

4. 编写调查项目建议书

当非正式调查的结果说明调查目标、调查计划等的确定是正确的时候，就应着手编写调查项目建议书。经主管部门批准后，便可组织进行实地调查。

（三）正式实施阶段

这一阶段的主要工作是进行实地调查。一方面收集现成资料（第二手资料），如企业内部资料，国家及有关单位公布的统计资料，情报咨询机构提供的情报信息，报刊上发表的新闻报道等。另一方面通过实地调查收集原始资料（第一手资料）。在收集资料过程中需要使用各类调查表及调查问卷，若采用抽样调查法，还要进行抽样设计。若调查中发现计划不周，则应及时加以修正和补充，以保证调查质量，获取所需要的资料。

（四）结果处理阶段

1. 整理分析资料

调查得到的信息资料往往杂乱无章，必须经过整理分析，才能加以利用。整理分析时：首先审核资料的正确性、完整性与真实性，发现不正确、不完整、不真实的则剔除；其次对审核过的资料按一定标准加以分类，采用卡片式、表格式、数字统计及文字说明等方法，结合计算机加以整理，做出调查结论；最后对整理好的资料运用时间序列、回归等方法进行分析，判断误差，加以修正。

2. 编写调查报告

调查分析的最终目的是对调查需要解决的问题做出判断性结论，拟出建设性调查报告。调查报告一般有专题报告和基本报告两种。其内容包括调查的目的和范围、调查方法、调查结果、提出建议、必要附件等。编写时，要紧扣调查主题，用调查得到的数字来说明问题，统计数字力求准确；文字要扼要，要突出重点；分析问题力求客观，避免武断，克服片面性；应该不用或少用技术性专业术语，必要时可用图表说明问题。

【案例】　广州市茶叶市场调查报告

一、广州市场概况

广东人饮茶成风。

广州茶市：最大的茶叶市场，年流通量达 6 万吨，每两天有一家茶叶店开业。

饮茶习惯的变更。

- 品种结构变化：由红茶到绿茶，中高档需求日益增多。
- 喝茶习惯改变：单枞乌龙茶的出现。
- 生产流通主体变化：个体茶商为主体。
- 茶叶功能不断延伸：营养及保健功能的推广。

二、市场环境分析

市场容量：年流通量达 6 万吨。

竞争：

A. 粤产茶叶质量水平偏低，内销只有 5 000 余吨。

B. 外省名牌涌入。云南：红碎茶，普洱；贵州湖南：大叶红茶；福建：乌龙茶，铁观音，大红袍；江苏：碧螺春；杭州：龙井，每天出量达 140～300 吨。

C. 发展趋势：质优价宜。

三、调查设计

行业概况调查：①产地及品种统计；②经营模式；③发展趋势。

消费者状况调查：①消费态度及观念；②消费习惯；③消费趋势。

地点：海印茶叶批发市场（新近建立）和芳村茶叶批发市场（亚洲最大茶叶市场）。

四、调查内容

1. 经销商概况（海印及芳村）

A. 产地及店铺统计（到访处统计）：福建茶种（铁观音，大红袍等）45/79；云南茶系（普洱）20/79；江浙茶系（碧螺春，龙井）2/79；潮州单枞茶系 8/79；台湾茶系 4/79（另：

实际茶叶市场约 90% 为福建茶种）。

B. 茶商特点：福建茶居多；强调自产自销；多层次多价位；一种特色多种经营；主要以功夫茶为主要饮用形式；品牌意识弱，产地带动品牌；熟客经营，批发销售，散装出售。

（1）关于福建茶商

- 私营零售店有 50% 为福建人所经营。
- 打出"安溪茶庄"的招牌。
- 零售额不高，但毛利可达 100%。
- 供大于求：赊销赊卖。
- 关于自产自销。
- 7 家零售店的横向比较。
- 主要指标统计。
- 市场发展新亮点：北方茶种的出现；台湾茶系和云南茶系新秀；专卖店形式的出现；茶工艺及质量水平的认证。
- 健康新导向：绿色新思路——有机茶。

（2）关于台湾茶商

- 台湾"天"字号茶的出现：高档，高质，高价。
- 茶馆与零售的结合：先品后买，推荐购买相结合。
- 数家连锁：网点分布集中。
- 台湾茶与茶道：强调高端，精神享受。

2. 关于制茶

茶种的选择：红、绿、乌龙茶的不同。

产地的辨别：安溪铁观音、武夷大红袍、潮州单枞乌龙……

越经典、传统，地位就越高。

炒茶工艺：名师+名料+名产地=名茶

3. 关于消费者

饮用种类（广东省）

<blockquote>
绿茶类第 1，乌龙茶类第 2，
红茶类第 3，普洱茶类第 4。
在广州，乌龙茶类占绝大多数。
</blockquote>

好茶的标准：名茶一般都是通过感官评出来的，先看外形，再看内质（主观标准）。

消费偏好：采购量少但次数多，喜散装；好传统，认熟店，忠诚度高；观念变化，喜好"品"茶；功夫茶盛行。

五、结论

在福建茶商占绝大多数的茶叶市场上，茶商的经营较保守，品牌意识、竞争意识弱，过分强调产地和品种甚至炒茶工艺，传统饮茶习惯根深蒂固。而消费者的选择也大都仅限于几个经典茶种，这给新品种的进入造成了一定障碍。然而茶的选择与消费者的主观标准有很大关系，所以倡导文化和品牌将是一个突破口。

一份完整的调查报告分为三大部分：前文、正文和附件，它们又各自包含一些内容，如表2-2所示。

表 2-2　　　　　　　　　　　　　市场调查报告的结构

前文	
① 标题扉页（可选项）	② 标题页
③ 授权信	④ 提交信
⑤ 目录	⑥ 图表目录（或者索引）
⑦ 摘要	
正文	
① 引言	② 调查目的
③ 调查和研究	④ 调查结果
⑤ 调查的局限性	⑥ 结论和建议
附件	
① 调查问卷	② 所涉及的其他资料

3. 追踪调查

调查人员绝不应把调查报告看成是市场调查的终结。例如，为了巩固市场的成果和验证调查材料的真实性，在写出调查报告之后，还要进行追踪调查，即了解调查报告中提出的方案是否已被采纳，实际效果如何，采取了哪些具体措施。再如，对关键问题的调查（如对消费者的调查），还应进行经常的追踪调查，以便了解被调查对象的变化情况。

三、市场调查的基本方法

（一）按市场营销调查收集资料的方法和形式分类

根据收集资料的方法和形式的不同，市场营销调查方法可分为访问调查法、市场观察法和市场实验法。

1. 访问调查法

访问调查法也称采访法。这是由营销调查人员向被调查者提问，根据被调查者的答复取得信息资料的一种调查方法。它又可以分为个别访问、集体座谈等方法。

访问调查法最适宜收集描述性信息。如果企业需要了解人们的知识水平、信仰、偏好、满足程度以及购买者行为，可采用访问调查法。访问调查法按提问的直接与否分为直接访问法和间接访问法；按调查的具体形式不同又可分为面谈、电话询问、邮寄问卷和日记调查。

访问调查法是企业收集原始资料最主要的方法，营销调查人员根据需要可灵活采用多种不同的形式。另外，需要指出的是，营销调查人员经常采用的专家调查法和学校调查法也都是访问调查法的特例。前者是指采用专家会议或向专家函信调查的形式，听取专家的意见和判断的调查方法；后者是指利用学校学生的代表性和集中性进行调查的方法。

2. 市场观察法

这是由营销调查人员亲自到现场对调查对象进行观察和计量以取得资料的一种调查方法。

由于调查对象未意识到自己被调查，表现出来的行为、反应比较真实。市场观察可分为直接观察和测量观察两种。

直接观察就是派人到商店、家庭、街道等处对调查对象进行实地观察。这种方法一般被用来观察顾客选购时的表现、消费者的家庭消费需要和他们的购买动机及爱好等。但缺点是观察不到消费者的心理特征，有时调查时间较长。

测量观察就是运用电子仪器和机械工具进行观察记录和测量，以了解消费者的购买行为和对商品广告的注意力所在。

3. 市场实验法

这是指在一定范围的市场内，对于市场营销的某个因素，如产品的质量、设计、包装、价格、广告、陈列等以实验的方法来测定顾客的反应，以取得市场信息的方法。通常的市场实验有包装实验、新产品销售实验、价格实验等。企业通过市场实验法可取得可靠的市场信息，这些信息对企业营销决策有重大参考价值。此外，实验法还是收集因果关系方面信息最适当的方法。

（二）按营销调查目标和对象范围分类

按营销调查目标和对象范围的不同，市场营销调查可分为全面调查和非全面调查。

全面调查是对构成调查对象总体的所有个体，一一进行调查登记的方法。非全面调查是对构成调查对象总体的一部分个体进行调查登记的方法。有时受条件的限制，不可能进行全面调查，可采用多种不同形式的非全面调查。

在调查方法中，由于非全面调查省时、省事、省钱，因而成为调查的主要方法。它包括重点调查、抽样调查、典型调查 3 种形式。

1. 重点调查

就是根据调查主体，选择其中一部分重点调查对象所进行的调查。重点调查选择的调查对象可能不多，但其标志值一般在总体中占很大比重，能够反映市场现象的基本情况。

2. 抽样调查

就是从调查对象的总体中，随机地抽取一部分单位作为总体的代表的调查方法。抽样调查能从局部的调查中得出总体的结论，因而在一定意义上可以起到全面调查的作用。进行抽样调查前，必须根据调查的目的和要求做好抽样设计，即确定好抽样调查的对象、样本个数和抽样方法等。

抽样的方法主要分为两大类：一类是随机抽样；另一类是非随机抽样。

随机抽样是指按随机的原则抽取样本，进行随机抽样时整体中的每一个体都有被选作样本的机会。根据抽样方式的不同，它可分为 4 种：一是简单随机抽样，即整体中所有个体都有均等的机会被选作样本；二是等距随机抽样，它是事先将整体各单位按某一标志排列，然后依固定顺序和间隔来抽选调查单位的抽样组织形式，但其第一个样本单位位置的确定却是随机的；三是分层随机抽样，即把总体按某种标志（如年龄、性别、职业等）分组（层），然后从各组（层）中按一定比例随机抽取一定数量的样本；四是分群（部分），然后以群为单位随机抽取其中一些群为样本。

非随机抽样法是指整体中不是每一个体都有机会被选作样本。根据抽样方式不同，非随机抽样可分成 3 种：一是任意抽样，即由调查人员任意选取样本；二是根据判断或自己的经验来选择样本；三是配额抽样，这是非随机抽样中最常见的一种，就是由调查人员首先对总体进行分组，然后根据一定的比例从各组中任意抽取一定数量的样本。

3. 典型调查

就是根据调查的目标和要求以及对调查者的分析，有意识地选择一些典型作为调查对象。它与抽样调查不同，其样本的选择是主观的。

四、调查问卷的设计

调查问卷，是市场调查的重要方法和手段。调查表可分为一览表和单一表。一览表是在一张表上登记若干单位的调查结果，一般用于调查项目比较简单，调查者可以亲自上门登记的访问式调查。单一表是将一个调查单位的所有调查项目登记在一张表上，用于调查单位少、调查项目较多时。调查项目即调查所涉及的问题，分为开放式和封闭式。开放式是由调查者自由作答的问题，封闭式是要求被调查者在已经编排好的几个答案中选出一个或几个现成答案。

调查表是市场调查的工具，是调查者和调查对象之间进行信息交流的纽带，是通过提出问题、收集答案来取得第一手资料的一种主要的市场调查方法。在正式开展调查之前，要设计好调查表。

（一）调查表的结构

一张完善的调查表，由以下几个部分构成。

1. 被调查者的基本情况。被调查者的基本情况是指关于被调查者的一些特征情况。例如，在居民商品调查中，被调查者的基本情况有姓名、性别、年龄、文化程度、职业、工作单位、住址、家庭人口等。如被调查者是企业，其基本情况有所有制、经营范围、职工人数、经营数额、资金总额、利税总额等。列入这些项目，便于对收集到的资料进行分类和具体分析。调查表中要列明调查者的哪些基本情况，这要根据调查的目的要求来确定。不必要的和无法取得的不宜列入。

2. 调查内容。它是调查表最基本、最主要的组成部分，是调查表的主体，是所需调查的具体项目。设计调查表的关键就是要合理地确定调查的项目，拟订各种提问命题。提问的方式可以是开放式的，也可以是封闭式的。在同一张表中，开放式和封闭式问题可以同在。

3. 调查表的填表说明。填表说明是指填写调查表的要求和方法，它包括项目的要求、项目的含义、调查时间、被调查者在填写时应注意的事项、调查者应遵守的原则等。某些内容简明的调查表，填表说明可以省掉。

4. 编号。有些调查表须加编号，以便分类归档，或用电子计算机处理。有的要列明有关机关（或统计机关等）批准调查的文件字号。

（二）设计调查表应注意的问题

1. 设计一张调查表，从确定主题，选定提问方式，编写提问命题和填表说明，到制成一张表，应当集思广益、细心推敲，力求完善。

2. 尽可能减轻被调查者的负担，问题不宜过多或过于分散，应按照被调查者心理反应顺序编排，由简到繁。

3. 问题力求简明扼要，通俗易懂，避免使用含糊不清的字句或专业术语。避免提出引起反感或带有暗示性的问题。语言要讲究艺术趣味，使被调查者乐于回答。

━━┃【案例】 巧克力市场调查计划 ┃━━

某食品公司研究所开发出一种巧克力食品，在投放某地市场前，需要进行充分的市场调查，以确定推销方案，下面是该研究所的市场调查计划表。

项目	内容	
调查目的	掌握该地区消费者食用和购买巧克力食品的情况	
调查项目	详见问卷与访谈纲要（略）	
调查方法	抽样调查，问卷式，与年轻父母、经销商进行访谈	
调查对象	城区内年轻父母，食品商店及超市的经营者	
调查地域	某市 5 区县	
费用预估	15 800 元	
调查进度	8 月 1—10 日	分 10 组在各区内进行问卷调查
	8 月 10—15 日	分 5 组在各区内进行经销商访谈
	8 月 15—20 日	统计分析，撰写报告

巧克力市场调查问卷

××先生/女士：您好！我们受公司委托正在进行一项有关××地区巧克力食品的市场调查。根据随机抽样的原则，您正好被我们选为调查对象，我们非常希望得到您的支持。问卷很简单，占用不了您多长时间，问卷中所提问题无所谓对错，请您根据实际情况填写。问卷数据输入计算机后，将全部被销毁。谢谢您的合作！

为了感谢您的支持，我们准备了一份小小的礼物，望请笑纳。

一、如果您选择巧克力将最注重（只选一项）：

A. 包装漂亮　　　　　B. 口味适宜　　　　　C. 价格便宜

D. 有名气　　　　　　E. 购买方便　　　　　F. 其他（请注明）

其他：

二、请问您认为购买巧克力一般是用来（只选一项）：

A. 自己品尝　　　　　B. 买给小孩作零食　　C. 充饥

D. 送礼　　　　　　　E. 家庭待客用　　　　F. 其他（请注明）

其他：

三、请列举您购买过最多的巧克力品牌：

＿＿＿＿＿＿＿＿＿＿（一项）原因：＿＿＿＿＿＿＿＿＿

或列举您印象最深的巧克力品牌：

＿＿＿＿＿＿＿＿＿＿（一项）原因：＿＿＿＿＿＿＿＿＿

四、请问您是通过何种渠道知道这些品牌的（可选三项）？

A. 朋友介绍　　　　　B. 电视广告　　　　　C. 报纸广告

D. 新闻　　　　　　　E. 杂志广告　　　　　F. 广播广告

G. 店内陈列　　　　　H. 售货员推荐　　　　I. 户外广告

J. 自己购买　　　　　K. 其他（请注明）

其他：

五、请问您认为最理想的巧克力种类是：

A. 牛奶巧克力　　　　　B. 果仁巧克力　　　　　C. 酒心巧克力

D. 苦味巧克力　　　　　E. 威化巧克力　　　　　F. 其他（请注明）

其他：

六、请问您认为最理想的巧克力口味是：

A. 香　　　B. 抹茶　　　C. 甜　　　　D. 混合　　　E. 苦

七、请问您喜欢选购的巧克力包装为：

A. 金属包装　　　　　　B. 塑料包装

C. 普通纸包装　　　　　D. 散装

八、请问一块中等大小（约100克）的巧克力，您可接受的价格是：

A. 4元以下　　　　　　B. 4～6元　　　　　　C. 6～8元

D. 8～12元　　　　　　E. 12元以上

九、请您在以下几个短语中选择您最熟悉的一个：

A. 只溶在口，不溶在手　B. 瑞士最佳风味，只给最爱的人

C. 金子般纯真　　　　　D. 一粒进口，四季甜蜜

E. 都不熟悉

十、请您根据所了解的情况，选择连线：

巧克力品牌　　　　　　　　　　产地

A. 申丰　　　　　　　　1. 进口

B. 德芙　　　　　　　　2. 合资

C. 金帝　　　　　　　　3. 国产

D. 贵族　　　　　　　　4. 外资

E. M&W　　　　　　　　5. 不清楚

F. 金丝猴

课堂讨论

1. 企业内、外部环境分析适用方法及对策有何区别？
2. 企业宏观环境和微观环境分别从哪些方面影响企业营销活动？请举例说明。

能力形成考核

【知识测试】

1. 微观环境包括哪些内容？
2. 企业面对哪些环境的机会与威胁？如何利用机会/威胁分析法进行环境分析？
3. 简述市场调查的一般步骤。

4. 进行市场调查的方法有哪些？

【能力训练】

美国航空公司的一次市场调查

（一）提出调查问题，确定研究目标

美国航空公司经常注意探索为航空旅行者提供服务的好方法。一次，几位经理组织了一个头脑风暴式（德菲尔法）的小组会，并且产生了一些构思，如有位经理提出了在9144米的高空为乘客提供电话通信的想法。其他的经理认为这是一个激动人心的想法，并同意对此进行进一步研究。经初步研究，波音747飞机从东海岸到西海岸的飞行途中，每航次电话成本为1 000美元，如果每次电话的收费为25美元，则每航次中至少有40人通话才能保本，公司要求部门研究出使用这种新服务的航空旅行者会有多少。

在实际研究过程中，如果经理对研究人员说："探索你能够发现的旅客所需要的一切。"结果，这位经理将会得到许多不需要的信息，而实际需要的信息却可能得不到。如果经理说："研究是否有足够多的乘客在飞机中愿意付足电话费，而使公司能够保本提供这项服务。"这样的问题却又太狭窄了。

美国航空公司的市场研究人员，经过研究列出下列特定的内容作为调研的目标。

1. 航空公司的乘客在空中通电话的原因？

2. 哪些乘客可能在空中通话？

3. 有多少乘客可能会打电话？价格对他们有何影响？收取的最优价格是多少？

4. 这一项服务会增加多少乘客？

5. 这项服务对公司的形象将会产生什么影响？

6. 其他因素如航班次数、食物和行李自理等与电话服务相比，影响公司做出选择的相关因素是什么？

（二）制订计划，实施调查

市场研究人员根据需要，成立了调研小组，制订出调查计划，并从以往顾客中随机抽出2 000人作为调查样本，分派了40名调查人员奔赴各地收集资料。两星期后调研小组收集到了近2 000份资料，接着对资料进行了统计整理。

（三）得出结论

经汇总得出了如下主要调查结果。

（1）使用飞行电话服务的主要原因是有紧急的商业交易、飞行时间的变化等；用电话来消磨时间的现象不太会发生；绝大多数的电话是商人打的。

（2）每200人中，大约有5位乘客愿意花25美元进行一次通话；约有12人希望每次通话费为15美元。因此每次收15美元（12×15=180美元）比收25美元（5×25=125美元）有更多的收入。然而，这些收入都大大低于飞行通话的保本点。

（3）推行飞行通话服务，公司每次航班能增加两位乘客，从而能获得620美元的纯收入。但是，这不足以抵付保本点成本。

（4）提供飞行通话服务树立了公司作为创新的、进步的航空公司的公众形象。但是，创建这一形象使公司在每次飞行中付出了约200美元的代价。

营销经理根据研究人员提出的主要研究结果进行决策。由于飞行电话服务的成本将大于长期收入，出现收不抵支，那么在目前的情况下，也就没有实施的必要。

思考：

（1）分析案例中提出的问题，你能从中得到什么启示，其中还应该包括哪些内容？

（2）根据案例试着设计一次市场调查。

【技能提升】

[实训项目]

校内手机卡需求调查。

[实训目的]

检验学生对于市场调查的掌握情况。

[实训任务]

针对在校学生设计一份对手机卡（移动、联通、电信）的需求调查，为当地某一电信部门提供市场调查资料。

[实训步骤]

（1）对校园内学生手机卡消费；情况进行调查。

（2）以小组为单位对调查情况进行分析、讨论、实训。

（3）课堂评析各小组实训报告。

[考核评价]

由任课老师负责指导与考核评价，其中预习准备 10%，实际调查符合要求 20%，初始记录完整 20%，实训分析报告完整清晰 40%，团队合作 10%。

项目三

消费者购买行为分析

案例导入

"天美时"的成功

美国天美时钟表公司最开始还是一个不大起眼的公司，但公司极力想在美国市场上大干一番。

当时，著名的钟表公司几乎都是以生产名贵手表为目标，而且主要通过大百货商店、珠宝商店推销的。但是，美国天美时钟表公司通过市场营销研究发现，实际上市场上的消费者可被分为三类：第一类消费者希望能以尽量低的价格购买能计时的手表，他们追求的是低价位的实用品，这类消费者占 23%。第二类消费者希望能以较高的价格购买计时准确、更耐用或式样好的手表，他们既重实用，又重美观，这类消费者占 46%。第三类消费者想买名贵的手表，主要把它作为礼物，他们占整个市场的 31%。

由此公司发现，以往提供的产品仅是以第三类消费者为对象的。美国天美时钟表公司高兴地意识到，一个潜在的、充满生机的大市场即在眼前。于是根据第一、第二类消费者的需要，它制造了一种叫作"天美时"的物美价廉的手表，而且利用新的销售渠道，广泛通过商店、超级市场、廉价商店、药房等各种类型的商店大力推销，结果很快提高了市场占有率，成为世界上最大的钟表公司之一。

启示：找准了消费者，就找到了市场。

任务1 消费者需求分析

一、消费者需求的特征

消费者需求是人们为了满足个人或家庭生活的需要而购买商品、服务的欲望和需要。在现实生活中，人们的消费需求是丰富多彩的。由于消费者各自的生活环境、职业、兴趣爱好、经济收入、社会地位等条件不同，其需求也就多种多样。另外，不同的国家、民族和个人，不同的消费习惯、审美标准、消费方式以及不同的时代也会反映出不同的消费特点。尽管如此，在商品经济的社会里，消费者购买商品或服务的欲望与需求还是有其规律和基本特征的，主要表现在以下几个方面。

（一）消费需求的层次性

需求并不是一种主观自生的幻想，需求总是在一定的客观环境下对一定对象的需求。消费者需求的实现，要受到货币支付能力和其他客观条件的限制和影响。因此，在一定的社会经济条件下，消费需求必将呈现出一定的层次性。例如，从马斯洛的"需求层次论"可以看出，人类的需求存在着一个由低级到高级的阶梯。当低级需求得到满足后，人们就开始追求更高一级的需求。

（二）消费需求的发展性

消费者的需求不会静止在一个水平上，随着人们生活水平的不断提高，消费者对市场商品和服务的需求也不断发展变化。在原有的需求被满足之后，又会产生新的需求。

（三）消费需求的多样性

不同的消费者由于民族传统、宗教信仰、生活方式、经济条件、文化水平等方面的差异，具有不同的价值判断和审美标准。因此，每个消费者的需求也是多方面的。

（四）消费需求的伸缩性

消费者市场的需求量，是由多种因素决定的。从外因来说，包括商品供应数量的多少、价格的高低、广告宣传的程度、销售服务的优劣等；内因则包括消费者取得该商品或服务的迫切性、消费者自己的支付能力等。因此，只要上述因素发生变化，消费者市场需求就会有相应改变，从而表现出市场需求的伸缩性。这种伸缩性在不同的商品上也不相同。一般来说，生活必需品的伸缩性小，而非生活必需品，尤其是高档消费品的伸缩性大一些。为此，企业应注意引起需求量变化的条件，并根据这些条件的变化决定自己商品的品种和供应量。

（五）消费需求的可诱导性

消费需求不仅反映生理意义上的需求，而且同客观现实的刺激有很大的关系。消费者购买何种消费品，受到政治、经济制度、思想意识、社会交往、生活和工作环境、广告宣传等因素的影响。这些因素都可促使消费者产生新的心理需求或消费需求。因此，消费需求是可以引导和调节的。例如，有些消费者对家居并没有产生进行美化装饰的需求，但是，受到朋友、同事及广告宣传，甚至某种"示范效应"的影响，他们不仅进行装饰，而且还会有显示其经济实力及社会地位的心理需求，因而对木质地板、墙纸呈现出强烈的购买欲望。许多企业正是利用消费需求的这一特点，通过广告传播信息帮助消费者认识商品，引导消费者的需求欲望发生变化和转移，创造新的消费流行。

除上述特点外，消费者的市场需求还具有便捷性、季节性、地域性等特点，企业应以此作为市场营销决策的依据，更好地满足消费者的需求，提高商品销售量和经济效益。

二、需求分析的心理依据

现代市场营销必须以消费者需求为中心。而消费者的需求是在需要和欲望的基础上产生的，所以，满足消费者的需要和欲望是市场营销活动出发点。

（一）需要

需要是指没有得到某些基本的满足而感到的匮乏状态。需要不是市场营销人员创造的，而是人类自身本能的基本组成部分。人类的需要是多种多样的，同时也是分层次的。美国心理学家马斯洛在 1943 年提出"需要层次论"，将人的需要分为 5 个层次，即生理需要、安全需要、社会需要、尊重需要和自我实现需要，如图 3-1 所示。

图 3-1　马斯洛的需要层次图

1. 生理需要
生理需要是人类最基本的需要，如因饥饿、口渴、寒冷、遮蔽等而需要食、衣、住等。这种需要是人的各种需要中优先需要得到满足的需要。

2. 安全需要
在生理需要得到满足的前提下，人们就会为避免生理及心理方面受到伤害而要求被保护和照顾的需要，这就是安全需要，它包含对安全感、稳定性、受保护等的需要。

3. 社会需要

社会需要是在安全需要得到满足的前提下，进一步产生的需要，即人们在社会生活中很重视人与人之间的交往，希望成为某一团体或组织中的成员，通过社会交往得到社会的容纳和重视，得到朋友的友谊和感情等。

4. 尊重需要

尊重需要是指人们希望达到的更高的地位、声望、成就等。这是社会需要之上的更高层次的需求。

5. 自我实现需要

这是最高层次的需要，即希望个人的自我潜能和才能得到极大的发挥，取得一定的成就，对社会有较大的贡献，并需要别人对自己的努力成果给予肯定，受到社会的承认。

下面以一个大学生的经历对马斯洛的需要层次理论进行诠释。

（1）大学毕业时（生理需要）。

（2）成家后住房防护窗和安全门（安全需要）。

（3）某一时间发现自己被关在房子里和外界缺乏信息沟通，并开始和过去的同学、朋友重新交流（社交需要）。

（4）有一种在社交圈需要被尊重的需要（尊重需要）。

（5）有时有一种自我实现的感觉、才能展示、晋升等（自我实现需要）。

（二）欲望

欲望是指想得到能满足需要的具体满足物的愿望。人类为了生存与发展，有生理需要、安全需要、社会需要、尊重需要、自我实现需要等，这些需要可以用不同的方式来满足。人类的需要是有限的，但是欲望却很多。例如，一个人饿了，可以用面包、包子、面条、牛奶、饼干等来填饱肚子。因此，人们的欲望几乎是没有穷尽的。

（三）需求

人类的欲望几乎是没有穷尽的，但是资源是有限的。因此，人们想用有限的金钱来选择价值和满意度最高的商品。当具有购买能力时，欲望便转化为需求。所谓需求是指有购买并且愿意购买某种具体商品的欲望，即有购买力的欲望。

用公式可表示为：

$$需求 = 欲望 + 购买力$$

需要、欲望和需求是不同的概念，各自有不同的内涵，但三者之间又有一定的联系。在市场营销中研究需要、欲望和需求，其目的在于阐明这样一个事实。

（1）需要是产生需求的前提条件，但是市场营销者并不创造需要，因为需要存在于市场活动之前。

（2）欲望是在需要的基础上产生的，市场营销者可以影响人们的欲望，如通过改善商品、降低价格、广告宣传等方式试图向人们推荐某特定商品以满足其特定的需要，进而使商品对人们有吸引力。

（3）消费者的需求是在欲望的基础上产生的，当商品的价格适应消费者的支付能力且容易得到时，消费者就会想办法实现其需求。

三、消费者心理活动过程

（一）人产生行为的心理活动过程

人的一生是不断产生需要、不断满足需要、再产生新的需要的生命过程。人们一旦认识到需要，就会引起心理紧张，产生相应的心理反应，当需要升华到足够的强度水平时，就形成一种内在的驱使力，心理学称其为动机。有了动机，就要寻找、选择目标，就会进行满足需要的活动，最后，需要满足，紧张解除。然后又产生新的需要，新的行为。这样周而复始，直到生命终止。整个过程如图 3-2 所示。

| 刺激 | → | 需要 | → | 动机 | → | 目标 | → | 行为 | → | 需要满足 | → | 紧张消除 |

图 3-2　人产生行为的心理活动过程

（二）消费者产生购买行为的心理活动过程

消费者的购买行为作为人类行为的一种，是受多种因素影响而形成的复杂行为。首先，消费者受到某些刺激而产生某种需要，这种需要又导致产生购买某种商品的动机，由购买动机最终产生购买行为。购买行为产生的过程如图 3-3 所示。

| 刺激 | → | 需要 | → | 购买动机 | → | 购买行为 |

图 3-3　购买行为的形成过程

1. 外部刺激

购买行为产生的起点是消费者受到了某种刺激。消费者所受到的刺激包括以下两种。一是环境刺激，消费者总是处在一定的环境中，受到有关环境因素对其的影响，即政治、经济、社会、技术、文化等环境因素对消费者的影响。二是营销刺激，企业为了将商品销售出去，会采取有关的策略，即企业采取的商品策略、价格策略、分销策略、促销策略等对消费者的影响。

沈万三的故弄玄虚

2. 消费者黑箱

消费者受到刺激后会有一个内在的心理活动过程，然后对刺激做出反应，即产生购买行为，这个过程也是可以观察到的消费者的购买反应：商品选择、品牌选择、供应商的选择、购买时间及购买数量等。由于消费者的心理活动过程是看不见、摸不着的，带有神秘色彩，所以我们称其为"消费者黑箱"，或"消费者黑匣子"。尽管"消费者黑箱"是看不见、摸不着的，但是企业可以研究它，以便采取相应的策略。消费者黑箱包括以下两部分内容。

一是消费者特性，主要包括影响消费者购买行为的社会文化、个人、心理等因素。消费者特性会影响消费者对刺激的理解和反应，同一种刺激作用于具有不同特性的消费者，往往会产生不同的反应。

二是消费者购买决策过程，主要包括唤起需要、收集信息、比较选择、购买决策、购后评价等过程。消费者的决策过程决定了消费者最终的购买行为。

3. 消费者反应

消费者反应主要包括消费者购买时对商品的选择、品牌的选择、供应商的选择、时间选择、地点选择、数量选择等。

消费者购买行为可以利用刺激—反应模式（又称购买行为模式）具体反映出来，如图 3-4 所示。

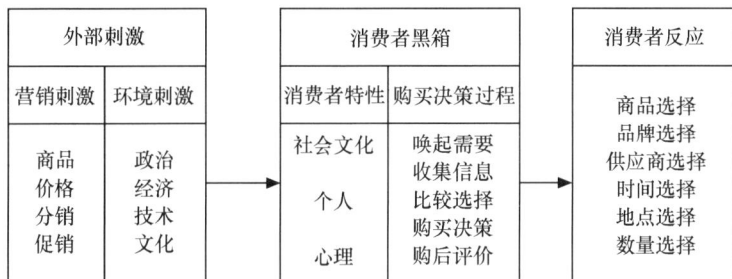

外部刺激		消费者黑箱		消费者反应
营销刺激	环境刺激	消费者特性	购买决策过程	
商品 价格 分销 促销	政治 经济 技术 文化	社会文化 个人 心理	唤起需要 收集信息 比较选择 购买决策 购后评价	商品选择 品牌选择 供应商选择 时间选择 地点选择 数量选择

图 3-4　刺激—反应模式

四、基于消费者心理活动过程规律的营销举措

（一）利用营销组合有效地刺激消费者

在买方市场的条件下，企业的产品要满足消费者的需求，企业才可以将产品销售出去；反之，企业也可主动地通过自身的营销努力去刺激消费者，使其产生购买的欲望。

消费者受到的刺激包括环境刺激和营销刺激。其中，营销刺激是企业针对目标市场，协调配套地使用营销手段来刺激消费者，使他们产生需求。常用的最基本的营销策略有产品（Product）、定价（Price）、销售渠道（Place）、促销（Promotion），简称"4P"策略。

（二）研究和分析消费者黑箱

当消费者受到刺激后，消费者黑箱里到底发生了什么？企业不得而知。但是企业可以通过研究分析消费者黑箱，来影响消费者的最后选择。

（1）分析消费者的特性。分别从社会文化因素、个人因素、心理因素等方面分析影响消费者需求的因素，以便针对不同的需求采取不同的管理，使企业的营销策略能更好地与消费者的需求相适应。

（2）研究消费者购买决策过程，以影响消费者的购买决策。消费者的购买决策过程包括唤起需要、收集信息、比较选择、购买决策、购后评价等。企业特别要注意以下两个阶段。

① 消费者处在收集信息阶段，企业可以通过大量的广告宣传和促销活动让消费者获得更多的市场信息。

② 购后评价阶段不仅影响消费者自身以后的购买决策，而且会影响其周围人的购买决策。所以企业应该在售前、售中、售后都让消费者满意，特别要为消费者做好售后服务。

（三）观察消费者的购买反应

消费者的最后选择会有两种结果。

一是选择购买本企业的产品。企业需要在售后服务上下功夫，提高消费者的满意度，使该消费者成为企业和产品的忠诚者，留住消费者。因为留住老顾客的成本远远低于吸引新顾客的成本。

二是选择购买别的企业的产品。分析和找出消费者购买别的企业产品的原因，如本企业产品质量问题、企业营销人员努力不够、物流不及时等，找出企业与同行之间的差距，有针对性地改进。

任务2　消费者购买行为分析

消费者市场是由因需要而购买物品或服务的个人或家庭所构成的市场。消费者市场是最终市场，其他市场直接或间接地为最终消费者服务。它具有购买次数多、需求差异大、需求复杂多变、可诱导性等特点。因此，消费者市场是现代市场营销的依据和主要的研究对象。

一、影响消费者购买行为的因素

消费者购买行为受到文化、社会、个人、心理特征等因素的影响很大，如图 3-5 所示。营销人员无法控制这些因素，为了吸引消费者，将产品销售给消费者，开展有效的市场营销活动，必须考虑分析这些影响因素。

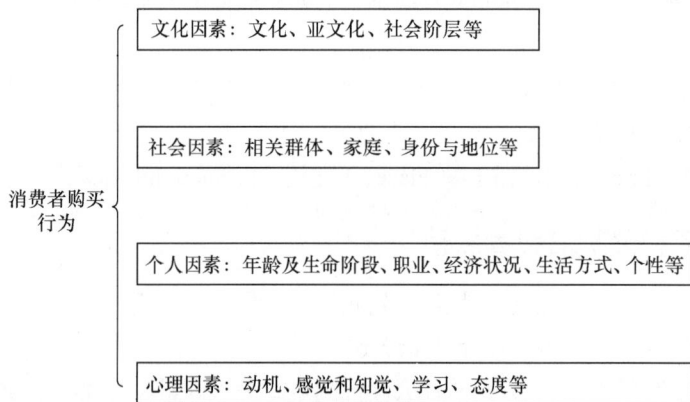

图 3-5　影响消费者购买行为的因素

（一）文化因素

文化、亚文化、社会阶层等文化因素，对消费者的行为具有最广泛和最深远的影响。

1. 文化

文化是人类在长期的生活和实践中形成的语言、价值观、道德规范、风俗习惯、审美观等的综合。文化是人类欲望和行为最基本的决定因素，会对消费者的消费观念和购买行为产生潜移默化的影响。

2. 亚文化

在一种文化中，往往还包含着一些亚文化群体，他们有更为具体的认同感。亚文化群包括民族亚文化群、宗教亚文化群、宗族亚文化群和地理亚文化群。消费者对各种商品的兴趣受其所属民族、宗教、种族、地域等因素的影响。这些因素将影响他们的食物偏好、衣着选择、娱乐方式等。

3. 社会阶层

社会阶层是指在一个社会中具有相对同质性和持久性的群体。在一切社会中，都存在着社会阶层。同一个社会阶层的人有相似的价值倾向、社会地位、经济状况、受教育程度等。因此，同一社会阶层的人有相似的生活方式和消费行为。

各社会阶层显示出不同的产品偏好和品牌偏好，企业的营销人员应根据不同的社会阶层，推出不同的营销策略。例如，在广告策略中，由于不同的阶层对新闻媒介的偏好是不一样的，中低阶层的消费者平时喜欢收看电视剧和娱乐晚会，而高阶层的消费者喜欢各种时尚活动或戏剧等，所以针对不同阶层的消费者，应选择不同的广告媒介来进行产品宣传。

（二）社会因素

消费者处在社会环境中，总会受到其他人的影响，主要受到相关群体、家庭等的影响。

1. 相关群体

相关群体是指能够直接或间接影响人们的态度、偏好和行为的群体。相关群体分为所属群体和参照群体。所属群体是指人们所属并且相互影响的群体，如家庭成员、朋友、同事、亲戚、邻居、宗教组织、职业协会等。参照群体是指某人的非成员群体，即此人不是其中的成员，而该群体是其心理向往的群体，如电影明星、体育明星、社会名人等是大家纷纷崇拜和效仿的对象。

2. 家庭

家庭由居住在一起的、彼此有血缘、婚姻或抚养关系的人群所组成。家庭也是影响消费者购买行为的重要因素，具体表现在以下几方面。

一是家庭倾向性的影响。例如，一个孩子长期和其父母生活在一起，其父母对某一产品的购买倾向或多或少会对孩子以后的消费行为产生影响。

二是家庭成员的态度及参与程度的影响。购买不同的产品，家庭成员的态度和参与的程度是不同的。例如，家庭购买大件物品时，大家共同参与、商量，而购买日常的生活用品可能就由母亲购买。于是根据家庭成员对购买商品的参与程度与决定作用的不同，购买行为可分为丈夫决定型、妻子决定型、子女决定型、共同决定型。

三是家庭所处的生命周期阶段对消费者的影响。消费者家庭生命周期一般可分为 9 个阶段（见项目四）。家庭处在不同的生命周期阶段，购买行为也是不同的。例如，家庭处在子女年幼阶段时，对玩具、婴儿用品等感兴趣；家庭处在年老夫妻而子女独立阶段时，对保健品、健身用品等感兴趣。

（三）个人因素

消费者的购买行为与其个人因素有较密切的联系，如个人的年龄、性别、职业、受教育程度、经济状况、生活方式等。例如，对书的需求，由于年龄、职业、受教育程度等不同，不同的消费者会选择不同的书，儿童会选择卡通书，年轻人会选择流行小说，老年人会选择有关保健方面的书。

（四）心理因素

福特汽车公司曾经开发出一种适合年轻人开的跑车，投放市场后，购买的消费者除了一部分是年轻人之外，还有一些老年人。通过调查了解到，老年人购买跑车的原因是，开上跑车，仿佛自己年轻了几十岁。由此可见心理因素也是影响人们购买行为的因素之一。影响消费者购买行为的心理因素包括动机、感觉和知觉、学习、态度等。

1. 动机

动机是引起行为、维持行为并把行为指向一个目标以满足人的需求的内在心理过程。动机是在需求的基础上产生的，是推动人们活动的内在力量。消费动机是一种升华到足够强度的需要，它能够引导人们去探求满足需要的目标。人们从事任何活动都是由一定动机所引起的。引起动机的条件有内外两类，内在条件是需要，外在条件是诱因。例如，血液中水分的缺乏会使人产生对水的需要，从而促使人喝水来满足需要。因此，需要可以直接引起动机，导致人们朝特定目标行动。

2. 感觉和知觉

消费者有了购买动机后，就要采取行动，至于采取什么行动则受到认识过程的影响。消费者的认识过程由感性认识和理性认识两个阶段组成，感觉和知觉属于感性认识过程。感觉是指人们通过感官对外界刺激形成的反应，知觉则是人脑对直接作用于感觉器官的客观事物的整体反应。

3. 学习

学习是指由于经验而引起的个人行为的改变，人类行为大都来源于学习。例如，某顾客要购买一台计算机，由于该顾客对计算机不了解，在购买之前就有一个学习的过程。对企业的营销人员来说，要为顾客学习提供方便，要耐心地回答顾客的咨询，主动向顾客介绍、传递有关产品的信息，让顾客了解和熟悉本企业的产品，来促使顾客购买本企业的产品。

4. 态度

态度是指一个人对某些事物或观念长期持有的好或坏的认识、评价、情感上的感受和行为倾向。态度一经形成，一般难以改变。所以，企业的营销人员最好使其产品与消费者的态度相一致，而不要试图去改变人们的态度，当然，如果改变一种态度所耗费的代价能得到补偿，则另当别论。

可见，影响消费者购买行为的因素是众多的，一个人的选择是受文化、社会、个人和心理因素复杂影响和作用的结果。其中很多因素是营销人员所无法改变的，但是，这些因素在识别那些对产品有兴趣的购买者方面颇有用处。其他因素则受到营销人员的影响，并揭示营销人员如何开发产品等，以便引发消费者的强烈的反应。

二、消费者的购买决策过程

消费者在购买一些比较重要的商品时，其购买决策往往是一个非常复杂的心理活动过程。一般消费者购买决策过程包括唤起需要、搜集信息、比较选择、购买决策、购后评价5个阶段，如图3-6所示。

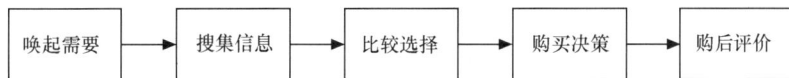

图 3-6　消费者购买决策过程

（一）唤起需要

消费者的需要往往是由于受到内部刺激或外部刺激而引起的。内部刺激是由于自身的生理或心理上感到缺少而产生的需要，如因为饿了要买食品。外部刺激是来自消费者外部的客观因素，如人员推销、广告、降价等的刺激，或受到周围人购买行为的影响。

（二）搜集信息

一般来讲，唤起的需要不是马上就能被满足的，消费者需要搜集有关的信息。消费者信息的来源主要有以下几个。

（1）经验来源：消费者在自己购买和使用产品过程中所积累的知识和经验。

（2）人际来源：从周围的人，如家庭成员、朋友、同学、同事等处获得的有关产品的信息。

（3）商业来源：消费者从展览会、推销员的推销、广告、促销活动中获得的信息。商业信息一般是消费者主要的信息来源。

（4）公众来源：消费者从大众传播媒体、消费者评审组织等获得信息。

以上这些信息来源的相对影响，随着产品的类别和购买者的特征而变化。一般来说，就某一产品而言，使消费者获得信息最多的来源是商业来源，也即企业营销人员控制的来源，此外，最有效的信息来源是人际来源。当然，每一信息来源对于购买决策的影响会起到不同的作用。

（三）比较选择

消费者搜集到大量的信息后，要对信息进行整理、分析和选择，以便做出购买决策，如购买品种、品牌、地点、时间等的决策。不同的消费者在购买不同的商品时，比较选择的方法和标准也各不相同，一般从以下几方面来分析。

（1）产品属性。产品属性即产品能够满足消费者需要的特性，如计算机的储存能力、显示能力等，照相机的体积大小、摄影的便利性、成像的清晰度等。消费者根据自己的需要和偏好，确定各属性的重要权数，一般越重要的属性被赋予的权数越大，需重点考虑。

（2）品牌信念。品牌信念是消费者对某品牌优劣程度的总的看法。由于消费者的个人经验、选择性注意、选择性记忆等的影响，其品牌信念可能与产品的真实属性并不一致。消费者根据对品牌的信念，分别给不同的品牌一个评价值。

（3）其他选择因素。其他选择因素主要包括价格、质量、服务项目及水平、交货的及时性、包装、购买的方便性等。

（4）总评。根据各属性的重要性权数及评价值，得出总评价分。由于不同的消费者给予同一商品各属性重要程度、评价值的分值是不同的，所以不同的消费者会有不同的选择。

（四）购买决策

消费者经过比较选择后会得出两种可能的结果。

一是决定不买，经过比较选择，目前没有找到合适的产品，暂时决定不买。

二是形成指向某品牌的购买意向。选择比较后消费者会对某品牌形成偏好，从而形成购买意向。当然，购买意向变成实际购买行为还需要具备一定条件，如消费者有足够的购买力、企业有货等。

（五）购后评价

消费者购买产品后会对产品满足其需求的情况产生一定的感受，如满意或不满意。消费者对购买商品是否满意，将影响以后的购买行为，如果对商品满意，则在下一次购买中会继续采购该商品，并向他人宣传产品的优点；如果消费者对商品不满意，则在下一次购买中根本不考虑该商品，甚至本次要求退货。

三、消费者购买行为的类型

消费者购买决策随其购买决策类型的不同而不同，如在购买一般生活日用品与购买生活耐用品时存在很大的差异，一般消费者对较为复杂的和花钱较多的决策往往会投入较多精力去反复权衡，而且会有较多的购买决策参与者。根据消费者购买介入程度和品牌间的差异程度，可将消费者购买行为划分为复杂型、多变型、求证型、习惯型 4 种，如图 3-7 所示。

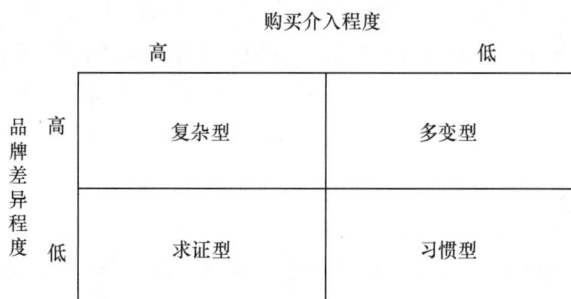

购买介入程度

	高	低
品牌差异程度 高	复杂型	多变型
低	求证型	习惯型

图 3-7 消费者购买行为的 4 种类型

1. 复杂型

复杂型购买行为是指消费者在购买商品时投入较多的时间和精力，并注意各品牌间的主要差异。一般消费者在购买花钱多、自己又不了解的商品时的购买行为属于该类行为，消费者了解商品的过程，也是学习的过程。例如，在生活中，购买个人计算机的行为就属于该类购买行为。在介入程度高且品牌差异大的产品经营中，企业的营销人员应该协助消费者学习，帮助其了解商品的性能属性和品牌间的差异，以影响消费者的购买决策。

2. 求证型

消费者在购买品牌差异不大的产品时，有时也会持慎重态度，这种购买行为属于求证型。这种购买行为一般发生在购买价格虽高但品牌差异不大的产品时，消费者的购买决策可能取决于价格是否合适、购买是否方便、销售人员是否热情等。针对消费者的这种心理特点，企业应采取必要的营销策略。

（1）要合理定价，在了解市场上同类产品价格的基础上，结合企业的实际情况，制定出消费者能够接受的价格。

（2）向消费者提供细致周到的服务。例如，选择良好的销售地点，方便消费者购买；选择高素质的销售人员，耐心地回答消费者的问题，向消费者提供有关信息等，以增强消费者对产品和品牌的信任，以影响消费者的品牌选择。特别要注意向消费者提供售后服务，以增强其品牌信念，增强购后满意感，证明其购买决策的正确性。

3. 多变型

多变型购买行为常常发生在购买价格低但是品牌差异大的商品时。例如，在饮料市场中，有不同品牌的不同产品，它们在包装、口感、营养等方面存在较大的差异。对于这类商品，消费者可能经常改变品牌选择，不是因为商品本身不好，而是由于商品品种多样化，消费者想尝试不同品牌的不同商品。对于这类商品的营销，企业要在促销上下功夫，如降价、反复做广告、让消费者试用、送赠品、抽奖等。

4. 习惯型

这种购买行为常常发生在购买价格低、经常购买且品牌差异不大的商品时。消费者往往对这类商品的购买决策不重视，购买时介入的程度很低，主要凭印象、熟悉程度和被动接受的广告信息等来进行购买。对于这类商品的营销，主要在广告上下功夫，企业可设计简短的、有特色的广告，反复刺激消费者，突出与品牌联系的视觉标志和形象，以便消费者记忆。

四、基于消费者购买过程的营销举措

（一）通过有关手段刺激消费者，使他们对企业的产品产生强烈的需求

1. 在产品方面，开发新产品来刺激消费者，利用新产品的新颖性、时尚性、便利性、先进性等特点来吸引消费者。特别是向群体中有影响的人推荐新产品，通过他再向周围的人推荐。不断地改善产品：消费者对某产品的需求强度会随着时间的推移而改变，为使企业的产品能够继续吸引消费者，必须不断地改善产品，如扩大产品的使用范围、改善产品的质量等。

2. 在价格上，采取价格策略，如实行打折，刺激消费者快速、大量地购买。

3. 促销方面，主要通过上门推销、推销广告、营业推广等手段来唤起消费者购买产品的需要。

（二）企业要有效地利用不同的途径向消费者传递有关产品的信息

消费者的信息来源是多样化的，且各种信息来源对消费者的购买决策有着不同的影响。企业要有效地利用不同的途径向消费者传递有关产品的信息，具体做法如下。

1. 市场营销人员要善于识别各种不同的信息来源。在消费者的信息来源中，经验来源是消费者切身的、主观的感受；商业信息起到告知的作用；而人际来源和公众来源具有评价的作用。

2. 通过人员推销、广告、举办展销会等方式向消费者传递有关产品的信息。这是企业向消费者传递信息的主要方法。在激烈的市场竞争中，同类产品或替代品较多，好的产品较多，企业必须做宣传，否则，产品再好，也难以卖出去。

3. 向消费者提供货真价实的产品及优质的服务，让买过企业产品的消费者不仅成为"回头客"，而且成为企业免费的产品宣传员，去影响其周围人的购买行为。他们的宣传比企业的广告、推销人员的推销更有说服力。

（三）企业的营销人员要了解消费者的需求，进行有效的市场细分

消费者在选择比较时，并不一定将产品的所有属性都视为同等重要。市场营销人员要了解消费者主要需要产品的哪些属性，本企业的产品有哪些属性，以及不同类型的消费者对哪些属性感兴趣，以便进行市场细分，对有不同需求的消费者提供具有不同属性的产品，如此既可以满足消费者的需要，又可以最大限度地减少因为产品增加不必要的属性所造成的资金、劳动力、时间等的浪费。

（四）要注重和提高消费者的购后满意感

消费者的购后满意感取决于消费者对商品的期望和使用后的实际感受，消费者的购后满意感与消费者对商品的期望成反比，而与消费者使用后的实际感受成正比。消费者对商品的期望是根据信息来源，如广告、推销员、周围的人等的介绍而形成的。如果企业夸大产品的优点，消费者就会感受到不能证实的期望，这种不能证实的期望会导致消费者不满意感增强。所以，企业有保留地宣传其产品的优点，反而会使消费者产生高于期望的满意感，并树立良好的产品形象和诚实的企业形象。

任务3 生产者购买行为分析

一、生产者市场的特点

生产者市场亦称生产资料市场或工业品市场，是指工业企业为了获取利润进行再生产而购买产品的市场。重视和搞好生产者市场的营销，是国民经济发展及社会再生产顺利进行的条件。

由于生产者市场同生产资料的生产有直接联系，因此与消费者市场相比，具有以下特点。

（一）生产者市场的购买者是企业

在生产者市场上，生产资料的购买者虽然可能是个人，但这里的个人不代表他自己，而是代表企业或集体（不排斥个体经营者的购买）。因此，在从事生产资料的营销时，就要以单位或企业为主要对象开展业务活动，从而达到满足需求的目的。

（二）生产者市场的需求属于派生性需求

所谓派生性需求，是指由其他需求引出的需求。在现实生产中，生产者市场的需求是由消费产品的需求引起的。例如，生产者市场对钢铁的需求，是由于消费者市场需求汽车、自行车等而引起的。因此，在营销过程中，要重视对消费者市场需求的分析和研究。

（三）生产者市场的需求弹性小

需求弹性是指需求量对价格变化反应的灵敏程度。由于生产者市场的需求取决于生产结构和生产发展速度，产品的专用性很强，对产品的品种、规格、型号及质量有严格要求，不能互相代替，所以生产者市场的需求，一般不受广告宣传、价格变动等的影响，需求弹性小。

（四）生产者市场需求结构复杂

生产者市场需求结构是指生产资料按自然属性划分后，各类生产资料的需求量各占多大比例。因此，在营销过程中，营销人员必须具备专门的知识，要研究产品形成中的物质结构及单位产品中生产资料的消耗定额。只有这样，才能做好生产资料的供应和销售。

（五）生产者市场需求量大、交易金额高

生产者市场的购买者主要是企业，而企业又是具有一定生产规模，承担一定生产任务的经济组织，所以生产者市场是在企业之间进行的，购买频率不高，但交易的数量大、金额高。因此，营销人员一方面要研究企业的生产规模和生产能力；另一方面要做好收付款手续，以防被骗，造成损失。

二、影响生产者购买行为的因素

消费者购买行为受一系列相关因素影响，生产者购买行为也是如此，要受多种因素的影响。

（一）企业内部因素

企业购买何种生产资料、数量多少等，首先要根据企业内部需求而定，否则，采购将是一种浪费。影响生产者行为的内部因素主要包括 4 个：企业采购目标、企业采购政策、企业采购制度和企业采购程序。

（二）社会环境因素

任何企业的生产和经营都是在一定的社会环境里进行的，因此必然要受到特定社会环境因素的制约。社会环境因素是企业不可控的因素，主要包括 3 个：政治法律环境因素、经济发展环境因素和科学技术发展环境因素。

（三）人际关系因素

生产资料的购买，是由许多具有不同地位、权力、职称的人进行的，因此不同的人际关系也影响了生产者的购买行为。

（四）采购人员个人因素

企业的采购任务最终是要落实到采购员身上的，因此，采购员的个人动机、心理素质、文化素养、事业心、业务水平等必然影响具体的采购过程，当然这些因素又受其年龄、收入水平、受教育程度、职业、个性及对风险的态度的影响。

三、生产资料购买决策的参与者和生产者购买决策过程

（一）生产资料购买决策的参与者

生产者市场的购买者是企业，大多数企业购买生产资料是集体共同决策的，因此参与生产资料购买决策的人员众多。一般小企业由几个人制定购买决策，大中型企业设立采购部门，有

的由专家承担采购工作。一般来说，生产资料购买决策的参与者有五类人。

（1）倡议者。倡议者是购买决策的先导，指根据生产过程需求和产品技术标准，提出购买某种生产资料的一些技术专家。

（2）影响者。影响者是指企业内外一切对最后购买决策有影响的人，使用者、技术人员、推销员等均可能是影响者。

（3）决策者。决策者是指拥有决定权的人。一般情况下，决策者就是采购者，但在交易量大而复杂的情况下，决策者可能是企业主管，由他批准采购人员的采购方案。

（4）采购者。采购者是指被企业正式授权执行采购任务的人。

（5）使用者。使用者是指实际使用生产资料的工程技术人员和生产第一线的工人。他们是供需双方协议与企业购销计划的来源者，也是购买的主要评价者。

（二）生产者购买决策过程

生产者购买决策过程可分为以下几个阶段。

1. 确认需求

生产者的需求是由企业内部、外部因素刺激引起的。企业内部因素，如企业决定生产新产品因而需要增添新设备及原材料，旧机器设备陈旧需更新等。企业外部因素，如企业营销人员在交易会及收看了广告以后，发现了价廉物美的替代品等。当生产者意识到通过购买某种生产资料可满足某种需求时，购买过程便开始了。

2. 确定需求的特征及数量

当生产者确定需求后，即着手确定需求的数量与特征，如产品的数量、可靠性、耐用程度、价格和其他必备的属性。

3. 拟定规格要求

在提出需求产品的数量及特征后，生产者要着手对所需产品做进一步分析，对所需产品的规格、型号等做详细的技术说明，并形成书面材料，作为采购人员采购时的依据。

4. 调查和寻找供应商

生产者可凭借以往的经验，根据设计、生产、质检、财务等部门的要求，直接指定供应商；也可以通过查阅工商企业名录、电话、广告宣传等途径寻找供应商，对其进行调查并从中选出理想的供应商。

5. 征求报价

向合格的备选供应商发函，请它们尽快寄来产品说明书、价目表等有关资料，生产者可对各个供应商的产品进行分析比较，最后挑选出理想的供应商。

6. 决定选择供应商

生产者对各供应商提供的报价材料进行一一评价，经过比较，做出选择。他们通常特别重视这些因素，如交货能力、产品质量、规格、价格、企业信誉及历来履行合同情况、技术及生产能力、财务状况等。生产者可以通过对每位供应商在这些方面的评分，从中选出最具吸引力的供应商。

7. 正式发出订单

选定供应商后，生产者即正式发出订单，并在订单上写明所需产品的规格、数量、交货时间、退货时间、退货条款、保修条件等。双方签订合同后，合同或订单副本被送到进货部门、财务部门及企业内其他有关部门。

8. 实际购进，验收入库
9. 购后评价

产品被购进使用后，采购部门将与使用部门保持联系，了解该产品的被使用情况，使用者满意与否，并考察比较各供应商的履行合同情况，以决定今后对各供应商的态度。

总之，生产者购买决策过程与前述的消费者购买决策过程相比，步骤更多，更为复杂。卖方企业营销人员应对买方企业采购工作流程有详细了解，这样才能针对目标市场制订有效的营销计划。

【案例】 "同仁堂"绝妙的采购法

民国时期，河北省安国县是全国有名的药材集散市场。每年冬、春两季，各地药农、药商云集于此。北京同仁堂的药材采购员在采购中使用了一连串的技巧，并善于积极反馈信息，所购药材的价格比别的店家便宜许多。他们来到安国县，并不急于透露自己需要采购什么，而是先注意收集有关信息。他们往往只是先购进一点比较短缺的药材，以"套出"一些"信息"。例如，本来需要购进10 000斤黄连，他们往往只买进100斤上等黄连，而且故意付高价。"价高招商客"，外地的药商、药农闻讯，便纷纷将黄连运到安国县。这时同仁堂的采购员却不再问津黄连，而是大量买进市场上滞销的且又必然要购买的药材。等其他药材购买得差不多时，再返回来采购黄连。此时，他们已得到信息反馈：由于黄连大量涌进市场，形成滞销之势，各地药商，为了避免徒劳往返，或者卖不出去亏本，都愿意低价出售。如此，同仁堂便以低价购买到了药材。药商和药农们吃了亏，第二年自然就会减少黄连的产量和储货量，这样一来，黄连在第二年又会因大幅度减产和供货不足而价格暴涨，而这时同仁堂的库房里却有充足的黄连。

课堂讨论

1. 如何理解需求的可创造性？
2. 消费者购买过程与生产者购买过程的侧重点有什么不同？

能力形成考核

【知识测试】

1. 消费需求主要有哪些特征？
2. 影响消费需求的因素主要有哪几个？
3. 消费者的购买决策过程分为哪几个阶段？
4. 生产者市场具有哪些特点？

【能力训练】

解读"80后"消费

卡森是一名广告公司的年轻设计师，他刚买了一部蓝色的索尼爱立信手机，可是三个月后，同事就发现卡森的手机变成了红色，手机铃声也变了。正当大家以为卡森换了一部新手机时，卡森告诉大家，他只不过将手机的外壳换了，并下载了新的手机铃声、新的待机画面，而这些细节的改变，就使他获得了拥有一部新手机的感觉。

手机可以更换外壳、家具可以自由组合……与其他年代的消费群体相比，"80后"消费群体更爱追求新鲜感，在这种心理的驱动下，他们不是特别关注产品本身的核心功能，而一些额外的附加功能却完全可能成为他们决定购买的关键。对于他们来说，手机不再只是一种通信工具，还是一种时尚单品。"爱时尚"这一生活准则不仅反映出"80后"消费群的突出心理特征，更成为许多企业制定营销策略时考虑的关键因素。

"80后"消费群对于品牌、时尚的追求，对于产品品牌精神与消费感受的注重，使企业必须为产品赋予新的定义，要想赢得这批年轻一代消费者的青睐，企业就必须为产品注入一种容易打动他们的品牌精神，如动感地带用周杰伦的"酷"来表现"我的地盘听我的"的理念，百事可乐用F4等名人来演绎"年轻一代的选择"的品牌内涵。

"80后"作为一个新崛起的核心消费群体，他们的消费权利、消费意识、消费话语正在深刻影响着许多企业的市场策略，如何深刻地解读他们的消费心理，把握时代潮流的发展趋势，对于任何一家想要抢占未来市场的企业来说都具有非常重要的意义。

思考：

1. "80后"有哪些消费特点？
2. 影响"80后"购买行为的因素有哪些？

【技能提升】

［实训项目］

分析购买决策的过程和决策的参与者，提出宣传建议。

［实训目的］

检验学生对购买决策过程和决策的掌握情况。

［实训任务］

走访考察某一大型超市或购物中心，观察消费者购物过程，分析购物的决策过程。

［实训步骤］

（1）选定某一大型超市或购物中心，进行参观考察。
（2）以小组为单位对调查情况进行分析、讨论。
（3）课堂评析各小组实训报告。

［考核评价］

由任课老师负责指导与考核评价，其中预习准备10%，实际调查符合要求20%，初始记录完整20%，实训分析报告完整清晰40%，团队合作10%。

项目四

目标市场战略

学习目标

【知识目标】

1. 掌握市场细分的概念和作用。
2. 了解市场细分的标准。
3. 了解目标市场选择的战略。
4. 理解市场定位的步骤和策略。

【能力目标】

1. 能够对给定企业的背景或产品现状进行分析，判断产品的市场细分标准。
2. 能够根据不同的市场需求，制定相应的目标市场战略。
3. 能够对给定的目标市场进行定位策划。

案例导入

麦当劳餐厅的定位

"麦当劳"始终以"优质、服务、清洁、价值"为信条。餐厅要求员工上岗前，要用"麦当劳"专用消毒液洗手达20秒；工作中，要给予客人亲切的微笑；客人离开后，30秒理清空位。某日，一客人在麦当劳餐厅内，手端餐盘，立等15分钟后仍无座位。随后他向售物处提出退货，售货员了解其遭遇和要求后，立即道歉，无条件予以退货，并将收回的食物立即倒入回收箱。"麦当劳"餐厅这样一贯的一系列行为使其在客户心中有了良好的形象：亲切、规范、卫生、便捷、口味好等，是值得信赖的快餐连锁店。

启示：准确的定位能为企业带来巨大的收益。

任务1　市场细分

　　企业面对着成千上万的消费者，消费者的需求和欲望是千差万别的，并且分散于不同的地区，而且随着环境因素的变化而变化。面对复杂多变的大市场，任何一家规模巨大的企业、资金实力雄厚的大公司，都不可能满足全部消费者的所有需求。生产企业又由于其资源、设备、技术等方面的限制，也不可能满足全部消费者的不同需求。企业只能根据自身的优势条件，从事某方面的生产、营销活动，选择力所能及的、适合自己经营的目标市场。市场细分理论为企业提供了科学选择目标市场的思路和方法，是企业选择目标市场的基础和前提。

一、市场细分的概念和作用

（一）市场细分的概念

　　市场细分的概念是美国市场学家温德尔·史密斯（Wendell R.Smith）于20世纪50年代中期提出来的。所谓市场细分，就是指按照消费者欲望与需求把一个总体市场（总体市场通常太大以致企业很难为之服务）划分成若干具有共同特征的子市场的过程。因此，属于同一细分市场的消费者，他们的需求和欲望极为相似；分属于不同细分市场的消费者对同一产品的需求和欲望存在着明显的差别。

　　这里必须指出的是，细分市场不是根据产品品种、产品系列来进行的，而是从消费者（指最终消费者和工业生产者）的角度进行划分的，是根据市场细分的理论基础，即消费者的需求、动机、购买行为的多元性和差异性来划分的。

（二）市场细分的作用

市场细分对企业的生产、营销起着极其重要的作用。

1. 有利于选择目标市场和制定市场营销策略

　　子市场中的消费者需求易于被企业掌握，企业可以根据自己经营思想、方针及生产技术和营销力量，确定自己的服务对象，即目标市场。针对较小的目标市场，企业便于制定特定的营销策略。同时，在细分后的子市场上，一旦消费者的需求发生变化，企业可迅速知晓并改变营销策略，以适应市场需求的变化，提高企业的应变能力和竞争力。

2. 有利于抓住市场机会，开拓新市场

　　通过市场细分，企业可以对每一个细分市场的购买潜力、需求满足程度、竞争情况等进行分析对比，抓住有利于本企业的市场机会，及时做出营销决策，进行必要的产品技术储备，掌握产品更新换代的主动权，开拓新市场，以更好满足市场需求。

市场细分与情感连接

3. 有利于将人力、物力等资源投入目标市场

　　任何一家企业的人力、物力等资源都是有限的。通过市场细分，进行目标市场选择，企业可以集中人力、物力等资源，争取在局部市场上占有优势。

4. 有利于企业提高经济效益

　　通过市场细分，企业可以针对自己的目标市场，生产出适销对路的产品，从而满足市场需

求，增加企业的收入。产品适销对路可以加速商品流转，降低企业的生产销售成本，提高企业的经济效益。

【案例】　奇瑞 QQ "年轻人的第一辆车"

"奇瑞 QQ 卖疯了！"在北京亚运村汽车交易市场 2003 年 9 月 8 日至 14 日的单一品牌销售量排行榜上，奇瑞 QQ 以 227 辆的绝对优势荣登榜首。奇瑞 QQ 能在这么短的时间内拔得头筹，其原因可归结为一句话：这车太酷了，讨人喜欢。

令人惊喜的外观、内饰、配置和价格是奇瑞 QQ 成功占领微型轿车这个细分市场的关键。奇瑞 QQ 的目标客户是收入并不高但有知识有品位的年轻人，同时也兼顾有一定事业基础、心态年轻、追求时尚的中年人。一般刚工作两三年的白领都是奇瑞 QQ 的潜在客户。许多时尚男女都因为 QQ 的靓丽、高配置和优性价比把这个"可爱的小精灵"领回了家。

在品牌名称方面，QQ 在网络中有"我找到你"之意，QQ 突破了传统品牌名称非洋即古的窠臼，充满时代感，同时简洁明快，朗朗上口，富有冲击力；在品牌个性方面，QQ 被赋予了"时尚、价值、自我"的品牌个性，将消费群体的心理情感注入品牌中。引人注目的品牌名称，有高辨识度的广告标语"年轻人的第一辆车"，及"秀我本色"等流行时尚语言配合有创意的广告形象，将追求自我、张扬个性的目标消费群体的心理感受描绘得淋漓尽致，与目标消费群体产生情感共鸣。

QQ 的成功，引起了其他微型车厂商的关注，竞争必将日益激烈。2004 年 3 月奇瑞推出 0.8L 的 QQ 车，该车配备了全自锁式安全保障系统、遥控中控门锁、四门电动车窗等，排量更小、油耗更少、价格更低。新的 QQ 车再次掀起了市场热潮。

二、细分市场的依据

（一）消费者市场细分的依据

如前所述，一种产品的整体市场之所以可以被细分，是由于消费者或用户的需求存在差异性。引起消费者需求差异的变量很多，实际中，企业一般组合运用有关变量来细分市场，而不是单一采用某一变量。概括起来，细分消费者市场的变量主要有 4 类，即地理变量、人口变量、心理变量和行为变量。以这些变量为依据来细分市场就产生出地理细分、人口细分、心理细分和行为细分 4 种市场细分的基本形式，如表 4-1 所示。

表 4-1　　　　　　　　　　　　　　消费者市场细分

细分标准	细分变量
地理变量	国家、地区、城市规模、气候、人口密度、地形地貌
人口	性别、年龄、收入、职业与教育、家庭生命周期
行为状况	消费者状况、购买时机、使用数量、购买阶段、品牌忠诚程度、追求利益、态度
心理状况	社会阶层、生活方式、个性

1. 按地理变量细分市场

即按照消费者所处的地理位置、自然环境来细分市场，如根据国家、地区、城市规模、气候、人口密度、地形地貌等方面的差异将整体市场分为不同的小市场。地理变量之所以作为市场细分的依据，是因为处在不同地理环境下的消费者对于同一类产品往往有不同的需求与偏好，他们对企业采取的营销策略与措施会有不同的反应。例如，在我国南方沿海一些省份，某些海产品被视为上等佳肴，而内地的许多消费者则觉得味道一般。又如，由于居住环境的差异，城市消费者与农村消费者对室内装饰用品的需求大相径庭。

地理变量易于识别，是细分市场时应予考虑的重要因素，但处于同一地理位置的消费者需求仍会有很大差异。例如，在我国的北京、上海等大城市中，流动人口数量逾百万，这些流动人口本身就构成了一个很大的市场，很显然，这一市场的需求有许多不同于常住人口市场需求的特点。所以，简单地以某一地理特征区分市场，不一定能真实地反映消费者的需求共性与差异，企业在选择目标市场时，还需结合其他细分变量予以综合考虑。

2. 按人口变量细分市场

即按人口变量，如性别、年龄、收入、职业与教育、家庭生命周期等为基础细分市场。消费者的需求、偏好与人口变量有着很密切的关系，如只有收入水平很高的消费者才可能成为高档服装、名贵化妆品、高级珠宝等的经常买主。企业经常以它作为市场细分的重要依据。

（1）性别。由于生理上的差别，男性与女性在商品需求与偏好上有很大不同，如在服饰、发型、生活必需品等方面均有差别。例如，美国的一些汽车制造商，过去一直是迎合男性需求设计汽车，现在，随着越来越多的女性参加工作和拥有自己的汽车，这些汽车制造商正研究设计能吸引女性消费者的汽车。

（2）年龄。不同年龄的消费者有不同的需求，如青年人对服饰的需求与老年人的差异较大，青年人需要鲜艳、时髦的服装，老年人需要端庄素雅的服饰。

（3）收入。高收入消费者与低收入消费者在商品选择、休闲时间的安排、社会交际与交往等方面都会有所不同。例如，同是外出旅游，在交通工具以及食宿地点的选择上，高收入者与低收入者会有很大的不同。正因为收入是引起需求差异的一个直接而重要的因素，企业在诸如服装、化妆品、旅游服务等领域中根据收入细分市场是相当普遍的。

（4）职业与教育。这是指按消费者职业的不同，所受教育的不同以及由此引起的需求差别来细分市场。例如，农民购买自行车偏好载重自行车，而学生、教师则喜欢轻型的、样式美观的自行车。又如，由于消费者的受教育程度不同，其审美具有很大的差异，如不同消费者对装修用品的颜色等会有不同的偏好。

（5）家庭生命周期。一个家庭的生命周期，按年龄、婚姻和子女状况，可被划分为 9 个阶段。在不同阶段，家庭成员对商品的需求与偏好会有较大差别。

【知识链接】 家庭生命周期

（1）单身阶段：处于单身阶段的消费者一般比较年轻，几乎没有经济负担，消费观念紧跟潮流，注重娱乐产品和基本的生活必需品的消费。

（2）新婚夫妇：经济状况较好，具有比较大的需求量和比较强的购买力，购买耐用消费品的数量多于其他阶段消费者的购买量。

（3）满巢期（Ⅰ）：指最小的孩子在 6 岁以下的家庭。处于这一阶段的消费者往往需要购买住房和大量的生活必需品，常常感到购买力不足，对新产品感兴趣并且倾向于购买有广告的产品。

（4）满巢期（Ⅱ）：指最小的孩子在 6 岁以上的家庭。处于这一阶段的消费者一般经济状况较好但消费慎重，已经形成比较稳定的购买习惯，极少受广告的影响，倾向于购买大规模包装的产品。

（5）满巢期（Ⅲ）：指夫妇已经上了年纪但是有未成年子女需要抚养的家庭。处于这一阶段的消费者经济状况尚可，消费习惯稳定，倾向于购买耐用消费品。

（6）空巢期（Ⅰ）：指子女已经成年并且独立生活，但是家长还在工作的家庭。处于这一阶段的消费者经济状况最好，可能购买娱乐品和奢侈品，对新产品不感兴趣，也很少受到广告的影响。

（7）空巢期（Ⅱ）：指子女独立生活，家长退休的家庭。处于这一阶段的消费者收入大幅度减少，消费更趋谨慎，倾向于购买有益健康的产品。

（8）鳏寡就业期：尚有收入，但是经济状况不好，消费量减少，集中于生活必需品的消费。

（9）鳏寡退休期：收入很少，消费量很小，主要需要医疗产品。

除了上述内容，经常被用于市场细分的人口变量还有家庭规模、国籍、种族、宗教等。实际上，大多数企业通常是采用两个或两个以上人口变量来细分市场的。

3. 按心理变量细分市场

根据消费者所处的社会阶层、生活方式、个性等心理因素细分市场就叫心理细分。

（1）社会阶层。社会阶层是指在某一社会中具有相对同质性和持久性的群体。处于同一阶层的消费者具有类似的价值观、兴趣爱好和行为，不同阶层的消费者则在上述方面存在较大的差异。很显然，识别不同社会阶层的消费者所具有的不同特点，能为市场细分提供重要的依据。

（2）生活方式。通俗地讲，生活方式是指一个人怎样生活。人们追求的生活方式各不相同，如有的追求新潮时髦，有的追求恬静、简朴，有的追求刺激、冒险，有的追求稳定、安逸。西方的一些服装生产企业为"简朴的女性""时髦的女性"和"有男子气质的女性"分别设计不同的服装；烟草公司针对"挑战型吸烟者""随和型吸烟者"及"谨慎型吸烟者"推出不同品牌的香烟，均是依据生活方式细分市场。

（3）个性。个性是指一个人比较稳定的心理倾向与心理特征，它会导致一个人对其所处环境做出相对一致和持续不断的反应。俗话说："人心不同，各如其面"，每个人的个性都会有所不同。通常，个性会通过自信、自主、支配、顺从、保守、适应等性格特征表现出来。因此，企业可以按这些性格特征对个性进行分类，从而为企业细分市场提供依据。在西方国家，对诸如化妆品、香烟、啤酒、保险之类的产品，有些企业以个性为基础进行市场细分并取得了成功。

4. 按行为变量细分市场

根据消费者对产品的了解程度、态度、使用情况、反应等将他们划分成不同的群体，为行为细分。许多人认为，行为变量能更直接地反映消费者的需求差异，因而成为市场细分的最佳起点。企业可按以下行为变量细分市场。

（1）购买时机。根据消费者提出需求、购买和使用产品的不同时机，将他们划分成不同的群体。例如，城市公共汽车运输公司可根据上班高峰时期和非高峰时期乘客的需求特点划分不同的细分市场并制定不同的营销策略；生产饮料的企业，可以根据消费者在一年中对饮料口味的不同偏好，将饮料市场消费者划分为不同的子市场。

（2）追求利益。消费者购买某种产品总是为了解决某类问题，满足某种需求。然而，产品提供的利益往往并不是单一的，而是多方面的。消费者对这些利益的追求各有侧重，如购买手表，他们有的追求经济实惠，有的追求耐用和使用维修方便，还有的则偏向于显示社会地位等。

（3）消费者状况。根据消费者是否使用和使用程度不同，可将其分为经常消费者、首次消费者、潜在消费者和非消费者。大公司往往注重将潜在消费者变为经常消费者，较小的公司则注重保持现有消费者，并设法吸引使用竞争者产品的消费者转而使用本公司产品。

（4）使用数量。根据消费者使用某一产品的数量多少，将其分为大量消费者、中度消费者和轻度消费者。大量消费者的人数可能并不很多，但他们的消费量在全部消费量中占很大的比重。美国一家调研公司发现，美国 80%的啤酒是被 50%的消费者消耗掉的，另外 50%消费者的消耗量只占消耗总量的 20%。因此，啤酒公司宁愿吸引大量消费者，而放弃轻度消费者，并把大量消费者作目标市场。公司还进一步了解到大量消费者多是工人，年龄在 25～50 岁，喜欢观看体育节目，每天看电视的时间不少于 3 小时。很显然，根据这些信息，企业可以大大改进其在定价、广告传播等方面的策略。

（5）品牌忠诚程度。企业还可根据消费者对产品的忠诚程度细分市场。有些消费者经常变换品牌，另外一些消费者则在较长时间内专注于某一或少数几个品牌。了解消费者品牌忠诚情况和品牌忠诚者与品牌转换者的各种行为与心理特征，不仅可为企业细分市场提供依据，同时也有助于企业了解为什么有些消费者忠诚本企业产品，而另外一些消费者则忠诚于竞争企业的产品，从而为企业制定营销决策提供启示。

（6）购买阶段。消费者对各种产品的了解程度往往因人而异。有的消费者可能对某一产品确有需求，但并不知道该产品的存在；还有的消费者虽已知道产品的存在，但对产品的价值、稳定性等还存在疑虑；另一些消费者则可能正在考虑购买。企业可根据处于不同购买阶段的消费群体进行市场细分并制定营销策略。

（7）态度。企业还可根据市场上消费者对产品的热心程度来细分市场。不同消费者对同一产品的态度可能有很大差异，如有的持肯定态度，有的持否定态度，还有的则持既不肯定也不否定的态度。企业可针对持不同态度的消费群体进行市场细分。

（二）生产者市场细分的依据

许多用来细分消费者市场的标准，同样可用于细分生产者市场。不过，由于生产者与消费者在购买动机与行为上存在差别，所以，除了运用前述消费者市场细分标准外，还可用一些新的标准来细分生产者市场，如表 4-2 所示。

表 4-2　　　　　　　　　　　　　生产者市场细分变量

细分标准	细分变量
地理环境	自然资源、气候条件、社会环境、企业地理位置、生产力布局、交通运输
用户状况	行业、规模、购买能力
需求特点	购买目的、商品用途、质量、功能、价格要求、使用频率、交易方式
购买方式	追求利益的重点、购买量、周期、付款方式、采购制度与手段

1. 地理环境

任何一个国家或地区，由于自然资源、气候条件、社会环境等原因，会形成若干的产业地区，如我国的山西煤矿、江浙丝绸、四川柑橘等。这就决定了生产者市场比消费者市场更为集中，企业按照地理环境来细分市场，选择较为集中的地区作为自己的目标市场，不仅联系方便，而且可以降低营销费用。

2. 用户状况

在生产者市场中，有的用户购买量很大，而另外一些用户购买量很小。以钢材市场为例，建筑公司、造船公司、汽车制造公司对钢材的需求量很大，动辄数万吨的购买，而一些小的机械加工企业，一年的购买量也不过几吨或几十吨。企业可以根据用户规模来细分市场，有针对性地制订企业的营销组合方案。例如，对于大客户，宜直接联系，直接供应，在价格、信用等方面给予更多优惠；而对小客户，则宜使产品进入商业渠道，由批发商或零售商去组织供应。

3. 需求特点

需求特点也是生产者市场的细分标准之一。工业品用户购买产品，一般都是供再加工之用，对所购产品通常都有特定的要求。例如，同是钢材用户，有的需要圆钢，有的需要精钢，有的需要普通钢材，有的需要硅钢、钨钢或其他特种钢。企业此时可根据用户需求，将需求大体相同的用户集合成群，并据此设计不同的营销策略组合。

4. 购买方式

企业可根据工业者购买方式来细分市场。工业者购买的主要方式包括直接重购、修正重购及新购。企业可据此将整体市场细分为不同的子市场。

三、有效的市场细分

（一）市场细分的原则

企业可根据单一标准，亦可根据多个标准对市场进行细分。选用的细分标准越多，相应的子市场也就越多，每一子市场的容量相应就越小。相反，选用的细分标准越少，子市场就越少，每一子市场的容量则相对较大。寻找合适的细分标准，对市场进行有效细分，在营销实践中并非易事。一般而言，成功、有效的市场细分应遵循以下基本原则。

1. 可衡量性

可衡量性是指细分的市场是可以识别和衡量的，即细分出来的市场不仅范围明确，而且其容量大小也能被大致判断出来。

2. 可进入性

可进入性是指企业通过努力能够使产品进入该细分市场并对消费者施加影响。即一方面，有关产品的信息能够通过一定媒体被顺利传递给该市场中的大多数消费者；另一方面，企业在一定时期内有可能将产品通过一定的分销渠道运送到该市场。否则，该细分市场的价值就不大。

3. 有效性

有效性是指细分出来的市场，其容量或规模要大到足以使企业获利。进行市场细分时，企业必须考虑细分市场中消费者的数量，以及他们的购买能力和购买产品的频率。如果细分工作烦琐，成本耗费多，企业获利少，就不值得去细分。

4. 对营销策略反应的差异性

对营销策略反应的差异性是指各细分市场中的消费者对同一市场营销组合方案会有差异性反应，或者说对同一营销组合方案，不同细分市场会有不同的反应。如果不同细分市场中的消费者对产品的需求差异不大，行为上的同质性远大于其异质性，此时，企业就不必费力对市场进行细分。此外，对于细分出来的市场，企业应当分别制订营销方案。如果无法制订出这样的方案，或其中某几个细分市场对是否采用不同的营销方案不会有大的差异性反应，则不必进行市场细分。

【案例】　汇源公司果蔬汁饮料的市场开发

在碳酸饮料流行的 20 世纪 90 年代初期，汇源公司就开始专注于对各种果蔬汁饮料市场的开发。"汇源"果汁充分满足了人们当时对于营养健康的需求，其凭借 100%纯果汁专业化的"大品牌"战略和令人惊叹的"新产品"开发速度，在短短几年时间内就跃升为我国饮料工业十强企业，其销售收入、市场占有率、利润率等均在同行业中名列前茅，从而成为果汁饮料市场中当之无愧的引领者。

但当 1999 年统一集团涉足橙汁产品后，一切就发生了变化，2001 年，统一集团仅"鲜橙多"一种产品的销售收入就近 10 亿元，在第四季度，其销量已超过"汇源"。巨大的潜力和统一"鲜橙多"的成功吸引了众多国际和国内饮料企业，可口可乐、百事可乐、康师傅、娃哈哈、农夫山泉、健力宝等纷纷进入果汁饮料市场，该市场一时间群雄并起、硝烟弥漫。

在初期，由于客户的需求较为简单直接，市场细分一般是围绕市场的地理分布、人口及经济因素等广度范围进行的，竞争一般会表现在产品、质量、价格、渠道等方面，有人称之为产品竞争时代，汇源果汁就是在此期间脱颖而出的，并成为数年来果汁企业的领跑者。

但当客户的需求多元化和复杂化，特别是情感性因素在购买中越来越具有影响力的时候，此时市场竞争已经由地域及经济层次的广度覆盖向需求结构的纵深发展了，市场也从有形细分向无形细分（目标市场抽象化）转化。以统一"鲜橙多"为例，其通过深度市场细分的方法，选择了追求健康、美丽、个性的年轻时尚女性作为目标市场，而卖点则直接指向消费者的心理需求："统一鲜橙多，多喝多漂亮"。其所有的广告、公关活动及推广宣传也都围绕这一主题展开，如在一些城市开展的"统一鲜橙多 TV-Girl 选拔赛""统一鲜橙多阳光女孩"及"阳光频率统一鲜橙多闪亮 DJ 大挑战"等，无一不是直接针对以上群体，从而极大地提高了产品在主要消费人群中的知名度与美誉度。再看可口可乐专门针对儿童市场推出的果汁饮料"酷儿"，"酷儿"卡通形象的打造再次验证了可口可乐公司对品牌运作的专业性，相信没有哪一个儿童能抗拒"扮酷"的魔力，年轻的父母也对小"酷儿"的可爱形象大加赞赏。

"汇源"果汁饮料从市场初期的"营养、健康"诉求到现在仍然沿袭原有的功能性诉求，其包装也仍以家庭装为主，根本没有具有明显个性特征的目标群体市场。只是运用广度（也是浅度）市场细分的方法切出"喝木瓜汁的人群""喝野酸枣汁的人群""喝野山楂汁的人群""喝果肉型鲜桃汁的人群""喝葡萄汁的人群""喝蓝莓汁的人群"等一大堆在果汁市场竞争中后期对企业而言已不再具有细分价值的市场。即使其在后期推出了500ml 的 PET 瓶装的"真"系列橙汁和卡通造型瓶装系列，但也仅是简单的包装模仿，形似而神不似。

"汇源"是从企业自身的角度出发，以静态的广度市场细分方法来看待和经营果汁饮料市场的，而统一、可口可乐等公司却是从消费者的角度出发，以动态市场细分的原则（随着市场竞争结构的变化而调整其市场细分的重心）来切入和经营市场。同样是"细分"，但在市场的引入期、成长期、成熟期和衰退期等不同的生命周期阶段却有不同的表现和结果。

（二）市场细分的程序

美国市场学家麦卡锡提出了细分市场的一整套程序，这一程序包括 7 个步骤。

（1）选定产品市场范围，即确定进入什么行业，生产什么产品。产品市场范围应以消费者的需求，而不是产品特征来确定。例如，某一房地产公司打算在乡间建造一幢简朴的住宅，若只考虑产品特征，该公司可能认为这幢住宅的出租对象是低收入消费者，但从市场需求角度看，高收入者也可能是这幢住宅的潜在消费者。因为高收入者在住腻了高楼大厦之后，恰恰可能向往乡间的清静，从而可能成为这种住宅的消费者。

（2）列举潜在消费者的基本需求。例如，公司可以通过调查，了解潜在消费者对上述住宅的基本需求。这些需求可能包括安全、方便、安静、设计合理、工程质量高等。

（3）了解不同潜在消费者的不同要求。对于列举出来的基本需求，不同消费者强调的侧重点可能会有所不同。例如，安全是所有消费者的共同要求，但有的消费者可能特别重视生活的方便，有的消费者则对环境、内部装修等有很高的要求。通过这种差异比较，不同的消费者群体即可初步被识别出来。

（4）剔除潜在消费者的共同要求，而以特殊需求作为细分标准。上述所列购房的共同要求固然重要，但不能作为市场细分的基础，如安全是每位消费者的要求，就不能作为细分市场的标准，因而应该被剔除。

（5）根据潜在消费者的基本需求差异，将其划分为不同的群体或子市场，并为每一子市场命名。例如，西方房地产公司常把购房的消费者分为好动者、老成者、新婚者、度假者等多个子市场，并据此采用不同的营销策略。

（6）进一步分析每一个细分市场的需求与购买行为特点，并分析其原因，以便在此基础上决定是否可以对这些细分出来的市场进行合并，或做进一步细分。

（7）估计每一细分市场的规模，即在调查基础上，估计每一细分市场的消费者数量、购买频率、平均每次的购买数量等，并对细分市场上的产品竞争状况及发展趋势做出分析。

（三）市场细分的方法

企业在运用细分标准进行市场细分时必须注意以下问题。第一，市场细分的标准是动态的。市场细分的各标准不是一成不变的，而是随着社会生产力及市场状况的变化而不断变化的。第二，不同的企业在细分市场时应采用不同标准。因为各企业的生产技术条件、资源、财力和销售的产品不同，所采用的标准也应有区别。第三，企业在进行市场细分时，可采用一个标准，即单一变量因素细分，也可采用多个变量因素组合或系列变量因素进行市场细分。下面介绍几种市场细分的方法。

1. 单一变量因素法

单一变量因素法就是根据影响消费者需求的某一个重要变量进行市场细分。例如，服装企业按年龄细分市场，可将市场分为童装、少年装、青年装、中年装、中老年装、老年装市场；按气候细分，可分为春装、夏装、秋装、冬装市场。

2. 多个变量因素组合法

多个变量因素组合法就是根据影响消费者需求的两个或两个以上变量进行市场细分。例如，锅炉生产厂主要根据企业规模的大小、用户的地理位置、产品的最终用途及潜在市场规模来细分市场。

3. 系列变量因素法

系列变量因素法是指根据企业经营的特点并按照影响消费者需求的诸变量，由粗到细地进行市场细分。这种方法可使目标市场更加明确而具体，有利于企业更好地制定相应的市场营销策略。企业究竟选用哪些变量作为细分市场的依据，应当独具匠心，视具体情况而定，切忌生搬硬套。对于用作市场细分的变量，企业也要根据市场需求适时调整，以寻求新的市场机会。

任务2　目标市场选择

目标市场就是企业决定要进入的市场。企业在对整体市场进行细分之后，要对各细分市场进行评估，然后根据细分市场的市场潜力、竞争状况、本企业资源条件等多种因素决定把哪一个或哪几个细分市场作为目标市场。

一、企业选择目标市场的标准或条件

（一）有一定的规模和发展潜力

企业进入某一市场是期望能够有利可图，如果市场规模小或者趋于萎缩，企业进入后难以获得发展，此时，应审慎考虑，不宜轻易进入。当然，企业也不宜以市场规模和发展潜力作为取舍标准，特别是应力求避免"多数谬误"，即与竞争企业遵循同一思维逻辑，将规模、发展潜力最大的市场作为目标市场。大家共同争夺同一个顾客群会造成过度竞争和社会资源的无端浪费，同时使消费者一些本应得到满足的需求遭受冷落和忽视。

如何选择目标市场

（二）细分市场结构的吸引力

细分市场可能具备理想的规模和发展潜力，然而从赢利的角度来看，它未必有吸引力。波特认为，有 5 种力量决定整个市场或其中任何一个细分市场的长期的内在吸引力。这 5 种力量是同行业竞争者、潜在的新参加的竞争者、替代产品、购买者和供应商。他们具有以下 5 种威胁性。

1. 细分市场内激烈竞争的威胁

如果某个细分市场中已经有了众多的、强大的或者竞争意识强烈的竞争者，那么该细分市场就会失去吸引力。如果该细分市场处于稳定或者衰退期，出现生产能力不断大幅度提高，固定成本过高，撤出市场的壁垒过高，竞争者投资很多，那么情况就会更糟。这些情况常常会导致价格战、广告争夺战，公司要参与竞争就必须付出高昂的代价。

2. 新竞争者的威胁

如果某个细分市场可能会增加新的拥有生产能力和大量资源并争夺市场份额的新竞争者，那么该细分市场就会没有吸引力。问题的关键是新的竞争者能否轻易地进入这个细分市场，细分市场的吸引力随其进退难易的程度而有所区别，如表 4-3 所示。

表 4-3　　　　　　　　　　　　　细分市场进退难易程度划分

		退出壁垒	
		高	低
进入壁垒	高	利润多风险大	最有吸引力
	低	最没吸引力	利润少风险小

（1）进入壁垒高、退出壁垒低，这是最有吸引力的细分市场。对于这样的细分市场，新的公司很难进入，但经营不善的公司可以安然撤退。

（2）进入和退出壁垒都高，在这里获利的潜力较大，但也往往伴随较大的风险。因为经营不善的公司难以撤退，必须坚持到底。

（3）进入和退出壁垒都较低，公司可以进退自如，然而获得的报酬虽然稳定，但不高。

（4）进入细分市场的壁垒较低，而退出的壁垒却很高，这是最没吸引力的情况。因为在经济良好时，大家可轻松进入该市场，但在经济萧条时，却很难退出。其结果是大家都生产能力过剩，收入下降。

3. 替代产品的威胁

替代产品会限制细分市场内价格和利润的增长。公司应密切注意替代产品的价格走势。如果在这些替代产品行业中技术有所发展，或者竞争日趋激烈，这个细分市场的产品价格和利润就可能会下降。

4. 购买者讨价还价能力加强的威胁

购买者会设法压低价格，对产品质量和服务提出更高的要求，并且使各公司互相斗争，所有这些都会使公司的利润受到损失。如果购买者比较集中或者有组织，或者购买该产品的成本在购买者的成本中占较大比重，或者产品无法实行差别化，或者购买者的转换成本较低，或者购买者对价格敏感，或者购买者能够向后实行联合，购买者的讨价还价能力就会加强。公司为了保护自己，可选择议价能力最弱或者转换销售商能力最弱的购买者。较好的防卫方法是以购买者无法拒绝的优质产品供应市场。

5. 供应商讨价还价能力加强的威胁

如果供应商集中或有组织，或者替代产品少，或者供应的产品是重要的投入要素，或转换成本高，或者供应商可以向前实行联合，那么供应商的讨价还价能力就会较强。因此，与供应商建立良好关系和开拓多种供应渠道才是防御上策。

（三）符合企业目标和能力

某些细分市场虽然有较大的吸引力，但若不能推动企业实现发展目标，甚至分散企业的精力，使之无法完成其主要目标，则企业应考虑放弃。此外，还应考虑企业的资源条件是否支持企业在某一细分市场中经营。只有选择那些企业有条件进入、能充分发挥其资源优势的市场作为目标市场，企业才会立于不败之地。

二、目标市场选择策略

（一）目标市场策略

1. 无差异市场营销策略

无差异市场营销策略示意图如图 4-1 所示。

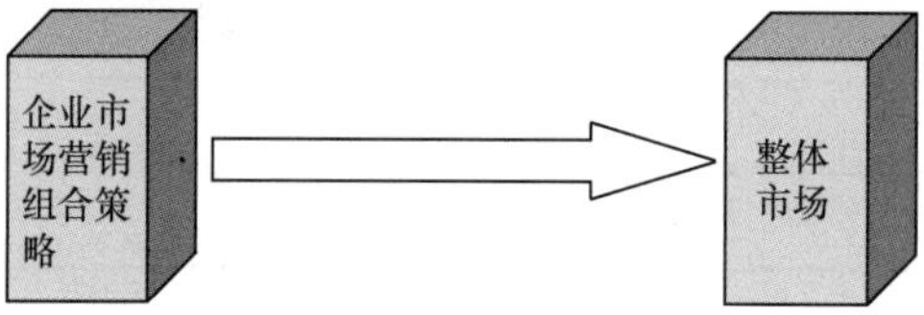

图 4-1　无差异市场营销策略示意图

无差异市场营销策略是指企业将整个市场视为一个目标市场，用单一的营销策略开拓市场，即用一种产品和一套营销方案吸引尽可能多的消费者。无差异营销策略只考虑消费者或用户在需求上的共同点，而不关心他们在需求上的差异性。

无差异市场营销的理论基础是成本的经济性。生产单一产品，可以减少生产与储运成本；无差异的广告宣传和其他促销活动可以节省促销费用；不进行市场细分，可以减少企业在市场调研、产品开发、制订各种营销组合方案等方面的营销投入。这种策略对于需求量大、市场同质性高且能大量生产、大量销售的产品比较合适。

2. 差异性市场营销策略

差异性市场营销策略示意图如图 4-2 所示。

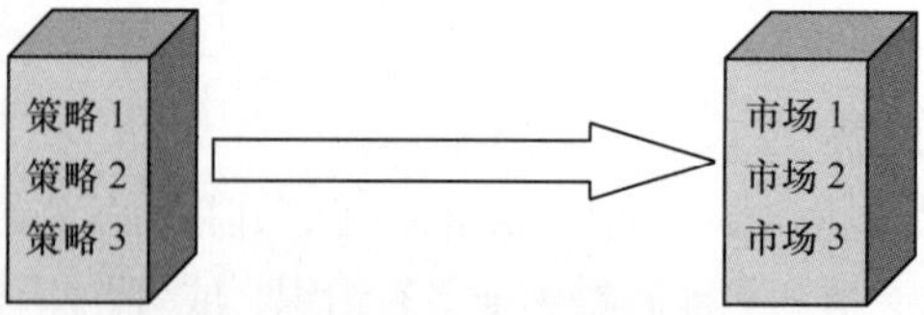

图 4-2　差异性市场营销策略示意图

差异性市场营销策略是将整体市场划分为若干细分市场，针对每一细分市场制订一套独立的营销方案。例如，服装生产企业针对不同性别、不同收入的消费者推出不同品牌、不同价格的产品，并采用不同主题的广告来宣传这些产品。

差异性市场营销策略的优点是小批量、多品种，生产机动灵活、针对性强，使消费者的需求更好地得到满足，由此促进产品销售。另外，由于企业是在多个细分市场上经营，这在一定程度上可以减少经营风险，企业一旦在几个细分市场上获得成功，可提高企业的形象及市场占有率。

差异性市场营销策略的不足之处主要有两个。一是增加营销成本。由于产品品种多，管理和存货成本将增加；由于企业必须针对不同的细分市场制订独立的营销计划，这会增加企业在市场调研、促销和渠道管理等方面的营销成本。二是可能使企业的资源不能有效集中，导致顾此失彼，甚至在企业内部出现彼此争夺资源的现象，使拳头产品难以成为优势。

【案例】　体贴不同岁月的脸

20 世纪 80 年代以前，资生堂实行的是一种不对顾客进行细分的无差异市场营销策略，即希望自己的每种化妆品对所有的顾客都适用。20 世纪 80 年代中期，资生堂因此遭到沉重打击，市场占有率下降。1987 年，公司经过认真反省，决定将营销策略由原来的无差异市场营销转变为差异性市场营销，即对不同顾客采取不同营销策略，资生堂提出的口号便是"体贴不同岁月的脸"。它为不同年龄的顾客提供不同品牌的化妆品：为十几岁少女提供的是 RECIENTE 系列，为 20 岁左右顾客提供的是 ETTUSAIS 系列，为四五十岁的中年妇女提供的则是 ELIXIR 系列，为 50 岁以上的妇女提供的则是可以防止肌肤老化的资生堂返老还童 RIVITAL 系列。公司针对每一种品牌制定了不同的分销策略，获得了很好的效果。

3. 集中性市场营销策略

集中性市场营销策略示意图如图 4-3 所示。

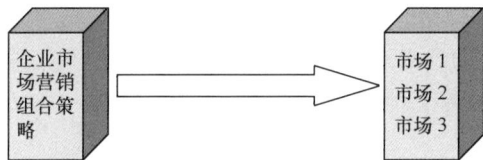

图 4-3　集中性市场营销策略示意图

实行差异性市场营销策略和无差异市场营销策略，企业均以整体市场作为营销目标，试图满足所有消费者在某一方面的需求。集中性市场营销策略则是集中力量进入一个或少数几个细分市场，实行专业化的生产和销售。实行这一策略，企业不是在一个大市场中进行角逐，而是力求在一个或几个子市场中占有较大份额。

集中性市场营销策略的指导思想是：与其四处出击收效甚微，不如突破一点取得成功。这一策略特别适合资源力量有限的中小企业。中小企业由于受财力、技术等因素制约，在整体市场可能无力与大企业抗衡，但如果集中资源优势在大企业尚未顾及或尚未建立绝对优势的某个或某几个细分市场中进行竞争，成功的可能性更大。集中性市场营销策略的局限性体现在两个方面：一是市场规模相对较小，企业发展受到限制；二是潜伏着较大的经营风险，一旦目标市场突然发生变化，如消费者趣味发生转移，或强大竞争对手进入，或新的更有吸引力的替代品出现，企业都可能陷入困境。

（二）影响目标市场策略选择的因素

上述 3 种目标市场策略各有利弊，企业到底应采取哪一种策略，应综合考虑企业资源与实力、产品同质性和市场同质性等多方面因素。

（1）企业资源或实力。当企业在生产、技术、营销、财务等方面实力很强时，可以考虑采用差异性或无差异市场营销策略；当资源有限，实力不强时，采用集中性市场营销策略效果可能更好。

（2）产品同质性。产品同质性是指在消费者眼里，不同企业生产的产品的相似程度。对于大米、食盐、钢铁等产品，尽管每种产品因产地和生产企业的不同会有些品质差别，但消费者可能并不十分看重，此时，竞争将主要集中在价格上。对于这样的产品，适合采用无差异市场营销策略。对于服装、化妆品、汽车等产品，由于在型号、样式、规格等方面存在较大差别，产品选择性强，同质性较低，因而更适合采用差异性或集中性市场营销策略。

（3）市场同质性。市场同质性是指各细分市场消费者需求、购买行为等方面的相似程度。市场同质性高，意味着各细分市场相似程度高，不同消费者对同一营销方案的反应大致相同，此时，企业可考虑采取无差异市场营销策略。反之，则适宜采用差异性或集中性市场营销策略。

（4）产品所处的生命周期阶段。当产品处于投入期时，同类竞争品不多，竞争不激烈，企业可采用无差异市场营销策略。当产品进入成长期或成熟期后，同类产品增多，竞争日益激烈时，为确立竞争优势，企业可考虑采用差异性市场营销策略。当产品步入衰退期后，为保持市场地位，延长产品生命周期，全力对付竞争者，企业可考虑采用集中性市场营销策略。

（5）竞争者的市场营销策略。企业选择市场营销策略时，还要充分考虑竞争者，尤其是主要竞争者的市场营销策略。如果竞争者采用差异性市场营销策略，企业应采用差异性或集中性市场营销策略与之抗衡；如果竞争者采用无差异市场营销策略，则企业可采用无差异或差异性市场策略与之对抗。

（6）竞争者的数量。当市场上同类产品的竞争者较少，竞争不激烈时，企业可采用无差异市场营销策略。当竞争者多，竞争激烈时，可采用差异性或集中性市场营销策略。

任务3 市场定位

目标市场范围确定后，企业就要在目标市场上进行定位了。市场定位是要求企业全面地了解、分析竞争者在目标市场上的位置后，确定自己的产品如何接近消费者的营销活动。

一、市场定位的含义及作用

（一）市场定位的含义

所谓市场定位，就是企业根据目标市场上同类产品的竞争状况，针对消费者对该类产品某些特征或属性的重视程度，为本企业产品塑造强有力的、与众不同的鲜明个性，并将其形象生动地传递给消费者，求得消费者认同。市场定位的实质是使本企业与其他企业区分开来，使消费者明显感觉和认识这种差别，从而使企业在消费者心目中占据与众不同的、有价值的位置。

市场定位不仅强调产品差异，而且要通过产品差异建立独特的市场形象，赢得消费者的认同。市场定位是企业通过为自己的产品创立鲜明的个性，从而塑造独特的市场形象来实现的。

一种产品是多个因素的综合反映，包括性能、构造、成分、包装、形状、质量等，市场定位就是要强化或放大某些产品因素，从而使产品形成与众不同的独特形象。产品差异化是实现市场定位的手段，但并不是市场定位的全部内容。

需要指出的是，市场定位中所指的产品差异化与传统的产品差异化有本质区别，它不是从生产者角度出发单纯追求产品变异，而是在对市场进行分析和细分的基础上，寻求建立某种产品特色，因而它是现代市场营销观念的体现。市场定位的概念被提出来以后，受到了企业界的广泛重视。越来越多的企业运用市场定位，参与竞争，扩大市场。

（二）市场定位的作用

总的来看，市场定位的作用主要表现在以下两个方面。

第一，市场定位可使企业及产品具有市场特色，是参与现代市场竞争的有力武器。在现代社会中，许多市场都存在严重的供大于求的现象，众多生产同类产品的厂家争夺有限的消费者，市场竞争异常激烈。为了使自己生产经营的产品有稳定销路，防止被其他厂家的产品所替代，企业必须树立起良好的市场形象，以期消费者对自己的产品产生一定的偏爱。

第二，市场定位是企业制定市场营销组合的基础。企业的市场营销组合受企业市场定位的制约。例如，如果某企业决定生产销售优质低价的产品，那么这样的定位就决定了产品的质量要高、价格要低，广告宣传的内容要突出强调产品质优价廉的特点，要让目标消费者相信低价也能买到好产品；分销储运效率要高，保证低价出售仍能获利。也就是说，企业的市场定位决定了企业必须设计和发展与之相适应的市场营销组合。

二、市场定位的步骤

企业进行市场定位的主要任务就是在市场上，让自己的企业、产品与竞争者的有所不同。要做到这一点，其实是极不容易的。企业进行市场定位的步骤如下。

（一）确立产品的特色

进行市场定位的出发点和根本要素就是要确定产品的特色。首先，要了解市场上竞争者的定位如何，他们要提供的产品或服务有什么特点；其次，要了解消费者对某类产品各属性的重视程度。显然，费大力气去宣传那些与消费者关系并不密切的产品是多余的；最后，还得考虑企业自身的条件。有些产品属性，虽然是消费者比较重视的，但如果企业力所不及，也不能成为市场定位的目标。

【案例】　白加黑，"感冒"市场的创新典范

"白天服白片不瞌睡，晚上服黑片睡得香！""白加黑"上市 180 天销售额突破 1.6 亿元，从竞争激烈的感冒药市场抢占 15% 的市场份额，堪称市场奇迹。"白加黑"的成功为我国营销界和企业界提供了极其宝贵的财富。

"白加黑"从研制产品之初就开始了营销策划，通过分析消费者、分析市场、分析竞争品，突出产品的鲜明特色，最终推出满足消费者心理需求，自然也是填补市场空白的出色产品。产品名称、特点、功效浑然一体，为竞争品设置了天然的竞争障碍。白加黑的成功是必然，值得所有的厂家，尤其是那些习惯于在产品生产出来后才开始营销策划的厂家学习。

（二）树立市场形象

企业所确定的产品特色，是企业有效参与市场竞争的优势，但这些优势不会自动地在市场上显示出来。要使这些独特的优势发挥作用，影响消费者的购买决策，企业需要以产品特色为基础，树立鲜明的市场形象，通过积极主动而又巧妙地与消费者沟通，引起消费者的注意与兴趣，求得消费者的认同。有效的市场定位并不取决于企业怎么想，关键在于消费者怎么看。反映市场定位是否成功最直接的因素就是消费者对企业及其产品所持的态度和看法。

（三）稳固市场形象

消费者对企业的看法和认识不是一成不变的。竞争者的干扰或沟通不畅，会导致企业的市场形象模糊，消费者对企业的理解出现偏差，态度发生转变。所以建立市场形象后，企业还应不断地向消费者提供新的论据和观点，及时矫正与市场定位不一致的行为，稳固市场形象，维持和强化消费者对企业好的看法和认识。

三、市场定位的方法

各个企业经营的产品不同，面对的消费者不同，所处的竞争环境也不同，因而市场定位所依据的方法也不同。总的来讲，市场定位的方法有以下 4 个。

（一）根据具体的产品特点定位

构成产品内在特色的许多因素都可以作为市场定位的依据，如所含成分、材料、质量、价格等。"七喜"汽水的定位是"非可乐"，强调它是不含咖啡因的饮料，与可乐类饮料不同。"泰宁诺"止痛药的定位是"非阿司匹林的止痛药"，显示药物成分与以往的止痛药有本质的差异。

（二）根据特定的使用场合及用途定位

为老产品找到一种新用途，是为该产品创造新的市场定位的好方法。例如，"脑白金"本是一种保健药品，可是企业将其定位为礼品，取得了好的销售效果。

（三）根据消费者得到的利益定位

产品提供给消费者的利益是消费者最能切实体验到的，也可以作为定位的依据。1975年，美国米勒（Miller）啤酒公司推出了一种低热量的"Lite"牌啤酒，将其定位为喝了不会发胖的啤酒，迎合了那些经常饮用啤酒而又担心发胖的人的需求。世界上各大汽车企业的定位也各有特色，劳斯莱斯的定位是豪华气派、丰田的定位是物美价廉、沃尔沃的定位则是结实耐用。

（四）根据使用者类型定位

企业常常试图将其产品指向某一类特定的消费者，以便根据这些消费者的看法塑造恰当的形象。美国米勒啤酒公司曾将其原来唯一的品牌"高生"啤酒定位于"啤酒中的香槟"，吸引了许多不常饮用啤酒的高收入女性。后来发现，在其所有消费者中，占 30%的狂饮者购买啤酒的数量约占其总销量的 80%。于是，该公司通过使用者类型，改变营销策略，从而成功占领啤酒狂饮者市场达 10 年之久。

四、市场定位战略

市场定位是一种竞争性定位，它反映市场竞争各方的关系，是为企业有效参与市场竞争服务的。进行市场定位的主要战略有以下几种。

（一）避强定位

这是一种避开强有力的竞争对手进行市场定位的战略。即企业不与对手直接对抗，将自己置于某个市场的"空隙"，发展目前市场上没有的特色产品，拓展新的市场领域。

这种定位的优点是企业能够迅速在市场上站稳脚跟，并在消费者心中快速树立起良好形象。由于这种定位方式市场风险较小，成功率较高，常常为多数企业所采用。例如，美国的 Aims 牌牙膏专门对准儿童市场这个"空隙"，因而能在 Crest（克蕾丝，"宝洁"公司出品）和 Colgate（高露洁）两大品牌称霸的世界牙膏市场上占有 10% 的市场份额。

（二）迎头定位

这是一种与在市场上居支配地位的竞争对手"对着干"的定位战略，即企业选择与竞争对手重合的市场，争取同样的目标消费者，彼此在产品、价格、分销、供给等方面少有差别。

在世界饮料市场上，后起的"百事可乐"进入市场时，就采用过这种定位战略，与可口可乐展开面对面的较量。实行迎头定位，企业必须做到知己知彼，应该了解市场上是否可以容纳两个或两个以上的竞争者，自己是否拥有比竞争对手更多的资源和更强的能力，是不是可以比竞争对手做得更好。否则，迎头定位可能会成为一种非常危险的战略，将企业引入歧途。

当然，也有些企业认为，这是一种更能激励自己奋发向上的定位战略，一旦成功就能使企业取得巨大的市场份额。

（三）重新定位

重新定位通常是指对那些销路少、市场反应差的产品进行二次定位。初次定位后，随着时间的推移，新的竞争者进入市场，选择与本企业相近的市场位置，致使本企业原来的市场占有率下降；或者，由于消费者需求、偏好发生转移，原来喜欢本企业产品的人转而喜欢其他企业的产品，因而市场对本企业产品的需求减少。在这些情况下，企业就需要对其产品进行重新定位。所以，一般来说，重新定位是企业为了摆脱经营困境，寻求重新获得竞争力和增长的手段。不过，重新定位也可作为一种战术策略，企业选此定位方式并不一定是陷入了困境，相反，可能是发现了新的产品市场。例如，凉茶本是我国南方地区的一种解暑药茶，王老吉公司将其成功包装，定位为预防上火的饮料，从而使销量大增，企业获得了丰厚的利润。

课堂讨论

简述市场细分、目标市场与市场定位三者的关系。

能力形成考核

【知识测试】

    1. 市场细分的作用有哪些？

    2. 按人口变量进行市场细分时都涉及哪些具体变量？

    3. 市场细分的方法有哪些？

    4. 市场定位的步骤是什么？

【能力训练】

海尔集团的"目标市场"营销

    海尔集团的前身是一家生产普通家电产品，亏损额达 147 万元，濒临倒闭的集体小厂。

    1985 年，海尔股份有限公司成立，经过十几年的发展，海尔集团已成为我国家电行业特大型企业。在海尔集团的发展过程中，海尔集团成功地运用了目标市场营销战略。

    海尔集团根据市场细分的原则，在选定的目标市场内，确定消费者需求，有针对性地研制开发多品种、多规格的家电产品，以满足不同层次消费者的需要，如海尔洗衣机是我国洗衣机行业中跨度最大、规格最全、品种最多的产品。在洗衣机市场上，海尔集团根据不同地区的环境特点，考虑不同的消费需求，提供不同的产品，如针对江南地区在"梅雨"时节，洗衣不容易干的情况，海尔集团及时开发了集洗涤、脱水、烘干于一体的海尔"玛格丽特"三合一全自动洗衣机，以其独特的烘干功能，迎合了饱受"梅雨"之苦的消费者。此产品在上海、宁波、成都等市场引起轰动。针对北方水质较硬的情况，海尔集团开发了专利产品"爆炸"洗净的气泡式洗衣机，即利用气泡爆炸破碎软化作用，提高洗净度（20%以上），受到消费者的欢迎。针对农村市场，研制开发了下列产品：①"大地瓜"洗衣机，适应盛产红薯的西南地区农民图快捷省事，在洗衣机里洗红薯的需要；②小康系列滚筒洗衣机，针对较富裕的农村地区；③"小神螺"洗衣机，价格低、电压低、外观气派，非常适合广大农村市场。

    海尔集团以高质量和高科技进行市场定位，占领市场。海尔集团市场竞争的原则不是首先在量上争第一，而是在质上争第一，依靠高科技推出新产品，它所涉足的除冰箱外的其他产品均起步较晚，这些产品的市场竞争激烈。但海尔集团经过认真的市场调查，清醒地估计自己的实力后，认为应该进入这些产品市场参与竞争。它采用迎头定位策略，于 1992 年推出空调产品，1995 年推出洗衣机产品，由于技术领先、质量可靠，海尔产品深受消费者欢迎。目前，海尔集团已跻身世界 500 强的行列。

    思考：

    （1）分析海尔集团采取了何种目标市场战略？

    （2）海尔集团采取的市场定位策略是什么？其产品是怎样进行市场定位的？

【技能提升】

    [实训项目]

    （1）请为以下产品确定市场细分的变量，并对其市场进行细分：冰淇淋、计算机、服装、手机。

    （2）请就我国目前市场上的电视机、饮料、汽车这 3 类产品的定位工作进行评价与分析。

[实训目的]

通过上述分析，加强学生对市场定位策略的理解。

[实训任务]

（1）结合任务 1，掌握影响市场细分的变量以及不同产品的市场细分方法。

（2）结合任务 2，掌握市场定位的策略。

[考核评价]

由任课教师负责实训指导与制定考核评价标准，其中预习准备 10%，实际操作符合要求 30%，实训记录完整 20%，实训分析报告完整清晰 30%，团队合作 10%。

项目五

产品策略

学习目标

【知识目标】

1. 了解产品组合在企业发展中的重要作用。

2. 掌握产品生命周期的含义、特点及针对处在不同生命周期阶段的产品所应采取的营销策略。

3. 掌握品牌、包装的定义、种类和策略。

4. 熟悉新产品开发的发展趋向、开发程序和推广策略。

【能力目标】

1. 能够运用整体产品概念的含义及层次理论指导企业实践。

2. 能正确判断产品生命周期的不同阶段，制定相应的营销策略。

3. 具备对品牌、包装初步的策划设计能力。

4. 能对给定的新产品进行推广方案设计。

案例导入

在美国市场上有一个名叫"芭比"的洋娃娃，每只售价仅 10 美元 95 美分，就是这个看似寻常的洋娃娃，竟弄得许多父母哭笑不得，因为这是"会吃美金"的洋娃娃。

一天，父亲将价廉物美的芭比娃娃作为生日礼物赠送给了女儿。不久后的一天晚上，女儿对父亲说："芭比需要新衣服。"原来，女儿发现了附在包装盒里的商品供应单，它提醒小主人芭比应当有自己的一些衣服。父亲想让女儿在给娃娃穿衣服的过程中得到某种锻炼，认为再花点钱也是值得的，于是又花了 45 美元买回了"芭比系列装"。

过了一个星期，女儿说又得到商店的提示：应当让芭比当"空中小姐"，还说一个女孩儿在同伴中的地位取决于芭比的身份，还噙着眼泪说她的芭比在同伴中是最没"份"的。于是，父亲为了满足女儿不太过分的虚荣心，又掏钱买了空姐衣服，接着又是护士、舞蹈演员的行头。父亲的钱包里又少了 35 美元。

然而，事情没有完，有一天，女儿得到"信息"说她的芭比喜欢上了英俊的"小伙子"凯恩。不想让芭比"失恋"的女儿央求父亲买回凯恩娃娃。望着女儿的泪珠，父亲还能说什么呢？于是，父亲又花费了 11 美元让芭比与凯恩成双结对。

洋娃娃凯恩的包装盒上同样附有一张商品供应单，提醒小主人别忘了给可爱的凯恩添置衣服、浴袍、电动剃须刀等物品。没有办法，父亲又一次打开了钱包。

事情总该结束了吧？没有。当女儿眉飞色舞地在家中宣布芭比与凯恩准备"结婚"时，父亲显得无可奈何。当初买回凯恩让他与芭比成双结对，现在就没有理由拒绝女儿的愿望。为了不给女儿留下"棒打鸳鸯"的印象，父亲忍痛破费让女儿将婚礼"大操大办"。父亲想，谢天谢地，这下女儿总该心满意足了。谁知有一天女儿又收到了商品供应单，说她的芭比和凯恩有了爱情的结晶——米琪娃娃。

启示：

企业开发的产品应该突破有形的物质实体，产品是企业的利润载体，巧妙的产品设计能更好地满足消费者的潜在需求，实现企业盈利。

任务1　产品与产品组合

一、产品整体概念

在现代市场营销学中，产品整体概念具有极其宽广的外延和深刻而丰富的内涵，它指通过交换而满足人们需要和欲望的因素或手段，包括提供给市场，能够满足消费者或用户某一需求和欲望的任何有形物品和无形产品。它具体由 5 个基本层次构成，如图 5-1 所示。

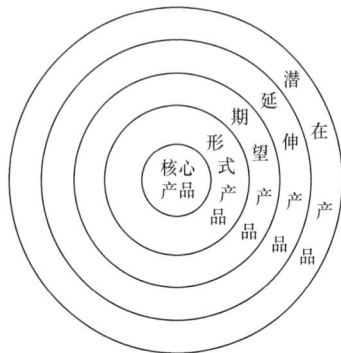

图 5-1　产品整体概念图示

（一）核心产品

核心产品是指向消费者提供的产品的基本效用或利益，它是产品整体概念中最基本、最主要的部分。从根本上说，每一种产品实质上都是为解决问题而提供的服务。消费者购买某种产品，并不是为了获得它的所有权，而是为了满足某种需要。例如，对旅馆来说，消费者购买的就是"休息和睡觉"这一核心产品。

（二）形式产品

形式产品是指核心产品借以实现的形式或目标市场对某一需求的特定满足形式。形式产品有 5 个特征，即品质、式样、特征、商标及包装。拥有许多客房的建筑物就是旅馆的形式产品。

（三）期望产品

期望产品是指消费者在购买该产品时期望得到的与产品密切相关的一整套属性和条件。例如，住旅馆的旅客期望得到干净的床位、洗浴用品、衣帽间等。因为大多数旅馆均能满足旅客这些一般的期望，所以旅客在选择档次大致相同的旅馆时，一般不是选择哪家旅馆能提供期望产品，而是根据哪家旅馆近和方便而定。

（四）延伸产品

延伸产品又称附加产品，是指消费者购买形式产品和期望产品时，附带获得的各种利益的总和，包括产品说明书、保证、安装、维修、送货、技术培训等。对于旅馆来说，其可以用提供电视机、鲜花、快速结账服务、美味餐饮和优质房间服务来增加其产品的内涵。

许多情况表明，新的竞争并非各公司在其工厂中所生产的产品的竞争，而是附加在产品上的包装、服务、广告、消费者咨询、资金融通、运送、仓储及其他具有价值的形式的竞争。能够正确发展延伸产品的公司更能在竞争中赢得主动。

（五）潜在产品

潜在产品是指现有产品包括所有附加产品在内的，可能发展成为未来最终产品的潜在状态的产品。潜在产品指出了产品可能的演变趋势和前景。

产品整体概念体现了以消费者为中心的现代市场营销观念，只有懂得产品整体的含义，才能真正贯彻市场营销观念的要求，全面满足消费者的需要，同时提高企业的声誉和效益。现代企业产品外延的不断拓展源于消费者需求的复杂化和竞争的白热化。在产品的核心功能趋同的情况下，谁能更快、更多、更好地满足消费者对复杂利益整合的需要，谁就能拥有消费者，占有市场，取得竞争优势。不断地拓展产品的外延部分已成为现代企业产品竞争的焦点，消费者对产品的期望价值越来越多地包含了其所能提供的服务、企业人员的素质及企业整体形象的"综合价值"。目前发达国家企业的产品竞争多集中在延伸产品层次，而发展中国家企业的产品竞争则主要集中在期望产品层次。若产品在核心利益上相同，但延伸产品所提供的服务不同，则可能被消费者看成是两种不同的产品，因此也会造成两种截然不同的销售状况。美国学者西奥多·莱维特曾说过："新的竞争不在于工厂里制造出来的产品，而在于工厂外能够给产品加上包装、服务、广告、咨询、融资、送货或消费者认为有价值的其他东西。"

案例：　雕爷牛腩的成功

雕爷牛腩是一家"轻奢餐"餐厅，这名字听着就挺特别。开业至今，很多人慕名而来，吃饭都要排很久的队。雕爷牛腩的创办者叫孟醒，人称"雕爷"，他并非做餐饮的专业人士，开办这家餐厅，被很多人（包括雕爷自己）看作是一次商业风险很高的尝试。

▲餐厅名称定位：轻奢餐

雕爷牛腩餐厅，是中国第一家"轻奢餐"餐饮品牌，关于轻奢餐的含义，雕爷牛腩这么解释：是介于快餐和正餐之间，比低价位的快餐要美味和优雅，又比豪华正餐节省时间和金钱的一种餐。"把一种食物，探索到细致入微，雕琢出大巧！"此概念由雕爷牛腩首先提出。他们经营这家餐厅所追求的就是"无一物无来历，无一处无典故"：花重金从香港"食神"戴龙手中买断秘方、切制牛腩的刀由大马士革钢锻造，炖牛腩的锅已申请专利，消费者到店喝的水则是"斐济（FIJI Water）"和"盛棠（SaratogaSpring Water）"。

▲产品包装定位：把产品和明人联系起来

牛腩是其主打招牌产品，其烹饪牛腩的秘方，是向香港"食神"戴龙以 500 万元购买而得的。他的代表作，"咖喱牛腩饭"和"鲍鱼金汤牛腩面"，是无数人梦寐以求之美食。

▲产品营销：好好讲故事

1. 食神咖喱牛腩：我的咖喱牛腩饭，才真的是黯然销魂饭

用大笔墨介绍这道菜：雕爷牛腩主厨——"食神"戴龙为了咖喱牛腩这个配方，悉心研制二十余年，真正匠心独运，一口下去，味道分为三层：第一层是带着咖啡豆微苦之异香；第二层为辛香鲜、辛辣味道；第三层仿佛公蟹蟹膏，有胶着感并回甜——事实上，传统中餐对味道的理解，是不太讲究"层次感"的，这个评判角度，主要来自法餐。尤其在米其林评星餐厅中，这个"味道层次感"，极为重要。这里又要提到戴龙的经历，他曾在法国和多位米其林三星厨师切磋交流，互传厨艺秘籍，并获得"法国厨皇会"的荣誉主席称号，以及法国蓝带马爹利烹饪大使资格。故而这碗食神牛腩，无论香料来源还是厨艺理念，很难被归类为某国或某派，只能说是中西合并。因此，戴龙私下笑谈："我的咖喱牛腩饭，才真的是黯然销魂饭。"

2. 鲍鱼金汤牛腩面

戴龙在为李嘉诚、董建华等提供家宴料理时发现，常有女眷不喜食辣，不碰咖喱牛腩，所以戴龙便烹制了这道"鲍鱼金汤牛腩面"。其好吃的秘密全在汤里。其汤由鲜美的鲍鱼、醇厚的牛骨，再配以老母鸡、牛筋、冬菇等十种食材，长时间熬制而成。和常见的猪骨浓汤不同，牛骨熬汤，极为费料，所需时间成本均数倍于猪骨汤。但妙处在于，牛骨汤的味道，也仿佛牛排与猪排之区别。另外值得一提的是，这碗鲍鱼金汤牛腩面中所配之面创造性地舍弃了港人最喜欢的伊面，而选用手工现拉的拉面——可是，又不是传统兰州拉面中的面，因为选用了加拿大曼尼托巴省进口的小麦芯粉，其面更顺滑、更弹牙。

▲茶水：高档茶水，免费，无限续杯

雕爷牛腩餐厅为男性消费者免费提供西湖龙井、冻顶乌龙、茉莉香片、云南普洱四种茶水。而女性消费者在餐厅则能同时享受到洛神玫瑰、薰衣草红茶、洋甘菊金莲花三种花茶，这三种花茶分别有美颜、纤体和排毒之功效。同样不用付费，还可无限续杯。

▲米饭：高档米，无限量免费续添

食神咖喱牛腩所配送的米饭的米分别为：日本越光米——日本国宝级大米，号称"世界米王"。由于日本并不对外出口此米，雕爷牛腩选用了在丹东移植的越光米，其口感柔美幼滑。蟹田糙米——这种米，从未被施加过人口肥，还因为未经过深度加工，保留了更多营养物质，口感粗犷豪迈。泰国香米——泰国五千年水稻种植史上的骄傲，这种长粒米拥有特殊的茉莉香气，和牛腩混合味道独特。和茶一样，米饭也可以无限量免费续添。

▲筷子：鸡翅木筷子，可以带回家

雕爷牛腩所用筷子由缅甸"鸡翅木"制成，上面用激光蚀刻"雕爷牛腩"Logo，这些筷子是全新的，饭后，服务员会将其套上特制筷套，当作礼物送给消费者。作为纪念品，它同时在提醒你曾经体验过一顿奢华且私密的美食大餐。

▲刀：定制世界上最昂贵的刀

为了牛腩，雕爷牛腩研发了目前世界第一昂贵的中式菜刀。这种由"乌兹钢锭"锻造的刀，拥有海涛般美丽的纹理，为什么相比所有吹毛断发的好刀，大马士革钢刀具更适合切牛腩呢？答案在这纹理：在显微镜下，这纹理居然是由无数小锯齿组成的。所以在切割生牛腩时，用其配合"滚刀法"切割，更加行云流水，得心应手。

▲碗：制造一只与众不同的碗

雕爷牛腩为这碗牛腩面，发明了一款专利"碗"。这只碗放别的食物，别扭无比。但装鲍鱼金汤牛腩面，则十分合适。换句话说，这碗面也只有放在这只碗里，才能呈现最佳状态。

▲锅：专利锅

炖牛腩的锅，是雕爷牛腩申请的专利发明，并且还给锅起了个亲切的外号：铁扇公主。因为牛魔王，最怕的就是她。

思考： 雕爷牛腩成功的关键是什么？

二、产品分类

在市场营销活动中，营销人员需要根据产品利益实现过程中的特点制定不同的营销策略，为此，必须对产品进行科学的分类。

产品根据最终使用领域不同，可被分为两大类：消费品和工业品。

（一）消费品

消费品是指用于个人或家庭生活需要的商品或服务。根据不同的标准，我们又可将其分为以下几类。

1. 耐用品、非耐用品和服务

依据消费者获得、使用或消费产品过程的形态和方式，产品可以被分为耐用品、非耐用品和服务3种类型。

（1）耐用品。耐用品是指消费者需要通过较长时间或多次使用与消费才能实现全部产品利益的有形产品，如住宅、电冰箱、摩托车等。耐用品的营销人员在设计、制造和销售该产品时一般需要重点考虑长时间或多次使用的特点，较多地采用人员推销和服务的形式，如提供较多的系统使用方法与维护知识、提供可靠的维修服务与品质担保等。消费者在购买这类产品时，更注重质量和服务。

（2）非耐用品。非耐用品是指消费者通过一次或几次使用或消费即可实现全部产品利益的产品，如饮料、香皂、化妆品等。由于这类产品消费速度快、购买频率高，营销人员在设计制造上应当注重一次性或短期的使用效果，而少考虑产品的耐用问题，在销售上注重消费者购买的方便性，在消费者能够经常光顾的多个地点提供此类产品。对多数非耐用品，营销人员可以利用广告，引导消费者优先购买和使用自己的产品。消费者在购买这类产品时，多关注品牌及价格。

（3）服务。服务是为满足消费者的某种欲望或需求而出售的活动、利益等，如理发、修理、医生看病等。服务是无形的、不可分的、易变的和有时间性的。

2. 便利品、选购品、特殊品和非渴求品

依消费者购买习惯，可以将产品划分为 4 类，如图 5-2 所示。

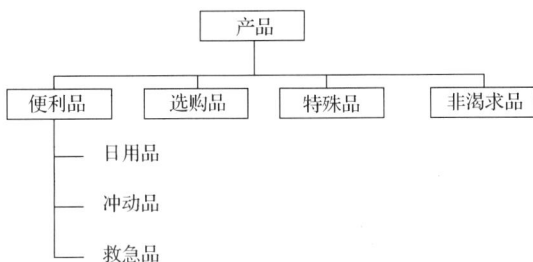

图 5-2　消费品分类之一

（1）便利品。便利品是指消费者经常购买或随时购买，且希望花费最少的精力和时间去获得的产品，如牙刷、味精、卫生纸等。

便利品可以进一步分成日用品、冲动品和救急品。日用品是消费者经常购买且购买频率高的产品，如食盐等。冲动品是消费者没有计划和特别寻找而购买的产品，如冷饮、速冻食品等，其之所以总被放置在流动消费者较多的地点或位置，是因为消费者可能原来没有想到要购买它们。救急品是消费者在需求十分紧迫时购买的产品，如下暴雨时购买的雨伞、雨衣等。

由于消费者购买便利品主要追求方便、快捷，所以企业在行销这类产品时应广布商业网点，使其呈"网"状分布。

（2）选购品。选购品是指消费者在购买过程中，对产品的适用性、质量、价格、式样等重要方面要做出详细比较和选择的产品，如服装、鞋帽、家具、手表等。

消费者在购买此类产品时，重在挑选，要货比三家，所以为了便于消费者购买时选择和比较方便，可把此类产品设置在同一区域（或街道）进行销售，如服装一条街、家具城等，即成"行"或成"片"设立商业网点。

（3）特殊品。特殊品一般指那些价格昂贵、消费者购买次数少、具有独有特征和品牌标记的产品，如小汽车、高档家电、名牌服饰等。这类产品一般都价值高，消费者购买时非常慎重，花费大量的时间和精力，所以企业一般在某一地区仅设一个或少数几个网点进行销售，以"专卖"的形式出现，即在行销上成"点"状分布。

（4）非渴求品。非渴求品是指消费者未曾听说过或者即使听说过通常也不会购买的产品。例如对南方消费者推销的北方煎饼、对山区推销的履带式拖拉机等，这类产品由于受消费者消费习惯、观念及消费条件的限制，推销起来难度很大，需要企业做出大量的营销努力，有时还需政策的引导和帮助。例如，由于电价太高，农村消费者不想购买某些耗电量大的家电产品，但政府通过实行电网改造、降低输电成本，就可以使某些非渴求品变成渴求品，从而提高市场需求量。

（二）工业品

工业品是指个人或组织为满足生产需要而购买的产品或服务。一般根据其如何进入生产环节和相对昂贵这两点，我们又把工业品分为 3 大类，如图 5-3 所示。

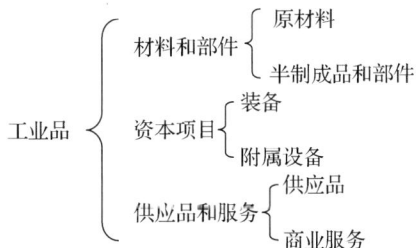

图 5-3　工业品分类

综上所述，产品及其特征是影响企业市场营销战略的主要因素之一。本书主要研讨消费品

市场营销的诸问题。

三、产品组合

（一）产品组合的概念

产品组合是指一家企业生产和销售的全部产品和产品项目，也就是向市场提供的全部产品的有机构成。其具体构成包括 4 个方面，即产品组合的宽度、长度、深度及关联性。企业根据市场情况及自身实力，对产品进行配置组合与选择，就形成了不同的产品组合策略。

（二）产品组合的构成内容

产品组合主要由产品组合的宽度、长度、深度及关联性构成，有的书将其相应的称为广度、长度（项目总数）、深度及密度（一致性）。

1. 产品组合的宽度

产品组合的宽度是指企业的产品组合所包括的产品线（或产品系列）的数量。产品线是指企业内具有相同制造原理与技术，且用途相同的一组类似产品。产品系列是在功能上可以配合使用的产品项目。

例如，宝洁公司经营的产品组合主要由 6 条产品线组成，每条产品线又包括若干产品项目，如图 5-4 所示。多产品线组合通常是企业实施的多元化经营战略在产品组合上的体现。

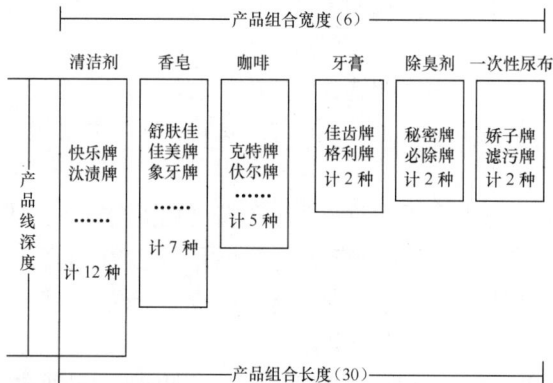

图 5-4　宝洁公司的产品组合

2. 产品组合的长度

产品组合的长度是指产品组合中的产品项目总数，即企业所有产品线中产品项目的总和，例如，宝洁公司产品组合长度为 30，每条产品线的平均长度为：30÷6=5。产品组合长度能够反映企业产品在整个市场中覆盖面的大小。

3. 产品组合的深度

产品组合的深度是指产品组合中某一产品线内的产品项目数，多者为深，少者为浅。产品组合的深度一般反映企业某个产品线的专业化程度。

4. 产品组合的关联性

产品组合的关联性是指企业的各个产品线在最终使用、生产条件、分销渠道等方面相互关联的程度。例如，有甲、乙两家大企业，其产品组合的宽度均很宽。甲企业的产品线有番茄制品、油漆、火柴、杂志、玻璃器皿、钢铁等，显然这些产品线之间的关联性很差。乙企业的产品线有咖啡、方便食品、洗涤剂、去垢剂、肥皂、牙膏等，这些产品都是消费品，而且都通过相同的渠道——食品商店、超级市场来推销，这就是说，这些产品线在最终使用和分销渠道方面的关联性强。

分析产品组合的宽度、长度、深度和关联性，有助于企业更好地制定产品组合策略。在一般情况下，扩大产品组合的宽度，有利于扩展企业的经营领域，实行多元化经营，可以更好地发挥企业潜在的技术、资源优势，提高经济效益，并可分散企业的投资风险；增加产品组合的长度，使产品线丰满充裕，可使企业成为有更完整产品线的企业；增加产品组合的深度，可以占领同类产品的更多细分市场，满足更广泛的市场需求；而加强产品组合的关联性，则可以使企业在某一特定的市场领域内增强竞争力和赢得良好的声誉。因此，所谓产品组合策略，也就是企业在产品组合的宽度、长度、深度和关联性方面的策略。

四、产品组合策略

（一）扩大产品组合策略

这一策略包括拓展产品组合的宽度和增加产品组合的深度，前者指在原产品组合中增加产品线，扩大经营范围；后者指在原有产品线内增加新的产品项目。当企业预测现有产品线的销售额和盈利率在未来可能下降时，企业就须考虑在现有产品组合中增加新的产品线，或大力发展其中有发展潜力的产品线。

（二）缩减产品组合策略

市场繁荣时期，较长较宽的产品组合会为企业带来更多的盈利机会。但是在市场不景气或原料、能源供应紧张时期，缩减产品线反而能使总利润上升，因为剔除那些获利小甚至亏损的产品线或产品项目，企业可集中力量发展获利多的产品线和产品项目。

产品组合策略

（三）产品线延伸策略

每一企业的产品都有特定的市场定位。产品线延伸策略指全部或部分地改变原有产品的市场定位，具有向下延伸、向上延伸和双向延伸 3 种实现方式。

1. 向下延伸

向下延伸是在高档产品线中增加低档产品项目。实行这一策略的作用为：利用高档名牌产品的声誉，吸引购买力较差的消费者慕名购买此产品线中的廉价产品；高档产品销售增长缓慢，企业的资源设备没有得到充分利用，为赢得更多的消费者，将产品线向下伸展；企业最初进入高档产品市场的目的是建立品牌信誉，然后再进入中、低档市场，以提高市场占有率和销售增长率；补充企业的产品线空白，如飘柔推出家庭洗护系列洗发水，仅售9.9元。实行这种策略也有一定风险，如处理不慎，会影响企业原有产品特别是名牌产品的市场形象，因此还必须辅之以相应的营销组合策略。

2. 向上延伸

向上延伸是在原有的产品线内增加高档产品项目，如伊利推出金典牛奶和营养舒化奶。实行这一策略的主要原因是高档产品市场具有较大的成长潜力和较高利润率；企业的技术设备和营销能力已具备加入高档产品市场的条件；企业要重新进行产品定位。采用这一策略也要承担一定的风险，

要改变产品在消费者心目中的地位是相当困难的，处理不慎，还会影响原有产品的市场声誉。

3. 双向延伸

双向延伸即处于中档产品市场的企业掌握了市场优势以后，向产品线的上下两个方向延伸，如海尔集团为满足更多层次消费者的需求，推出了售价在万元以上的高档对开门冰箱和低档的家电下乡补贴产品。

【案例】 丰田公司的品牌策略

丰田公司对其产品线采取了双向延伸的策略。在其中档产品卡罗拉的基础上，在高档市场推出了佳美牌，在低档市场推出了小明星牌。该公司还在豪华汽车市场推出了凌志牌。凌志的目标是高层管理者；佳美的目标是中层经理；卡罗拉的目标是基层经理；而小明星牌的目标是手里钱不多的首次购买者。

此种战略的主要风险是有些买主认为两种型号的车（如佳美和凌志之间）差别不大，因而会选择较低档的汽车。但对于丰田公司来说，消费者选择了低档汽车总比转向竞争者好。此策略使丰田公司的产品在不同层次消费者群中销售得都很好。

（四）产品线现代化策略

这一策略强调把现代化科学技术应用到生产过程中去。在某种情况下，虽然产品组合的宽度、长度都非常适应市场，但产品线的生产形式却可能已经过时，这就必须对产品线实施现代化改造。如果企业决定对现有产品线进行现代化改造，首先会面临这样的问题：是逐步实现技术改造，还是以最快的速度用全新设备更换原有产品线。逐步实现现代化可以节省资金，但缺点是竞争者很快就会察觉，并有充足的时间采取措施与之抗衡；而快速现代化策略虽然在短期内耗费资金较多，却可以减少竞争者。

任务2　产品市场生命周期

一、产品生命周期的概念及其阶段划分

（一）产品生命周期的概念

产品生命周期是指某产品从进入市场到被淘汰退出市场的全部运动过程。产品生命周期指的是产品的市场寿命，即市场流通时间，而不是使用寿命。

产品生命周期由需求与技术的生命周期决定。企业开展市场营销活动的起点，不是产品，而是需求。任何产品都只是作为满足特定需求或解决特定问题而存在的。

（二）产品生命周期阶段

产品生命周期一般分为4个阶段：引入期、成长期、成熟期和衰退期，如图5-5所示。引入期（也称介绍期）是指在市场上推出新产品，产品销售呈缓慢增长状态的阶段。成长期是指该产品在市场中迅速为消费者所接受，销售额迅速上升的阶段。成熟期是指大多数消费者已经接受该产品，市场销售额缓慢增长或下降的阶段。衰退期是指销售额急剧下降，利润渐趋于零的阶段。

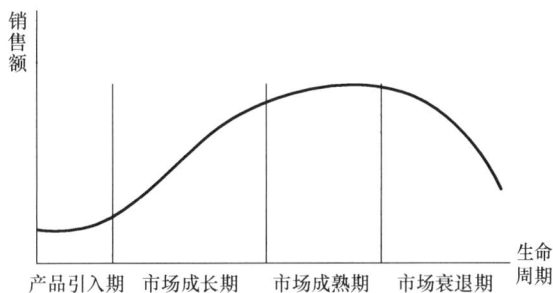

图 5-5 产品生命周期的 4 个阶段

（三）产品生命周期的其他形态

产品生命周期是一理论形态，在现实经济生活中，并不是所有产品的生命历程都完全符合这种理论形态。除上述的正态分布曲线，还有以下几种形态，如图 5-6 所示。

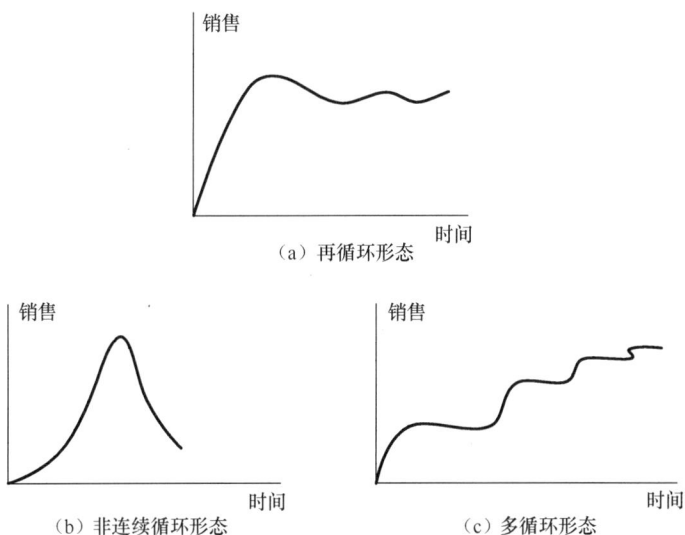

（a）再循环形态

（b）非连续循环形态

（c）多循环形态

图 5-6 产品生命周期的其他形态

1. 再循环形态

再循环形态指产品销售进入衰退期后，由于种种因素的作用而进入第二个成长阶段。这种再循环型生命周期是市场需求变化或厂商投入更多促销费用的结果。

2. 非连续循环形态

大多数时髦、流行产品的生命周期呈非连续循环，这些产品一上市即热销，而后很快在市场上销声匿迹。厂商既无必要也不愿意做延长其成熟期的任何努力，而是等待下一周期的来临。

3. 多循环形态

多循环形态亦称"扇贝形"运动曲线，或波浪形形态，是指在产品进入成熟期以后，厂商通过制定和实施正确的营销策略，使产品销售量不断达到新的峰值。

93

二、产品生命周期的营销策略

由于产品生命周期的各个阶段具有不同的特征，因此，企业必须善于相应地采取各种有效的营销手段和策略，以期获得最大利润。

（一）引入期的特征及企业的对策

1. 引入期的特征

新产品上市之初，消费者和经销商对新产品普遍有一个了解、认识和接受的过程，这个过程在时间上的表现被称为产品的引入期。产品在这一阶段的主要特征是：①产品的生产批量小，制造成本高；②生产该种产品的企业只有少数几家，甚至是独家生产；③产品设计还不够完善，性能和质量也有所欠缺，企业正在测试市场对该产品的反应，以便完善产品的设计，并使产品的性能和质量趋于稳定；④产品的分销渠道还不够通畅和固定；⑤产品的促销费用很高，促销宣传以介绍产品为主；⑥产品销售量增长缓慢；⑦企业通常是微利或无利经营，亏损现象也较普遍，产品经营的风险很大。

2. 企业的对策

针对上述特征，企业通常可以采用以下 4 种营销策略。

（1）快速撇脂策略。即以高价格、高促销费用推出新产品，企业制定较高的产品价格，做大量广告宣传来迅速扩大销售范围。企业采取这种策略的市场条件是：大多数潜在消费者不知道市场上有这种产品；已经知道市场上有这种产品的潜在消费者购买心切，愿出高价购买；企业面对潜在竞争者的威胁，急需树立品牌形象。

产品生命周期的营销策略

> **【案例】 雷诺圆珠笔的定价策略**
>
> 1945 年，美国雷诺公司从阿根廷购进圆珠笔专利，迅速制成大批成品，并将圆珠笔取名为原子笔。由于圆珠笔确实使用方便，免去了使用墨水笔的诸多不便和烦恼，短期内无竞争者能模仿，该公司每支笔制造成本才 0.5 美元，却以 20 美元的零售价投放市场。半年时间，雷诺公司为生产原子笔投入 2.6 万美元，竟获得 15.6 万美元的丰厚利润。竞争者见原子笔获利甚厚便蜂拥而上，导致原子笔价格不断下降，而雷诺公司此时把每支笔的价格降至 0.7 美元，给了竞争者有力一击。

（2）缓慢撇脂策略。即以高价格，低促销费用推出新产品。企业制定较高的产品价格，而花较少的广告宣传费用来推销其高价产品。采用这种策略的目的在于获取更多利润。企业采取这种策略的市场条件是：市场规模较小，容量有限；大多数潜在消费者对这种产品有所了解；潜在消费者愿出高价购买；潜在竞争对企业的威胁较小。

（3）快速渗透策略。即以低价格，高促销费用推出新产品。企业制定较低的产品价格，而以大量广告宣传来推销其低价产品。采用这种策略的目的在于以最快的速度进行市场渗透和提高产品的市场占有率。企业采取这种策略的市场条件是：市场容量大，多数潜在消费者对这种产品不了解，且对价格很敏感；潜在竞争对企业的威胁很大；新产品的单位成本可望随着生产批量的增加而降低。

（4）缓慢渗透策略。即以低价格，低促销费用推出新产品。企业制定较低的产品价格，并用少量的广告宣传来推销其低价产品。产品价格低可以促使潜在消费者迅速接受这种产品；促销费用低可以增加企业的盈利。企业采取这种策略的市场条件是：市场容量大；多数潜在消费者了解这种产品，且对价格很敏感；潜在竞争对企业的威胁不大。

（二）成长期的特征及企业对策

1. 成长期的特征

新产品经过引入期后，便进入成长期。产品在这一阶段的主要特征是：①多数潜在消费者对该产品已相当了解，产品销售量迅速增长；②产品已基本定型，产品的性能和质量已趋于稳定或有所提高，产品的制造工艺较成熟，并具备了批量生产的条件；③产品利润迅速增长，但竞争也日趋激烈；④市场开始细分；⑤分销渠道的数量迅速增加。

2. 企业的对策

针对上述特征，企业通常可以采用以下几种策略。

（1）努力提高产品质量，增加新的产品特色，改进产品的型号、款式，以提高产品的竞争能力。

（2）改变促销宣传的侧重点，将促销宣传的重点由介绍产品转向树立产品形象，争取创立名牌产品，以保持原有消费者，并争取新的消费者。

（3）积极寻求和进入新的细分市场。

（4）开辟新的分销渠道，以增加产品的流通覆盖面。

（5）在不断增加生产批量的基础上，选择适当时机降低产品售价，以吸引对价格敏感的潜在消费者。

企业可以根据自身的情况和需要，将上述策略结合起来综合运用。

（三）成熟期的特征及企业的对策

1. 成熟期的特征

通常企业会花费大量的时间和精力经营成熟期的产品。产品在这一阶段的主要特征是：①产品在性能、质量等方面已非常完善，并且已被绝大多数潜在消费者所接受；②产品的销售量和利润均达到顶峰，到了成熟期的后期，销售量和利润的增长速度开始放慢，销售增长率和利润增长率均为负值；③市场供求已呈现饱和状态，市场竞争非常激烈，而且竞争者的产品价格逐渐趋于一致，因此，更多的企业可有效地应付竞争的威胁；④企业的市场细分日趋精细，企业的市场调研费用和其他营销费用相应增加；⑤市场上不断出现各种品牌的同类产品和仿制品，加剧了市场竞争。

2. 企业的对策

针对上述特征，企业通常可以采用以下几种策略。

（1）调整市场策略。即企业通过市场细分努力寻找产品的新市场（新的用户）和使原有的消费者多购买、多使用本企业的产品，以提高产品销售量。这种策略通常有 3 种具体的形式：一是发现产品的新用途，寻找新的细分市场，使产品进入尚未使用过这种产品的细分市场；二是刺激现有消费者提高使用率；三是重新树立产品形象，寻找新买主。

（2）调整产品策略。即企业通过提高产品质量、改进产品外观或式样以及改进或增加产品服务等，向消费者提供新的利益，以吸引新的消费者和使现有消费者提高使用率。

（3）调整企业的市场营销组合。即企业通过改进企业市场营销组合中的其一个因素或某几个因素，如降低产品售价，改进促销方式，完善或增加分销渠道、销售网点等，以提高产品销售量。

（四）衰退期的特征及企业的对策

1. 衰退期的特征

产品在衰退期的主要特征是：①消费者的需求偏好已经或正在发生转移，并在期待新产品的出现，有的已经在购买市场上出现的更新和性能更好的产品；②产品的销售量迅速由缓慢下降变为急剧下降；③企业的产品生产能力相对过剩；④产品销售价格不断下降，企业利润呈急剧下降趋势；⑤各种仿制品、替代品充斥市场；⑥竞争者纷纷开始退出市场。

2. 企业的对策

针对上述特征，企业通常可以采用以下两种策略。

（1）继续生产和经营衰退期产品，希望在竞争者退出市场后，产品盈利能增加。有些产品虽然已经进入衰退期，但是由于众多竞争者的退出，留在市场上继续经营衰退期产品的企业往往可以暂时维持原有的、较高的销售量，甚至会使销售量有所增加。这种策略包括 3 种具体的策略：一是"连续"策略，即企业继续沿用过去的策略不变，仍然保持原有的细分市场、分销渠道、定价和促销组合等；二是"集中"策略，即企业将人力、物力等资源集中到最有利的细分市场或分销渠道，缩短经营战线，以获得更多利润；三是"榨取"策略，即企业大幅度削减促销费用、精简推销人员，并希望销售量下降的速度暂时慢一些，以便从老产品中"榨取"更多的利润。

（2）停止生产和经营衰退期产品。这种策略包括两种具体的形式：一是立即停产，或者将产品所有权出卖或转让给其他企业；二是逐渐减产，逐步退出市场，使企业的资源有秩序地转向新的经营项目。

综上所述，由于产品生命周期各阶段的特征不同，企业分别采取了相应的营销对策，其各阶段的营销原则是：缩短产品引入期，加快产品成长期，保持和延长产品成熟期，延长产品衰退期。

任务3 品牌与包装策略

一、品牌的含义及内容

品牌是现代产品的重要组成部分，在企业营销活动中有着独特的魅力，是营销竞争的有力武器。品牌策略是企业产品策略的一个重要组成部分，建立一个优秀的品牌，直接关系企业的知名度和信誉，是企业产品策略的重要内容。

（一）品牌的含义

品牌是制造商或经销商加在商品上的标志。它由名称、名词、符号、象征、设计或它们的组合构成。"现代营销学之父"科特勒在《市场营销学》中对品牌的定义是，品牌是销售者向购买者长期提供的一组特定的特点、利益和服务。

企业建立品牌的最初目的是保护自己，并使消费者不受劣质产品的损害。也就是说，品牌在最基本的层面上，是厂商提供给消费者的一种承诺。从博弈的角度来看，是厂商以自己信誉来换取消费者的认同。从消费者的角度来看，品牌节省了消费者选择商品时在时间和费用上的成本。随着商品形态和价值内涵的不断发展和进化，作为商品表征的品牌的内涵也越来越丰富。

（二）品牌的内容

品牌从本质上说是向消费者传递的信息，一个品牌能表达 6 层意思。

第一，属性。一个品牌首先给人带来特定的属性。例如，"海尔"表现出的是质量可靠、服务上乘，"一流的产品，完善的服务"是海尔成为我国家电第一品牌的基础。

第二，利益。一个品牌绝不仅限于一组属性，消费者购买利益而不是购买属性。属性需要转换成功能和情感利益。"质量可靠"会减少消费者的维修费用，给消费者提供节约维修成本的利益，"服务上乘"则节约了消费者的时间，精减了成本，方便了消费者。

第三，价值。品牌能提供一定的价值。"高标准、精细化、零缺陷"是"海尔"体现的服务价值。

第四，文化。品牌可能附加和象征了一种文化，"海尔"体现了一种文化，即高效率、高品质。

第五，个性。品牌还能代表一定的个性。一提到"海尔"，就会想到其广告词——"真诚到永远"和其"品牌标记"——两个永远快乐的小伙伴。

第六，使用者。品牌还体现了购买或使用这种产品的是哪一类消费者，这一类消费者也代表一定的文化、个性，这对于公司细分市场、进行市场定位有很大帮助。

所以，品牌是个复杂的符号。其所传递的价值、文化和个性，确定了品牌的基础。

我们把这些创造品牌的名称、术语、标记、符号或设计，或它们的组合称为品牌元素。品牌名称常常预示产品的定位，如"太太口服液"中"太太"这一名称就直接表明了这种口服液的消费者是那些"太太"们。"可口可乐""舒肤佳"则把消费者在消费这种产品时能够期待产生的心理和生理感受作为品牌命名的起点，从而使名称本身就具备明确而有力的定位营销力量。品牌名称还可以展示产品情感形象，"娃哈哈"这个品牌名称除了通俗、准确地反映了其消费群体外，最关键一点是将一种祝愿、一种希望、一种消费的情感效应结合儿童的天性作为品牌命名的核心。另外，还有把品牌名称定位于消费观念上的，如"孔府家酒"。定位于产品形式、状态的品牌名称也比比皆是，如"白加黑""大大"泡泡糖等。品牌的标记则更形象地传递信息，以小汽车为例，消费者能从各种轿车的标识上识别出桑塔纳、丰田、奥迪、奔驰、富康等品牌。

（三）品牌设计的要求

（1）标记性：品牌的基本功能在于表明产品的来源以区别于其他产品，标记性是设计品牌的首要要求。企业要使品牌独具特色，使人一看便留下深刻的印象，使人易认、易记。

（2）适应性：适应促销，适应国内外法律。

（3）艺术性：给人以美的感受，引人注意；启发联想。

【知识链接】

　　品牌与商标都是可以识别不同生产经营者的不同种类、不同品质产品的商业名称及标志。品牌是市场概念，是产品和服务在市场上通行的名称，它强调与产品及其相关的质量、服务等之间的关系，品牌实质上是品牌使用者对消费者在产品特征、服务、利益等方面的承诺。而商标是法律概念，它是已获得专用权并受法律保护的品牌，是品牌的一部分。

2017 年全球品牌价值排行

1. 谷歌：2455.81 亿美元
2. 苹果：2346.71 亿美元
3. 微软：1432.22 亿美元
4. 亚马逊：1392.86 亿美元
5. 脸书：1298 亿美元
6. 美国电话电报公司：1151.12 亿美元
7. 维萨：1109.9 亿美元
8. 腾讯：1082.92 亿美元
9. 国际商业机器：1020.88 亿美元
10. 麦当劳：977.23 亿美元

二、品牌策略

　　为了使品牌在市场营销中更好地发挥作用，必须采取适当的品牌策略。品牌策略是企业产品策略的重要组成部分。

（一）品牌化决策

　　对于一种新产品，有关品牌的第一个决策就是决定企业是否给产品建立品牌。企业为其产品设立品牌名称、品牌标志，并向有关机构注册登记取得商标专用权的业务活动，被称为品牌建立。

　　在历史上，许多产品不使用品牌，生产者和中间商直接从桶、箱子等容器内取出产品予以销售，无须供应商的任何辨认凭证。但是，商品经济的日益发展、商品的不断丰富，促使品牌发展，发展的势头可谓相当迅猛，而产品的品牌所具有的积极作用也在其中不断得到体现。

飞虎牌的爱国情怀

　　但是，这并不意味着现代市场上的商品都应建立品牌。建立品牌是要付出代价的，包括设计费、制作费、注册费、广告费等，并且还要承担品牌在市场上失败的风险。因此，如果某些产品使用品牌，对识别商品、促进销售的积极意义很小，可能得不偿失，这时就可以不使用品牌。

　　可以不使用品牌的商品一般有以下几类：①本身并不具有因制造商不同而形成的质量特点的商品，如电力、煤炭、木材等；②习惯上不必认定品牌购买的商品，如食油、草纸等；③生产简单，没有一定的技术标准，选择性不大的商品，如农具以及品种繁多的小商品（如橡皮筋、纽扣）；④临时性或一次性生产的商品。

　　在当今西方国家市场上存在两种截然不同的倾向：一种是越来越多传统上不用品牌的商品

纷纷品牌化，如食盐被用特殊的容器包装以区分制造商，柑橘上被贴上了种植者的姓名。另一种是欧美的超级市场上出现了无品牌产品，如卫生纸、肥皂、通心粉等，这些在食品、家庭用品等行业所出现的无品牌产品比使用品牌的产品要便宜，对消费者有很大的吸引力，这使品牌化受到考验。

（二）品牌归属决策

企业一旦决定对产品使用品牌，对品牌归属就面临以下 3 种选择。

（1）使用制造商品牌（或称生产者品牌、全国性品牌）。从传统上看，不论中外，因为产品的质量特性总是由制造商确定的，所以制造商品牌一直支配着市场，绝大多数制造商都使用自己的品牌。制造商所拥有的注册商标是一种工业产权，其可将著名商标租借给他人使用，但要收取一定的特许权使用费。

（2）使用经销商品牌（或称中间商品牌、私人品牌）。近年来，大型零售商、批发商都在发展自己的品牌，这样做当然要付出代价，如要增加投资用于大批量订货和储备存货，要为宣传私人品牌增加广告费用，还需承担私人品牌被消费者否定的风险等。但是，中间商常能找到生产能力过剩的企业为其生产中间商品牌的产品，降低生产成本和流通费用，从而可以较低售价取得较高的销售额和利润。并且，中间商有了自己的品牌，可加强对价格和制造商的控制，还能利用有限的陈列空间充分展示自己品牌的产品，因此，中间商还是喜欢使用自己的品牌，以增加利润。对于制造商来说，应根据品牌在市场上的声誉来决定采用制造商品牌还是中间商品牌。如果在一个对本企业产品不熟悉、了解的新市场上销售商品，或者本企业的商誉远不及经销商的商誉时，则应采用经销商品牌，把产品成批地卖给经销商，由经销商以自己的品牌销售。

【知识链接】

制造商将其产品大批量卖给中间商，中间商利用自己的品牌将产品转卖出去，即使用私人品牌售卖产品。

中间商使用自己的品牌可以带来以下利益。

（1）可以更好地控制产品价格，乃至供应商。

（2）可以降低进货成本和价格，提高竞争力和利润。

但使用私人品牌，中间商也必须付出代价。

（1）花费更多的钱来做广告，宣传其品牌。

（2）中间商大批量订货，因而必须有大量资金占用在商品库存上，其将承担巨大的存货风险。

（三）品牌质量决策

品牌的质量就是使用该品牌的产品质量，这是一个反映产品可靠性、精确性、方便性、耐用性等属性的综合性指标，其中有些属性可以客观地被予以测定，但是从营销角度来看，品牌的质量应该以消费者的感觉来测量。品牌质量决策深受产品本身制约，还必须把握消费者对产品的感觉以及产品在市场上的地位，着重抓好两方面工作：企业进行该决策时先要决定品牌的最初质量水平是低等、中等还是高等，然后随着时间的推移对品牌质量加以管理调整。

（四）家族品牌决策

制造商在决定给产品使用自己的品牌之后，面临着进一步的抉择，即对本企业产品是分别使用不同的品牌，还是使用一个统一的品牌或几个品牌？一般来说，可以有以下4种选择。

（1）对各种产品分别使用不同的品牌，即个别品牌，如上海牙膏厂有"美加净""黑白""下叶""庆丰"等品牌。这种策略能严格区分高、中、低档产品，使用户易于识别并选购自己满意的产品，而且不会因个别产品声誉不佳影响其他产品及整个企业的声誉，还能使企业为每个新产品寻求建立最适当的品牌名称以吸引消费者。其缺点在于品牌较多会影响广告效果，易被遗忘。

（2）对所有产品使用一个统一的品牌，即家族品牌，如美国通用电气公司的产品都使用"GE"这个品牌。采用这一策略的好处在于能减少品牌的设计和广告费用，有利于新产品在市场上较快较稳地立足，并能壮大企业声势，提高其知名度。不过，只有在家族品牌已在市场上享有盛誉，而且各种产品有相同的质量时，该策略才能有效，否则，某一产品的问题会危及整个企业。

（3）对不同类别产品使用不同的品牌。企业生产不同类别的产品时，不宜使用相同的家族品牌，要予以区分。例如，美国的斯威夫特公司生产肥料和火腿两类截然不同的产品，就分别使用了费哥若（Vigoro）和普瑞娟（Premium）两个品牌。这样能适当兼收个别品牌和家族品牌的好处。

（4）将企业名称与个别品牌相结合。即在企业各种产品的个别品牌名称之前冠以企业名称，可以使产品正统化，享受企业已有信誉，而个别品牌又可使产品各具特色。例如，通用汽车公司生产的各种小轿车分别使用"凯迪拉克""雪佛兰""庞蒂克"等品牌名称，而每个品牌名称前都另加"GM"字样，以表明是通用汽车公司的产品。

（五）品牌扩展决策

品牌扩展决策是指企业尽量利用已成功的品牌来推出改进型产品或新产品。

一种情况是，某企业先推出A品牌的产品，然后推出新的、经过改进的A品牌的产品，接着又推出进一步改进、具有附加利益的A品牌新产品。另一种情况是，利用已获成功的品牌名称推出全新产品，如"本田"公司利用其著名的"本田"品牌推出了一种新型割草机。

品牌扩展策略可以使制造商节约促销新品牌所需的大量费用，而且能使新产品被消费者很快接受。但是，如果新产品的质量性能等不能令消费者满意，就可能影响消费者购买用同一品牌命名的其他产品的态度。

（六）多品牌决策

多品牌决策是指对同一种类产品使用两个或两个以上的品牌。制造商之所以愿意同时经营多个互相竞争的品牌，是因为以下几个原因。

（1）制造商可以获得更多的货架面积，而使竞争者产品的陈列空间相对减少。

（2）提供几个品牌可以赢得品牌转换者，从而扩大销售范围。事实上，大多数消费者都不会因忠诚于某一品牌而对其他品牌不关注，他们都是不同程度的品牌转换者。

（3）通过将品牌分别定位于不同的细分市场上，每一品牌都可能吸引许多消费者。

（4）新品牌的建立会在企业内部形成激励效应，并促进效率的提高。不同的品牌经理们在竞争中共同进步，从而使企业产品销售业绩高涨。

然而，品牌并不是多多益善。如果每一品牌仅能占有很小的市场份额，而且没有利润率很高的品牌，那么采用多品牌决策对企业而言，是一种资源的浪费。企业应认真考虑：新品牌将夺走本企业其他品牌多少的销售量？将夺走竞争对手多少的销售量？企业最好能对新品牌严格筛选，以期实现夺取竞争对手的大块市场，而避免自相竞争。

【案例】 宝洁公司的多品牌策略

宝洁公司的产品分为洗发、护肤、口腔护理等几大类，各以品牌为中心运作。在我国市场上，其香皂品牌是“舒肤佳”，牙膏品牌是“佳洁仕”，卫生棉品牌是“护舒宝”，洗发水品牌有“飘柔”“潘婷”“海飞丝”，洗衣粉品牌有“汰渍”“洗好”“欧喜朵”“波特”“世纪”等。要问哪个公司的品牌最多，恐怕非宝洁公司莫属。其通过多品牌决策，使公司在消费者心中树立起了良好的形象。

（七）品牌再定位决策

品牌再定位是指因某些市场因素的变化而对品牌进行重新定位。一般当竞争者的品牌定位类似于本企业的品牌定位并且竞争者夺去部分市场，使本企业的市场份额减少之时；或者消费者的偏好发生变化，形成某种新偏好的消费群，而本企业的品牌不能满足消费者的偏好之时，企业有必要对品牌再次定位。例如，“七喜”公司对“七喜”牌饮料进行重新定位，宣称“七喜”是非可乐饮料。王老吉公司“怕上火，喝王老吉”的品牌再定位，使它大获成功。

企业在进行品牌再定位决策时，要认真考虑两个因素。一是将品牌转移到新的市场所需的费用，包括改变产品品质费、包装费、广告费等。二是定位于新位置的品牌能获得多少收益。收益的多少取决于在这一细分市场上消费者的数量、平均购买率以及竞争者的数量和实力等因素。企业管理层应该将在各种品牌重新定位方案中列出的可能的收益与费用进行分析权衡，从中选定较优方案。

三、包装和包装策略

在市场营销中，包装已经成为强有力的竞争手段。设计良好的包装往往能够在为消费者创造方便价值的同时，也为企业创造促销价值。在这个意义上，包装是一种具有附加价值的营销工具。

（一）包装的概念

包装是指设计并生产容器或包扎物的一系列活动。这种容器或包扎物被称为包装（Package）。包装可以包括多达 3 个层次的材料。第一层次的包装是指最接近产品的容器。第二层次的包装是指保护第一层次包装的材料，当产品被使用时，它即被丢弃。它为产品提供了进一步的保护和促销机会。第三层次的包装为运输包装，是指产品存储、辨认和运输时所必需的包装。此外，标签亦是包装的一个组成部分，它由表明该产品的、印制好的信息所构成，出现在包装物上面或和包装物合为一体。

（二）包装的意义

包装具有多方面的意义。

1. 保护产品，便于储运

产品包装最基本的功能便是保护产品，便于储运。有效的产品包装可以起到防潮、防热、防冷、防挥发、防污染、保鲜、防碎、防变形等一系列保护产品的作用。因此，企业在包装产品时，要注意对产品包装材料的选择以及包装的技术控制。

2. 包装能吸引注意力

包装能说明产品的特色，给消费者以信心，在消费者心中形成一个良好的总体印象。在很多情况下，消费者愿意为良好包装带来的方便、美好的外观、可靠性多付些钱。公司和品牌形象公司已意识到设计良好的包装的巨大作用，它有助于消费者迅速辨认出该产品属于哪家公司或哪一品牌。例如，每一位胶卷购买者可以立刻识别出黄颜色包装的"柯达"胶卷。

3. 包装还能为企业提供新的发展机会

包装的创新能够给消费者带来巨大的好处，也给生产者带来利润。

【案例】 喜旺的包装策略

喜旺是一家靠卖烧肉起家的小企业，凭借"只售当日生产产品"的销售理念和消费者的喜爱，成为山东省内的强势品牌，在消费者心中形成"喜旺＝卖烧肉的"印象；同时，品牌形象单一。这些均制约了企业形象的提升。在这种情况下，该企业开始寻找新的思路，进行市场扩张。企业针对目前的情况做出两个决策：一是改变肉食品牌等于低档品牌的习惯认知；二是利用整合营销传播，建立喜旺的独有地位。

经过讨论，企业又得到一种拓展思路：将国外一些熟肉食品中被大家接受的美味集中起来，包装成一个高级熟肉食品礼盒，同时将国内的名吃集合到另外的礼盒内，以代替传统的礼盒。按照这种思路，该企业采取了全新的礼盒营销策略。

礼盒分为两个类别：一是"世界礼盒"，内有美国香熏肠、西班牙烤牛肉、印第安纳火鸡腿等世界美食，其目标消费群为社会高层人士或想送礼给重要人士的人；二是"中华美食"系列礼盒，包括 4 种传统礼盒，分别由喜旺精选的肉食品和各地名吃组合而成，其目标消费群为社会大众或想送礼给亲朋好友的人。

"中华美食"礼盒设计雅致，产品品种多样，价格实惠，因此作为整体销售的主力军，被定位为走量产品，其任务是为企业提高销售量和利润额。

作为第一个把熟肉产品进行礼盒包装的企业，喜旺不仅实现了在行业内的一次创新，也引导了消费者对健康、高档肉食品的消费理念，把自己的品牌带入了一个新的高度。

（三）包装设计的基本要求

（1）造型美观大方，图案生动形象，不落俗套，避免模仿、雷同，尽量采用新材料、新图案、新形状，引人注目。

（2）包装应与商品的价值或质量水平相配。贵重商品和艺术品的包装要能烘托商品的高雅和艺术性。

（3）包装要能显示商品的特点与风格。对于以外形和色彩表现其特点或风格的商品，如服装、食品、装饰品等，则应考虑采用透明包装或在包装中附印彩色图片。

（4）包装的结构和造型应确保销售、使用、保管和携带方便。容易开启的包装适合需要密闭的商品；喷射式包装适用于液体、粉末、胶状商品，如清洁剂、西瓜霜、双料喉风散等。包装的大小直接影响商品使用时的方便程度，在便于使用的前提下，企业还要考虑存储、陈列、携带方便的问题。

（5）包装上的文字应能增加消费者的信任感并指导消费。产品的性能、使用方法和效果常常不能被直观显示，需要用文字来表达。包装上的文字应根据消费者的心理突出重点。例如，食品包装上应说明用料、食用方法、保质期等；药物类商品包装上应说明成分、功效、用量、禁忌以及是否有副作用等。文字说明必须与商品性质相一致，有可靠的检验数据或使用效果的证明。虚假不实的文字说明等于欺骗性广告，既损害消费者的利益，也损害企业的声誉。

（6）包装的色彩要符合消费者的心理，并且考虑各民族的风俗习惯和宗教信仰，不犯禁忌。此外，还要考虑其他国家政府对包装的规定，避免包装造成公害，以保护生态环境。

（四）包装策略

1. 类似包装策略

它是指一家企业对其所生产的各种不同产品，使用有相同的图案、近似的色彩及其他共有特征的包装，使消费者极易联想到这是同一家企业生产的产品，如日本三洋家电公司家电产品的包装都是蓝色的。类似包装策略的优点是：①可以壮大企业的声势，扩大企业的影响范围，特别是新产品初次上市时，可以用企业的信誉消除消费者对新产品的不信任感，尽快打开销路；②可以节约设计和印刷费用，从而降低包装成本；③有利于介绍新产品。类似包装策略适用于同一品质的商品。否则，它不仅使低档产品的包装费用提高，而且使优质产品蒙受不必要的损失。

2. 差异性包装策略

它也称等级包装策略，是指企业对不同等级、不同品种的产品，按各自的特征，采用不同的风格、不同的色调和不同的材料进行包装。例如，在销售茶叶时，第一、第二级茶叶可以用听装；第三、第四级茶叶可以用盒装；第五、第六级茶叶可以用塑料袋装；其他碎茶可以为散装等。北京京华牌茶叶就是通过不同色彩的包装来区别茶叶等级的。这种策略的优点是不至于因某一商品营销的失败而影响其他商品的市场声誉，缺点是设计的成本较高。

3. 双重用途包装策略

它是指企业在进行产品包装时，注意即使空的包装容器也有其他用途，如盛装咖啡、作为茶杯用、当作手提袋等。这种包装策略一方面可以引起消费者的购买兴趣，另一方面还能使刻有商标的容器发挥广告宣传作用，吸引消费者重复购买。但是，这类包装成本一般较高，实际上包装已成为一种产品。

4. 配套包装策略

它是指在同一包装内放入相关联的多种产品，同时出售，如将化妆品盒与粉蜜、粉霜、香粉、香水、口红等包装在一起。这种包装策略的好处是，便于消费者购买和使用，也有利于带动多种产品销售，特别是有利于新产品的推销。例如，把新产品与其他老产品放在一起出售，可以使消费者在不知不觉中接受新产品。这种策略主要适用于小商品，但不能把毫不相干的商品搭配在一起，否则必然会影响销售。

5. 附赠品包装策略

它是目前国外市场上比较流行的包装策略。例如，儿童市场上玩具、糖果等商品包装中附赠连环画、认字图；化妆品包装中附有赠券，消费者积累到一定数量，可以得到不同的赠品。又如，"美厨双胞胎"的产品曾引起人们踊跃购买，原因是其包装中含有"美厨粮票"，价值若干，消费者可在一定期限内用其继续购买美厨双胞胎的产品，将其作为等值货币使用。附赠品包装策略成本较高，容易影响产品在价格上的竞争力。

6. 附带标识语包装策略

它是一种宣传策略。标识语有提示性标识语，如写上"新鲜""软"等字；还有解释性标识语，如日本快速面袋上标明"无漂白"，德国的速溶咖啡袋上标明"无咖啡因"，法国的花生油瓶上标明"不含黄曲霉素"，我国的粮食、蔬菜、水果包装上标明"生态环境生产""绿色产品"等，都起到消除消费者对商品所含成分的顾虑的作用。

7. 改变包装策略

它也称创新包装策略。产品包装的改变，正如产品本身的改进一样，对于扩展销路同样具有重要意义。克拉夫特公司已试验成功了一种无菌袋。这种用金属箔和塑料制成的容器极有可能成为罐头的换代包装。目前，国外正在流行一种牙膏气压式配量器，其市场占有率已经超过20%，因为众多的消费者感到这种装置比较方便，也避免了挤牙膏时会把手弄脏。在英国，酒类的包装更是多样化，"斯塔威"的塑料包装、"圣詹姆士兰格"的玻璃瓶包装等，都是创新包装的典范。它们也正是依靠这种改变包装的策略而获得市场地位的。

8. 透明包装策略

通过透明的包装材料，使消费者能看见部分或全部内装商品的实际形态，展现商品的新鲜度和色彩，增添商品的风采，使消费者放心地选购。透明包装是一种备受消费者欢迎的包装，有着广阔的发展前景。例如，江苏扬州玩具厂生产的出口熊猫玩具，尽管产品美观精致，但开始时采用纸盒包装，简陋粗糙，每只售价仅为0.88美元；后来改进包装，盒面采用透明包装（消费者可以看到熊猫形象），并在熊猫颈上套了个金属挂牌，每只售价提高到6.78美元。仅此一项，每年多为国家创汇17.7万美元。

9. 错觉包装策略

它是利用人们对外界各物的观察错觉进行产品的包装。例如，两个容量相同的果酱包装，扇形的看起来就比圆形的大一些；笨重物体的包装，宜采用淡淡的颜色，会使人感到轻松一些。

任务4 新产品开发

一、新产品的概念及种类

（一）新产品的概念

产品只要在功能或形态上得到改进，与原有产品产生差异，并为消费者带来新的利益，即被视为新产品。

（二）新产品的种类

新产品可分为6种基本类型。

（1）全新产品，即运用新一代科学技术制造的整体更新产品。

（2）新产品线，使企业首次进入一个新市场的产品。

（3）现有产品线的增补产品。

（4）现有产品的改进或更新产品，对现有产品的性能进行改进或注入较多新价值后的产品。

（5）再定位产品，进入新的目标市场或改变原有产品的市场定位后推出的新产品。

（6）成本减少产品，以较低成本推出的具有同样性能的新产品。

【案例】　"不发明，只改进"的松下

松下电器公司有23个最先进的生产研究室。但是，其一直奉行松下先生"只改进，不发明"的原则，专门针对公司买进的电器专利以及竞争对手的产品进行改进。松下先生认为，这样做与发明相比有几个好处：一是节省时间；二是降低费用；三是保证效益。例如，松下电器公司曾经成功地改进了索尼公司的"贝塔马克斯"录像机。虽然索尼公司的录像机先行进入市场，但是，因为松下电器公司改进后的录像机容量大、体积小、性能可靠，而且价格低，所以最后还是松下电器公司赚了大钱。

有时候"守旧"并不是坏事。把脚踏在基础台阶上的人，总比那些从深沟开始向上爬的人要先到达终点，况且，在经过"修正"之后，很多旧东西就是新的了。

二、新产品开发的组织

（一）新产品开发的组织形式

（1）产品线经理。

（2）新产品经理。

（3）新产品开发委员会。

（4）产品开发小组。

（二）团队导向的"同时型产品开发"组织

在新产品开发中，研究部门、设计部门、技术部门、生产部门、采购部门、市场营销部门和财务部门自始至终地通力合作，各种职能的交叉管理应始终贯穿于产品开发过程。

（三）新产品开发与经营管理体制

一些公司，特别是那些全球化公司，其经营管理体制在很大程度上决定着新产品开发的组织体制。

三、新产品的开发程序

一个完整的新产品开发过程要经历 8 个阶段：构思产生、构思筛选、提出新产品概念、营销计划、商业分析、新产品实体开发、试销和商品化。

（一）构思产生

进行新产品构思是新产品开发的首要阶段。构思是运用创造性思维，对新产品进行设想或创意的过程。缺乏好的新产品构思已成为许多行业新产品开发的瓶颈。一个好的新产品构思是新产品开发成功的关键。企业通常可从企业内部和企业外部寻找新产品构思。公司可寻找的内部构思可来源于研究开发人员、市场营销人员、高层管理者和其他部门的人员。这些人员与产品的直接接触程度各不相同，但他们的共同点便是都熟悉公司业务的某一或某几个方面，对公司提供的产品较外人有更多的了解与关注，因而往往能针对产品的优缺点提出改进或创新产品的构思。企业可寻找的外部构思可来源于消费者、中间商、竞争对手、企业外部的研究和开发人员、咨询公司、营销调研公司等。

（二）构思筛选

新产品的构思筛选是采用适当的评价系统及科学的评价方法对各种构思进行分析比较，从中把最有希望的设想挑选出来的一个过滤过程。在这个过程中，企业要力争做到除去亏损最大和必定亏损的新产品的构思，选出潜在盈利多的新产品的构思。构思筛选的主要方法是建立一系列评价模型。评价模型一般包括评价因素、评价等级、权重和评价人员。其中，确定合理的评价因素和给每个因素确定适当的权重是评价模型是否科学的关键。

（三）提出新产品概念

新产品构思是企业创新者希望提供给市场的一些可能的新产品的设想，新产品构思只是为新产品开发指明了方向，必须把新产品构思转化为新产品概念才能真正指导新产品的开发。新产品概念是企业从消费者的角度对产品的构思进行的详尽描述，也就是将新产品的构思具体化，描述出产品的性能、具体用途、形状、优点、外形、价格、名称、提供给消费者的利益等，让消费者能一目了然地识别新产品的特征，因为消费者不是购买新产品构思，而是购买新产品概念。新产品概念形成的过程也是把粗略的产品构思转化为详细的产品概念的过程。任何一种产品构思都可转化为几种产品概念。新产品概念的形成来源于针对新产品构思提出问题的回答，一般通过对以下 3 个问题的回答，可形成不同的新产品概念，即谁使用该产品、该产品提供的主要利益是什么、该产品适用于什么场合。

（四）营销计划

为已经形成的新产品概念制订营销战略计划，是新产品开发过程的一个重要阶段。该计划将在以后的开发阶段中不断被完善。营销战略计划包括 3 个部分：第一部分是描述目标市场的规模、结构和消费者行为，新产品在目标市场上的定位，市场占有率及前几年的销售额和利润目标等；第二部分是对新产品的价格策略、分销策略和第一年的营销预算进行规划；第三部分则是描述预期的长期销售量和利润目标，以及不同时期的营销组合。

（五）商业分析

商业分析是指对新产品概念进行财务方面的分析，即估计销售量、成本和利润，判断它是否能实现企业开发新产品的目标。

（六）新产品实体开发

新产品实体开发主要解决产品构思能否转化为在技术上和商业上可行的产品这一问题。它是通过对新产品实体的设计、试制、测试和鉴定来完成的。根据美国科学基金会的调查，新产品开发过程中的产品实体开发阶段所需的费用和时间，分别占总开发总费用的 30%、总时间的 40%，且对技术要求很高，是最具挑战性的一个阶段。

（七）试销

试销是对新产品正式上市前所做的最后一次测试，且该次测试的评价者是消费者。通过市场试销将新产品投放到有代表性的小范围目标市场中进行测试，企业才能真正了解该新产品的市场前景。试销是对新产品的全面检验，可为新产品是否全面上市提供全面、系统的决策依据，也为新产品的改进和市场营销策略的完善提供了启示，有许多新产品都是通过试销改进后才取得成功的。新产品市场试销的首要问题是决定是否试销，并非所有的新产品都要经过试销，企业可根据新产品的特点及试销对新产品的利弊分析来决定。如果决定试销，接下来是对试销市场的选择，所选择的试销市场在广告、分销、竞争和产品使用等方面要尽可能接近新产品最终要进入的目标市场。然后是对试销方法的选择，常用的消费品试销技术有销售波测试、模拟测试、控制性试销及试验市场试销。工业品常用的试销方法是产品使用测试，或通过商业展览会介绍新产品。然后是对新产品的试销过程进行控制，对促销宣传效果、试销成本、试销计划的目标和试销时间的控制是试销人员必须把握的重点。最后是对试销信息资料的收集和分析，如消费者的试用率与重购率，竞争者对新产品的反应，消费者对新产品的性能、包装、价格、分销渠道、促销等的反应。

（八）商业化

对于新产品商业化阶段的营销运作，企业应在以下几个方面慎重决策：何时推出新产品（针对竞争者的产品而言，有 3 种时机选择，即首先进入、平行进入和后期进入）；在何地推出新产品；如何推出新产品（企业必须制订详细的新产品上市的营销计划，包括营销组合策略、营销预算、营销活动的组织和控制等）。

四、新产品的推广

（一）新产品的特征与市场推广

1. 新产品的相对优点

新产品的相对优点越多，在诸如功能、可靠性、便利性、新颖性等方面比原有产品的优越性越大，被市场接受得就越快。

2. 新产品的适应性

新产品必须与目标市场的消费习惯以及人们的产品价值观相吻合。当新产品与目标市场的消费习惯、社会心理相适应或较接近时，则有利于市场推广。反之，则不利于市场推广。

3. 新产品的简易性

这是要求新产品的整体结构、使用方法等必须与目标市场的认知程度相适应。一般而言，新产品的整体结构和使用方法简单易懂，才有利于新产品的推广；消费品尤其如此。

4. 新产品的明确性

这是指新产品的特征或优点是否容易被人们观察和描述，是否容易被说明和示范。凡信息传播较便捷、易于认知的产品，其推广速度一般比较快。

（二）购买行为与市场推广

1. 消费者接受新产品的程序与市场推广

人们对新产品的接受过程，客观上存在着一定的规律。美国市场营销学者罗吉斯调查了数百人接受新产品的实例，总结归纳出人们接受新产品的程序和一般规律，认为消费者接受新产品的过程一般表现为以下 5 个重要阶段：认知→兴趣→评价→试用→正式采用。

（1）认知。这是个人获得新产品信息的初始阶段。新产品信息情报的主要来源是广告，或者其他间接的渠道，如商品说明书、技术资料等。显然，人们在此阶段是接受新产品的初始阶段，只是一般性的了解。

（2）兴趣。这一阶段，消费者不仅认识了新产品，而且产生了兴趣。在此阶段，消费者会积极寻找有关资料，并进行对比分析，研究新产品的具体功能、用途、使用等问题；如果满意，将会产生初步的购买动机。

（3）评价。这一阶段，消费者主要权衡采用新产品的边际价值。例如，通过对采用新产品获得的利益与可能承担的风险的比较，对新产品做出判断。

（4）试用。这一阶段，消费者开始小规模地试用新产品。通过试用，消费者评价自己对新产品的认识及购买的正确性如何。此时，企业应尽量降低失误率，详细介绍产品的性质、使用和保养方法。

（5）正式采用。消费者通过试用收到了理想的效果，放弃原有的产品，完全接受新产品，并开始正式购买、重复购买。

2. 消费者对新产品的反应差异与市场推广

在新产品的市场推广过程中，由于社会地位、消费心理、产品价值观、个人性格等多种因素的影响，不同消费者对新产品的反应具有很大的差异。通常可以将产品的采用者分为 5 种类型。

（1）创新采用者。创新采用者也被称为"消费先驱"，通常富有个性，勇于创新冒险，性格活泼，消费时很少听取他人意见，经济宽裕，社会地位较高，受过高等教育，易受广告等促销手段的影响，是企业投放新产品时的极好目标。

（2）早期采用者。一般是年轻，勇于探索，对新事物比较敏感并有较强的适应性，经济状况良好，对早期采用新产品具有自豪感的消费者。这类消费者对广告及其他渠道传播的新产品信息很少有成见，促销媒体对他们有较大的影响；但与创新采用者相比，他们持较为谨慎的态度。

（3）早期大众。这部分消费者一般思想较为开放，接受过一定的教育，有较好的工作和固定的收入，对社会中有影响的人物，特别是自己所崇拜的"舆论领袖"的消费行为具有较强的模仿心理；不甘落后于潮流，但由于特定的经济地位所限，购买高档产品时持非常谨慎的态度。他们经常是在征询了早期采用者的意见之后才采纳新产品。研究他们的心理状态、消费习惯，对提高产品的市场份额具有很大的意义。

（4）晚期大众。晚期大众指较晚地跟上消费潮流的人。他们的工作岗位、受教育程度及收入状况往往比早期大众略差，对新事物、新环境多持怀疑态度或观望态度，往往在产品进入成熟期后才加入购买。

（5）落后的购买者。这些人受传统思想的束缚很深，思想非常保守，怀疑任何变化，对新事物、新变化多持反对态度，固守传统的消费行为方式，在产品进入成熟期乃至衰退期时才能接受。

新产品的整个市场推广过程，从创新采用者到落后的购买者，形成完整的"正态分布曲线"，这与产品生命周期曲线极为相似，为企业规划产品生命周期各阶段的营销战略提供了有力的依据。

课堂讨论

1. 产品品牌与商标的关系是什么？
2. 新产品开发阶段与生命周期阶段的关系是什么？

能力形成考核

【知识测试】

1. 产品的整体概念对企业营销有什么启示？
2. 结合实际说明产品市场生命周期各阶段的特征以及企业应采取的营销策略。
3. 新产品有哪些种类？企业为什么要重视开发新产品？
4. 企业应如何进行商标的自我保护？
5. 常用的品牌策略有哪些？
6. 产品包装有哪些重要作用？如何选择包装策略？

【能力训练】

案例分析一

从专业化到多元化

江苏红豆集团是江苏省和无锡市的重点企业集团，红豆商标也被认定为中国驰名商标，产品通过 ISO9002 质量体系认证。到 1998 年，红豆集团实现销售收入 17.1 亿元，利税 1.51 亿元。

回顾红豆集团从昔日的小厂到今日的企业集团，红豆集团在产品开发上走过了一条从专业化到系列化、再创多元化的开拓之路，同时在"红豆"品牌的塑造上取得了巨大的成功。

红豆集团成立初期（1983-1991 年），产品主要以针织内衣为主，产品单一，专业化较强；从 1992 年开始，提出了企业要集团化、产品要形成系列化，为此围绕着产品系列化做文章，打破了原来单一生产针织内衣的模式，发展为生产西服、领带、羊毛衫等系列化的服装。由于品牌延伸策略成功，红豆服装被评为全国十大名牌。1995 年以后，红豆集团开始实行多元化经营，进行跨行业发展，跨出了原来单一的服装行业，进入了橡胶、机械行业。目前，红豆集团涉足服装、机械及橡胶三大产业。

有人对红豆集团的这一"跨行"作业不甚理解，认为红豆服装是国内名牌，应该继续努力，争创世界一流服装品牌。但红豆集团董事局主席周耀庭则认为：纵观世界 500 强企业，没有一家是专业服装企业，服装企业如果走专业化之路是做不大的；此外，服装业属于科技含量较低的行业，连个体户都能做，即使在设计上加大投入力度，个体户照样能模仿。

正因为如此，红豆集团才选择了一条从专业化到多元化的发展之路。

思考：

（1）红豆集团从起初的只生产针织内衣，发展到生产西服、领带、羊毛衫等，所运用的是何种产品组合策略？

（2）红豆集团为何要跨行业发展？

案例分析二

"孔乙己"茴香豆与"刘文彩"豆腐乳

鲁迅先生的著名小说《孔乙己》中，描绘了一个小知识分子孔乙己的潦倒、无奈与穷酸，特别是孔乙己在咸丰酒店吃一粒茴香豆喝一口酒的"借酒消愁"的情景，更使人久难忘记。

今日，绍兴已是著名的旅游城市。由于《孔乙己》的影响，无论哪里的游客，来绍兴不会不吃茴香豆，临走也不会忘记捎上几包送给亲朋好友。所以，在绍兴，卖茴香豆的比比皆是。

卖的多了，当然也就有了竞争，于是商家各出绝招，有的改进包装，有的改变口味，有的降价。这其中有一商家则把其生产销售的茴香豆注册成"孔乙己"牌，顿时生意火爆起来，并随之有人出十万元要购买其"孔乙己"商标，但被拒绝。现在，"孔乙己"茴香豆已很有名气，销售一直很火爆。

无独有偶，四川某县一豆腐乳生产厂家为了给其产品扬名，则打起了曾经的大地主恶霸刘文彩的"主意"。该厂在其生产的豆腐乳包装标志上赫然印上"刘文彩曾食用"字样，一时间社会哗然，褒贬不一，中央电视台"焦点访谈"节目还专门做了报道。由于其在包装上使用的鼓动性标识语带有严重的负面影响，最终被勒令取消。

思考：

为什么"孔乙己"茴香豆和"刘文彩"豆腐乳两者的初衷一致，但结果却各不相同？

【**技能提升**】

[**实训项目**]

为当地有名的产品做品牌策划。

[**实训目的**]

检验学生对品牌策略的应用情况。

[**实训任务**]

选择当地有名气的某一食品或生活用具，为其制订品牌推广策划方案。

[**实训步骤**]

（1）以小组为单位，组织学生外出考察某一企业。

（2）对调查情况进行分析讨论，写出品牌策划方案。

（3）派代表将策划方案送交所考察企业。

（4）课堂评析各小组的策划书。

[**考核评价**]

由任课教师负责实训指导与考核评价，其中预习准备10%，实际操作符合要求30%，实训记录完整20%，实训分析报告完整清晰30%，团队合作10%。

项目六

定价策略

学习目标

【知识目标】

1. 了解定价的目标与影响因素。
2. 掌握定价的方法。
3. 掌握定价的程序。

【能力目标】

1. 能够对某企业的产品或服务的定价方法（定价策略）进行分析，并能辨别其应用的定价方法或定价策略，分析其优缺点。
2. 能够根据市场的需求，对给定产品进行价格策划。

案例导入

都是价格惹的祸

据《京华时报》报道，2014 年 3 月 18 日一早，有网友发现，联想原价 1888 元的平板电脑产品 S5000 3G 版在联想商城和京东上的售价突然变成了 999 元，很多网友纷纷出手抢购。随后联想方面称由于其官方商城系统后台合并升级，导致错标了价格，并使得京东商城也以同样价格出售了这款产品。

联想相关人士表示，由于价格被标错，这款平板电脑在短短的几个小时内售出了 11 万台，由此给联想带来的损失接近 1 亿元。不过，联想方面表示不会取消 3 月 18 日在联想官方商城和京东商城的订单，并将依照下单价格按时发货。有业内人士认为，联想商城后台系统出故障有可能，但连京东商城也一起出错就很奇怪，"这很可能是联想的一种营销手段"。

启示：产品定价策略需要从产品的生产成本、竞争性产品的价格和消费者的理解价值及购买能力等几个方面考虑，并加以平衡。产品的生产成本决定了产品的最低定价，而同类产品的竞争性定价和消费者的理解价值及购买能力则制约着产品的最高定价。

任务1　影响定价的因素

影响定价的因素是多方面的，包括定价目标、产品成本、市场需求等。在此，我们仅对一些主要因素进行分析。

一、定价目标

在定价之前，企业必须对产品总战略做出决策。如果企业已经审慎地选择好目标市场和市场定位，那么确定营销组合战略，包括价格，便是一件相当容易的事了。例如，某企业管理人员经过慎重考虑，决定为收入水平高的消费者设计、生产一种高质量的豪华家具，这就意味着该企业应该制定一个较高的价格。此外，企业管理人员还要制定一些具体的营销目标，如利润额、销售额、市场占有率等，这些都对企业定价具有重要影响。企业的定价目标主要有以下几种。

（一）维持生存

维持生存是企业处于不利环境时制定的一种特殊的过渡性目标。当企业遇到产品供过于求、成本提高、竞争加剧、价格下跌的冲击时，为避免倒闭、渡过难关，往往以保本价格甚至亏本价格销售产品。在这种情况下，生存比利润更重要。只要价格能够补偿可变成本和一些固定成本，企业就能继续留在行业中。

（二）当期利润最大化

追求最大利润，几乎是所有企业的共同目标。但利润最大化并不等于制定最高价格。定价偏高，消费者不能接受，产品销售不畅，反而难以实现利润最大化的目标。同时，高价刺激竞争者介入和仿冒品增加，更有损于市场地位。一般做法是企业估计不同价格所对应的需求和成本，然后选择能够产生最大现期利润、现金流动和投资回报的价格。

（三）市场占有率最大化

市场占有率是衡量企业营销绩效和市场竞争态势的重要指标，因为赢得最高的市场占有率之后，企业将享有最低的成本和最高的长期利润。为了成为市场的领导者，企业应把价格尽可能地定低。

（四）产品质量最优化

企业也可以考虑产品质量最优化目标，并在产品生产和市场营销过程中始终以产品质量最优化为指导思想。这就要求用高价格来弥补高质量和研究开发的高成本。在产品优质优价的同时，还应辅以相应的优质服务。

二、产品成本

任何企业都不能随心所欲地制定价格。某种产品的最低价格取决于这种产品的成本。从长远看，任何产品的销售价格都必须高于产品成本，只有这样，才能以销售收入来抵偿产品成本，否则就无法经营。因此，企业制定价格时必须估算产品成本。

产品成本包括生产成本、销售成本和储运成本3个部分。

（1）生产成本。生产成本是企业在生产过程中所支出的全部生产费用，是原材料、辅助燃料等物化劳动消耗和劳动消耗价值的总和。生产成本与企业的劳动生产率成反比例关系。

（2）销售成本。销售成本是在流通领域中所花费的广告和人员推销费用等。市场竞争越激烈，这种成本就越高。

（3）储运成本。储运成本是在流通领域中所花费的运输和储存费用等。降低了储运成本，企业定价就有了极大的回旋余地。

三、市场需求

与成本决定价格的下限相反，市场需求决定价格的上限。考虑需求对定价的影响时，应把握以下几点。

定价策略

（一）供求关系

商品价格与市场供应成正比，与需求成反比。在其他因素不变的情况下，商品的供给量随价格的上涨而增加，随价格的下降而减少。而商品的需求量则随价格的上涨而减少，随价格的下降而增加。由此可见，商品价格的高低直接影响产品的销售。企业在给产品定价时，必须考虑市场供求关系对价格的影响。

（二）需求弹性

需求弹性指因价格变动而引起需求量的相应变动的比率，反映需求变动对价格变动的敏感程度。不同产品具有不同的需求弹性，根据需求弹性决定企业的价格决策，可考虑以下 3 种情况。

（1）标准需求弹性。反映需求量与价格的等比例变化，商品价格的上涨或下降会引起需求量等比例地减少或增加。因此，价格变化对销售额影响不大。企业进行价格决策时，可选择预期收益率为目标，采用随行就市的定价策略，同时辅以其他促销措施。

（2）需求弹性大。反映需求量的变化幅度大于价格的变化幅度，商品价格稍微上涨或下降会引起需求量大幅度地减少或增加。对这类商品，企业可采用降价策略，通过薄利多销达到增加利润的目的；而对涨价则需慎重考虑，以免引起需求量锐减，影响企业的收入。计算机类、服装类、装饰品类、旅游类等产品的需求弹性较大。

（3）需求弹性小。反映需求量变化的幅度小于价格的变化幅度，商品价格较大幅度的上涨或下降会引起需求量较小幅度的减少或增加。对这类商品，低价对需求量的刺激不大，薄利也未必多销。大米、食盐、食油等生活必需品的需求弹性就较小。

四、竞争者的产品和价格

一个正在考虑购买佳能照相机的消费者会把佳能照相机的价格和质量与其他竞争产品进行比较。所以，企业必须采取适当方式，了解竞争者所提供的产品的质量和价格，与竞争产品比质比价，更准确地制定本企业产品的价格。如果二者的质量大体一致，则二者的价格也应大体一样，否则可能影响本企业产品的销售。例如，假设佳能照相机类似于尼康照相机，那么佳能将不得不把价格定得接近于尼康，否则就会影响销售。如果本企业产品质量较高，如佳能照相机比尼康好，则价格可以定得较高；如果本企业产品质量较差，如佳能照相机不如尼康好，那么价格就应定得低一些。

五、国家方针、政策和法律法规

在社会主义市场经济条件下，社会主义基本经济规律对定价同样有重要的作用。企业定价时必须符合社会整体利益，必须执行和遵守国家的有关方针政策和法律法规。党和国家的方针、政策、法律、法规是根据一定时期国内政治经济状况及客观经济规律的要求而制定的。坚持党和国家的方针政策，执行和遵守各项法律法规是定价中遵循社会主义基本经济规律的具体体现，是使产品价格既不脱离国家政策轨道又具有一定灵活性的要求。

任务2 定价的方法与步骤

制定产品的价格是很复杂的工作，企业必须全面考虑各个方面的因素，按一定的步骤进行。一般来说，主要包括 6 个步骤：选择定价目标、测定需求弹性、估算成本、分析竞争对手的产品与价格、选择适当的定价方法和选定最后价格。本节仅对具体的定价方法进行阐述。

企业产品价格的高低要受市场需求、产品成本等因素的影响和制约。企业在制定价格时理应全面考虑这些因素。但是，在实际定价工作中，往往只侧重某一个方面的因素。大体上，企业定价有 3 种方法，即成本导向定价法、需求导向定价法和竞争导向定价法。

一、成本导向定价法

成本导向定价法是一种主要以成本为依据的定价方法，包括成本加成定价法和目标利润定价法两种具体方法，其特点是简便、易行。

（一）成本加成定价法

所谓成本加成定价法，是指按照单位成本加上一定比例的加成来制定产品销售价格的方法。加成的含义就是一定比例的利润，即以单位总成本加企业的预期利润定价，售价与成本之间的差额就是"加成"。其计算公式为：

$$单位产品价格=单位产品成本×（1+成本加成率）$$

例如，某电器零售商向制造商购买烤面包电炉，每台的购价是 20 美元，而在商店中的零售价为 30 美元，即在成本上加上了 50%的加成。该零售商的毛利是 10 美元。如果该商店每售出一台烤面包电炉的经营成本为 8 美元，则该零售商的净利为 2 美元。

此种方法的优点是简便易行，在正常情况下，可以使企业获得预期利润。但定价时只考虑产品成本，忽略了市场需求等因素，缺乏灵活性，难以适应变化的市场竞争环境。

但是成本加成定价法还是很流行的，这有许多原因。第一，成本的不确定性一般比需求少，盯住单位成本定价，可以大大简化企业的定价程序。第二，只要行业中所有企业都采用这种定价方法，则价格在成本与加成相似的情况下也大致相同，价格竞争也会因此降至最低限度。第三，许多人感到成本加成定价法对卖方和买方来讲都比较公平，当买方需求强烈时，卖方不利用这一有利条件谋取额外利益而仍能获得公平的投资报酬。

（二）目标利润定价法

目标利润定价法又称目标收益定价法、目标回报定价法，是根据企业预期的总销售量与总成本确定一个目标利润率的定价方法。

目标利润定价法的目标是保证企业达到预期的目标利润率。运用这种方法进行定价时需要用到收支平衡图。

目标利润定价法的计算公式为：

目标利润=（单位变动成本 + 单位固定成本）×预计销售量×成本利润率

产品出厂价格=[（单位变动成本+单位固定成本）×（1+成本利润率）] /（1–税率）

二、需求导向定价法

需求导向定价法是一种以市场需求强度及消费者感受为主要依据的定价方法，包括认知价值定价法、反向定价法和需求差异定价法 3 种。

（一）认知价值定价法

认知价值定价法又称理解价值定价法，是指企业根据消费者对产品的认知价值来制定价格的一种方法。

认知价值定价法的指导思想是：决定商品价格的关键因素是消费者对商品价值的认知水平，而不是买方的成本。因此，在定价时，先要估计和测量营销组合中的非价格变量在消费者心目中建立起来的认知价值，然后根据消费者对商品的认知价值制定商品的价格。

运用认知价值定价法的关键在于准确地计算产品所提供的全部市场认知价值。对消费者认知价值估计得过高或过低，都会影响定价。企业如果过高地估计认知价值，便会定出偏高的价格；如果过低地估计认知价值，则会定出偏低的价格。为准确把握市场认知价值，必须进行市场营销调研。

如果某一家企业的定价低于其认知价值，则它将得到一个高于平均数的市场占有率，因为当消费者与企业打交道时，其支付的货币可换回更多的价值。

【案例】

A、B、C 3 家企业均生产同一种开关，现抽一组产业用户作样本，要求它们分别就 3 家企业的产品予以评比，运用直接认知价值评比法，要求产业用户根据它们对 3 家企业开关的价值的认知，将 100 分在三者之间进行分配。假设分配结果为 42、33、25。如果这种开关的平均市场价格为 2 元，则我们可得到 3 个反映其认知价值的价格：2.55 元、2 元和 1.52 元。

（二）反向定价法

反向定价法又称可销价格倒推法，是指企业依据消费者能够接受的最终销售价格，计算自己从事经营的成本和利润后，逆向推算产品的批发价和零售价。这种定价方法不以实际成本为主要依据，而是以市场需求为定价出发点，力求使价格为消费者所接受。分销渠道中的批发商和零售商多采取这种定价方法。

（三）需求差异定价法

需求差异定价法是根据销售对象、销售地点和销售时间等条件的变化所产生的需求差异来确定价格的一种方法。这种定价方法的好处是可以使企业定价最大限度地满足市场需求，促进商品销售，有利于企业获取最佳的经济效益。

根据需求特性的不同，需求差异定价法通常有以下几种形式。

①以消费者为基础的差别定价。指对针对不同消费者的同一产品制定不同的价格。②以时间为基础的差别定价。指同一种产品虽然成本相同，但价格随季节、日期等的不同而变化。例如，快餐店在就餐高峰期和非高峰期的菜价有别。③以地点为基础的差别定价。随着地点的不同而制定不同的价格，比较典型的例子是影剧院、飞机、高铁等，其座位不同，票价也不一样。

三、竞争导向定价法

竞争导向定价法通常有两种具体方法，即随行就市定价法和投标定价法。

（一）随行就市定价法

随行就市定价法是指企业按照行业的平均现行价格水平来定价。在以下情况下往往采取这种定价方法：①难以估算成本；②企业打算与同行和平共处；③如果另行定价，很难了解消费者和竞争者对本企业价格的反应。

不论市场是完全竞争的市场，还是完全寡头竞争的市场，随行就市定价法都是同质产品的惯用定价方法。

在完全竞争市场上，销售同类产品的各个企业在定价时实际上没有多少选择余地，只能按照行业的现行价格来定价。某企业如果把价格定得高于市价，产品就卖不出去；反之，如果把价格定得低于市价，也会遭到降价竞销。在完全寡头竞争市场，企业也倾向于和竞争对手要价相同。这是因为，在这种市场上只有少数几家大企业，各企业彼此十分了解，消费者对市场行情也很熟悉，因此，各大企业的价格稍有差异，消费者就会转向价格较低的企业。所以，按照现行价格水平，在完全寡头竞争的需求曲线上有一个转折点。如果某企业将价格定得高于这个转折点，需求就会相应减少，因为其他企业不会随之提价（需求缺乏弹性）；相反，如果某企业将其价格定得低于这个转折点，需求则不会相应增加，因为其他企业可能也降价（需求有弹性）。总之，当需求有弹性时，寡头企业不能通过提价而获利；当需求缺乏弹性时，寡头企业也不能通过降价而获利。

在异质产品市场上，企业有较大的自由度决定其价格。产品差异化使消费者对价格差异不甚敏感。企业相对于竞争者总要确定自己的定位，或充当高价企业角色，或充当中价企业角色，或充当低价企业角色。总之，企业总要在定价方面有别于竞争者，其产品策略及市场营销方案也要尽量与之相适应，以应付竞争者的价格竞争。

（二）投标定价法

投标定价法即政府采购机构在报刊上登广告或发出函件，说明拟采购商品的品种、规格、数量等具体要求，邀请供应商在规定的期限内投标。政府采购机构在规定的日期内开标，选择报价最低的、最有利的供应商成交，签订采购合同。某供货企业如果想做这笔生意，就要在规定的期限内填写标单，上面填明可供应商品的名称、品种、规格、价格、数量、交货日期等，密封送给招标人（即政府采购机构），这叫作"投标"。这种价格是供货企业根据对竞争者报价的估计制定的，而不是按照供货企业自己的产品成本或市场需求来制定的。供货企业的目的在于赢得合同，所以它的报价应低于竞争对手的报价。这种定价方法叫作"投标定价法"。

然而，企业不能将其报价定得低于某种水平。确切地讲，它不会将报价定得低于边际成本，以免使其经营状况恶化。如果企业报价远远高于边际成本，虽然潜在利润增加了，但却减少了取得合同的机会。

任务3　产品定价策略

定价策略是指制定或调整价格的技巧。它是主要研究在不同的约束条件下达到定价目标的策略。定价策略与定价方法密切相关。定价方法着重于确定产品的基本价格，定价策略则着重于根据市场的具体情况，运用价格手段实现企业的定价目标。定价策略有很多种，归纳起来主要有以下几种。

一、产品组合定价策略

产品组合是指一家企业所生产经营的全部产品大类和产品项目的组合。大多数企业不仅只生产一种产品，如何从企业的总体利益出发，为每一种产品定价，发挥每一种产品的相关作用，是企业定价中经常遇到的问题。企业需制定系列的价格，从而使整个产品组合取得整体的最大利润。可分别采用以下产品组合定价策略。

（一）产品线定价

当企业生产的系列产品存在需求和成本的内在关联性时，为了充分发挥这种内在关联性的积极效应，企业可采用产品线定价策略。

首先，在定价时，要研究某种产品的最低价格，使它在产品线中充当领袖价格，吸引消费者购买产品线中的其他产品。

其次，确定产品线中某种产品的最高价格，这种产品在产品线中充当体现品牌质量和收回企业投资的角色。

最后，对产品线中的其他产品，也分别依据其在产品线中的位置而制定不同的价格。柯达（Kodak）公司将 110 型照相机的价格定得很低，作为"引诱品"，同时把附带产品必须使用的小型号专用胶卷的价格定得较高，以获取高额利润。

（二）单一价格定价

企业销售品种较多而成本差异不大的商品时，为了方便消费者挑选和内部管理的需要，可对所销售的全部产品采用单一的价格。例如，近几年北京市场上出现的"10 元店"，即商店内所销售商品的定价一律为 10 元。又如，国内的自助餐饭店，凡进店消费的消费者不管多吃少吃，都只需支付同样的费用。

二、地理定价策略

它是指与地理位置有关的修订价格的策略，即企业在制定价格时，针对不同地区的消费者采用不同的价格策略，主要是在价格上灵活反映和处理运输、装卸、仓储、保险等多种费用。这种策略在对外贸易中更为普遍。它主要有下列几种。

（一）产地价格

它又称"装运港船上交货价格"（FOB），是指消费者在产地按厂价购买产品，卖方负责将产品运至消费者指定的运输工具上，交货前的有关费用由卖方负担，交货后的有关运费、保险费等由买方负担。我国企业进口商品时多选择这种方式。

（二）买主所在地价格

它又称"成本加运费加保险费价格"（CIF）。这种策略与前者相反，企业不管将产品卖向何方，也不管买方所在地的远近，一律实行统一的运送价格，即把商品运到买方指定的目的地，到达目的地前的一切运费、保险费等均由卖方负担。

这种策略对卖方来说风险大，但利润也高。我国的出口业务中多选择这种方式。

（三）成本加运费价格

它又称 CFR 价格。内容与"买主所在地价格"相似，只是卖方不负担保险费。

（四）分区运送价格

它是"买方所在地价格"的一种变化形式，是指把整个市场划分为几个大的价格区域，在每个区域内实行统一价格。一般原材料和农产品实行此种价格策略。

（五）运费补贴价格

它是指卖方对距离远的买方给予适当的价格补贴，以补偿买方较高的运输费用。这实际上是一种运费折让。

三、新产品定价策略

（一）撇脂定价

所谓撇脂定价，是指在产品生命周期的最初阶段，把产品的价格定得很高，以攫取最大利润，如同从鲜奶中撇取奶油。企业之所以能这样做，是因为有些消费者主观认为某些商品具有很高的价值。根据市场营销实践的经验，在以下条件下企业可以采取撇脂定价。

（1）市场中有足够的消费者，他们的需求缺乏弹性，即使把价格定得很高，市场需求也不会大量减少。

（2）高价使需求量有所减少，进而产量减少一些，单位成本增加一些，但这不至于抵消高价所带来的利益。

（3）在高价情况下，仍然独家经营，别无竞争者。有专利保护的产品即是如此。

（4）某种产品的价格被定得很高，使人们产生这种产品是高档产品的印象。

> 【案例】　珍珠陈皮定价策略

20 世纪 80 年代和 90 年代初，罐头在我国市场上有很高的销量，尤其是水果罐头，更是受到广大消费者的喜爱。在汕头有一家罐头厂，以生产橘子罐头出名，但是剩下的橘子皮一直没有很好的处理方法，于是该厂便将橘子皮以 9 分钱一斤的价格送往药品收购站销售，但依然十分困难。该厂思考，难道橘子皮只能被做成陈皮才有用？经过一段时间的研究，该厂终于开发出"珍珠陈皮"这一新产品，将其制成了小食品。而且这种小食品具有养颜、保持身材苗条等功效。

以何种价格销售这一产品呢？经市场调查发现，妇女和儿童尤其喜欢吃零食，且在此方面不吝花钱，但其惧怕吃零食会导致肥胖，而珍珠陈皮正好解其后顾之忧，且市场上尚无同类产品。于是，该厂决定每 15 克袋装售价 1 元，合 33 元/千克。投放市场后，该产品销售火爆。

（二）渗透定价

所谓渗透定价，是指企业把其新产品的价格定得相对较低，以吸引大量的消费者，提高市场占有率。从市场营销实践看，企业采取渗透定价策略需具备以下条件。

（1）消费者对价格极为敏感，因此，低价会刺激市场需求迅速增长。

（2）企业的生产成本和经营费用会随着生产经营经验的增加而下降。

（3）低价不会引起实际和潜在的竞争。

四、心理定价策略

在制定价格时，有一个因素不可忽略，即定价策略中的心理因素。心理定价策略是充分了解、分析和利用消费者不同的消费心理，在采用科学方法定价的基础上，对价格进行一些灵活的甚至是艺术的调整。这并不是制定商品价格的主要因素，却有着明显的促销作用。

（一）尾数或整数定价

尾数定价策略是企业或零售商为产品制定一个与整数有一定差额的价格，使消费者产生心理错觉，从而促使其购买的一种价格策略。对于许多商品的价格，企业宁可定为 9.8 元或 10.2 元，也不定为 10 元，这是适应消费者购买心理的一种取舍。尾数定价使消费者产生一种"价廉"的错觉，可促进销售。在大多数消费者看来，带零头的价格是通过合理、精确的方法确定的，给人以货真价实的感觉，适应了消费者求廉、求信、求准的心理。当然，尾数定价一般适用于价值比较低的商品。相反，有的商品不被定价为 9.8 元，而被定为 10 元，这同样使消费者产生一种错觉，迎合了消费者"便宜无好货，好货不便宜"的心理。整数定价策略与尾数定价策略正相反，可以显示商品的高档，这是针对求名或自尊心较强的消费者所采用的定价策略。整数定价对低价商品来说不太适宜，但对高价商品却是适宜的。例如，一套家具若被定价为 1998 元，会让消费者产生不可信的感觉，而定为 2000 元可能会更好一些。

尾数定价

（二）声望性定价

一些消费者通过联想与想象，把商品价格与个人的愿望、情感、个性心理结合起来，来满足心理上的要求。例如，有的消费者热衷于追求时尚、高档的商品，以价格的高昂来炫耀自己的富有、能力和社会地位，他们通过拥有这类商品而获得心理上的满足。企业定价时可利用这种心理，将声誉好的商品的价格定得比市场同类商品高，即选择声望性定价策略。此种定价法有两个作用：一是提高产品的形象，以价格说明其名贵名优；二是满足消费者的地位欲望，适应消费者的消费心理。有些商品由于企业多年的苦心经营，在消费者中有了一定声誉，消费者对它们也产生了信任感，所以即使价格比一般商品高一些，消费者还是能够接受。这种定价策略特别适合药品、饮食、化妆品及医疗等质量不易鉴别的产品。例如，宝洁（P&G）公司生产的系列产品，尽管比同类产品价格高许多，但仍备受众多消费者的青睐。

这种方法能有效地消除消费者的心理障碍，使消费者对商品或零售商产生信任感和安全感，消费者也从中得到荣誉感。例如，微软公司的 Windows 98（中文版）进入我国市场时，定价为 1998 元人民币，便是一种典型的声望性定价。用于正式场合的西装、礼服、领带等商品的消费者多从事企业管理、外交等职业，对他们都应该采用声望性定价，否则，这些消费者就不会去购买。这种定价策略一般为那些具有较高声望的企业和较高声誉的著名品牌所采用，即所谓的"名牌高价"。对于在质量上高于市场同类商品或市场上尚无竞争品的商品，或者是可以作为礼品的商品，定高价不但是可能的，而且是必要的，因为定高价会满足一部分消费者的虚荣心，反而会激起他们购买的欲望。

（三）习惯性定价

消费者在长期的、大量的购买活动中，对某种商品需要支付多少金额会产生牢固的印象，渐渐在购买时形成了一种价格定势。这种价格定势心理对消费者的购买行为有着重要的影响，他们往往从习惯价格中去联想和对比价格的高低涨落，以及商品质量的优劣差异。企业对这类商品进行定价时，要充分考虑消费者的这种心理，不可随意变动价格，应比照市场同类商品的价格定价。否则，一旦破坏了消费者长期形成的消费习惯，就会使之产生不满情绪，导致购买的转移。例如，商家出售一瓶白酒的价格为 2.80 元，消费者早已形成习惯，但因厂家涨价，商家将其价格改为 3.00 元，消费者对此十分不满，转而购买其他白酒。

（四）梯子价格

美国一位名叫爱德华·华宁的商人，在波士顿市中心开了一家商店，广为宣传采用"梯子价格"降价销售商品的信息。其做法是：前 12 天按全价销售，从第 13 天到第 24 天降价 25%；第 25 天到第 30 天降价 75%；第 31 天到第 36 天，如仍未售出，则送给慈善机构。事实上，许多商品往往未经降价就被消费者买走了。其之所以敢采用此法，原因是他掌握了消费者的心理："我今天不买，明天就会被他人买走，还是先下手为强。"这是一种高明的折价策略，虽然折价，但折价比例的不确定性和折价活动时间的不确定性使消费者形成一种焦虑心理，担心赶不上便宜，消费者反而顾及不到折价与质量的关系。

（五）对比定价策略

一家专营玩具的商店购进了两种"小鹿"，造型和价格一样，只是颜色不同，上柜后很少有人问津。店老板想出一个主意：制造差价。他把其中一种小鹿的售价由 3 元提高到 5 元，另一种标价不变，然后把这两种价差鲜明的玩具置于同一柜台上。结果，提了价的小鹿很快被销售一空。

在对比之下，消费者会产生价格错觉，或使高价更高，或使低价更低，或者错误估计价格的差距。商家可以利用这种心理错觉，结合市场特点和经营目标，在定价上适当进行调整。例如，在书籍销售中，对比定价策略比较适用于不同装帧形式的同一种书。如果某一种书的精装本市场更大一些，可在多印精装本的同时，印制少量的平装本，并且将二者的定价差距尽量缩小，这样，消费者在对比后就会认为购买精装书比较合算，甚至有的消费者其实并不需要这本书，但在趋利心理的支配下，可能也会将书买下。同样，如果某一种书的平装本市场较好，也可在大量印制平装本的同时，印制少量的精装本，并将二者的定价差距尽量拉大，这样，消费者就会觉得平装本省钱，可以购买，从而促进平装本商品的销售。

（六）最小单位定价策略

它是指企业对同种产品按不同的数量包装，以最小包装单位制定基数价格；销售时，参考最小包装单位的基数价格与所购数量收取款项。通常包装越小，实际单位数量产品的价格越高，包装越大，实际单位数量产品的价格越低。例如，湖北某公司根据消费者的饮酒量，以 125mL、250mL、500mL 的体积数量包装、定价其生产的冰酒，以满足不同消费者的心理需求。这一策略的优点如下。

其一，能满足消费者在不同场合下的需求，如 250mL 装的酒对旅游者就很方便。

其二，利用了消费者心理错觉，因为小包装的价格使人误以为廉价。在实际生活中，消费者不愿意烦心去换算实际重量单位或数量单位商品的价格。例如，对于质量较高的茶叶，就可以采用这种定价方法。如果某种茶叶被定价为每 500 克 150 元，消费者就会觉得价格太高而放弃购买。如果缩小定价单位，采用每 50 克 15 元的定价方法，消费者就会觉得可以买来试一试。如果再将这种茶叶以 125 克来进行包装与定价，消费者就会嫌麻烦而不愿意去换算每 500 克应该是多少钱，从而也就无从比较这种茶叶的定价究竟是偏高还是偏低了。

（七）招徕定价

企业可利用节假日，举行"大减价"活动，采用让利招徕定价法定价。企业可利用开业庆典、开业纪念日或节假日等时机，降低某些产品的价格，以吸引消费者购买。例如，一些商店利用开学前的时机，降低学习用品的价格，吸引学生购买。

一些超市和百货商店将某几种产品的价格定得特别低，以招徕消费者前来购买正常价格的产品。采取招徕定价方法时，要注意两个方面的问题：一是特廉价格商品的确定，这种商品既要对消费者有一定的吸引力，又不能价值过高以致大量低价销售会给企业造成较大的损失；二是数量要充足，保证供应，否则没有购买到特价产品的消费者会有一种被愚弄的感觉，这会严重损害企业形象。

招徕定价法的目的是吸引消费者，利用的是注意力的扩散，引起消费者注意是增加销售额的前提。当消费者因特价等因素前来的时候，企业一定要注意采取措施使消费者的注意力发生分散，如将特价商品放置在商店靠里的位置，或在现场增加其他商品的 POP 广告，千万别让消费者进店后拿上特价商品就走。

（八）折扣定价

企业开始时给产品制定较高的价格，然后大幅度降价出售，如标出"原价 5000 元，现价 4500元"。采取这种方式，不得违反有关法规，如不得虚增原价，所标原价无根据、所标原价非本次降价前的售价等。日本三越百货公司针对消费者"便宜没好货"的心理，实行"100 元买 110 元商品"的错觉折价术，第一个月即增销 2 亿日元。表面上看，这和打九折似乎都是一样的，而实际上通过"100 元买 110 元商品"获得的利润比打九折要高出约 1%，但消费者对两者的反应却有显著差别。"九折法"给消费者的直觉反应是减价促销，质量可能有问题；"100 元买 110 元商品"则易使消费者产生货币价值提高的心理，达到刺激其购买欲望的目的。

心理因素是一双"看不见的手"，指挥着消费者的进退。消费者对价格的期望心理、对价格变化的理解以及价格错觉等在很大程度上影响其消费行为。企业可以根据不同时期、不同产品消费者的心理状态，灵活运用定价策略。在商业竞争中，企业必须关注消费者的心理，知己知彼，有的放矢，才能事半功倍，获得更高的利润、更大的发展。

课堂讨论

分析影响旅行社进行价格决策的主要因素。

能力形成考核

【知识测试】

1. 你认为哪一个定价目标最重要？企业在确定定价目标时应考虑哪些因素？

2. 产品定价有哪些方法？如何运用这些方法？

3. 目前我国的图书定价方法是哪一种？

4.消费者为何喜欢产品组合定价法?

5.为使差别定价策略奏效,必须具备哪些条件?

【能力训练】

一个关于珠宝定价的有趣故事

位于深圳的异彩珠宝店,专门经营由少数民族匠人手工制作的珠宝首饰。它位于游客众多、风景秀丽的华侨城(周围有著名的旅游景点:世界之窗、民族文化村、欢乐谷等),生意一直比较红火。客户主要有两类:游客和华侨城社区的居民(华侨城社区在深圳属于高档社区,生活水平较高)。

几个月前,珠宝店店主易麦克特进了一批由珍珠质宝石和银制成的手镯、耳环和项链等精选品。与典型的绿松石的青绿色调不同的是,珍珠质宝石是粉红色的。就大小和样式而言,这一系列珠宝中包括了很多种类。有的珠宝小而圆,样式很简单;而有的则要大一些,样式别致。不仅如此,该系列还包括了各种传统样式的由珠宝点缀的丝制领带。

与以前进的货相比,易麦克特认为这批珍珠质宝石制成的首饰的进价还是比较合理的。他对这批货十分满意,因为它们比较独特,可能会比较好销。在进价的基础上,加上其他相关的费用和平均水平的利润,他定了一个价格,觉得这个价格应该十分合理,肯定能让顾客觉得物超所值。

这些珠宝在店中摆了一个月之后,销售统计报表显示,其销售状况很不好。易麦克特十分失望,不过他认为问题并不在首饰本身,而是营销的某个环节。于是,他决定试试在中国营销传播网上学到的几种销售策略。例如,令店中某种商品的位置有形化。因此,他把这些珍珠质宝石装入玻璃展示箱,并将其摆放在该店入口的右手侧。可是,这些珠宝的销售情况仍然没有什么起色。接着,他在一周一次的见面会上建议销售员花更多的精力来推销这一独特的产品,并安排了一个销售员专门销售这批首饰。他不仅向员工们详尽描述了珍珠质宝石,还给他们发了一篇简短的介绍性文章,以便他们能记住并讲给顾客。不幸的是,这个方法也失败了。就在此时,易麦克特正准备外出选购产品。因对珍珠质宝石首饰销售下降感到十分失望,他急于减少库存以便给其他首饰腾出地方来存放。他做出了一个重大决策:将这一系列珠宝半价出售。临走时,他给副经理留下了一张字条:"调整珍珠质宝石首饰的价格,所有都×1/2。"

当他回来的时候,易麦克特惊喜地发现该系列所有的珠宝已被销售一空。"我真不明白,这是为什么?"他对副经理说,"看来这批首饰并不合顾客的胃口。下次我在新添宝石品种的时候一定要慎之又慎。"而副经理却对易麦克特说,她虽然不懂为什么要对滞销商品进行提价,但她惊诧于提价后商品出售的速度惊人。易麦克特不解地问:"什么提价?我留的字条上是说价格减半啊。""减半?"副经理吃惊地问,"我认为你的字条上写的是这一系列的所有商品的价格一律按双倍计。"

思考:

(1)请分析,为什么珠宝以原价 2 倍的价格出售会卖得这么快?

(2)异彩珠宝店是在哪一种市场中进行经营的?是垄断竞争市场、寡头市场还是完全垄断市场?是什么让你得出这样的结论?

(3)心理定价法对易麦克特有什么帮助?你在未来的定价决策方面会给易麦克特提出什么建议?

123

【技能提升】

[实训项目]

超市商品定价对比调查。

[实训目的]

检验学生对商品定价的理解，根据调查结果分析学生对定价策略知识的掌握程度。

[实训任务]

（1）任意选择 5 种商品，调查本市内该商品的价格。

（2）结合本章内容，对比分析各超市的商品定价策略。

（3）写出调查报告。

[实训步骤]

（1）以小组为单位，利用周末或课外活动时间进行调查。

（2）小组讨论分析，写出调查报告。

（3）课堂讲析调查报告。

[考核评价]

由任课老师负责指导与考核评价，其中预习准备 10%，实际调查符合要求 20%，初始记录完整 20%，实训分析报告完整清晰 40%，团队合作 10%。

项目七

渠道策略

学习目标

【知识目标】

1. 掌握营销渠道的概念和职能。
2. 了解营销渠道的类型。
3. 掌握影响渠道设计的因素。
4. 熟悉中间商的基本概念、重要特征，了解分销渠道的发展趋势。

【能力目标】

1. 掌握营销渠道的类型、能够初步设计分销渠道。
2. 具备营销渠道的管理和控制能力。
3. 具备与中间商沟通的能力。

案例导入

盼盼食品多元化渠道助力市场营销的启示

"兵马未动，粮草先行"，渠道就像粮草一样，是争夺市场的重要保证。盼盼食品集团打造的市场营销网络，覆盖了全国各省、市、县和乡镇，多元化是其一大特点。盼盼食品集团注重与大型、知名连锁商超的长期战略性合作，以保证盼盼食品在全国范围内销货。同时，为了突破休闲食品营销的传统模式，开创全新渠道运营模式，盼盼食品集团更是推出了零食连锁专营店——盼盼零零嘴，以此助推产品销售，实现了盼盼渠道"三驾马车"齐头并进的渠道运营模式。

传统零售企业转战互联网是大势所趋，盼盼食品集团顺应潮流，在天猫商城开设旗舰店，最大限度地拓展产品信息的覆盖范围。盼盼食品集团相关负责人告诉记者，他们利用互联网上的销售数据来分析盼盼食品的销售动态，为盼盼零零嘴直营店选址提供数据支持，同时还可依据单品销售数据把握消费者的消费趋势。

作为中国休闲食品的领军企业，盼盼食品集团凭借其在市场上清晰专注的发展战略、全面的销售网络、领先的专业产品研发能力，实现了自身在食品行业长期的持续稳定增长，多品牌、多品类、多元化渠道将盼盼食品集团铸造成为一个颇具实力的食品饮料帝国。

任务1　渠道概述

一、渠道的概念和功能

市场营销的真谛是要以消费者能够接受的价格，在其需要的时间、需要的地点提供其需要的产品和服务，那么，如何使消费者能在其需要的时间、需要的地点轻而易举地获得产品和服务呢？这就是渠道策略要研究和解决的问题。

（一）分销渠道的概念

美国市场营销学权威菲利普·科特勒说，分销渠道是指某种货物或劳务从生产者向消费者移动时，取得这种货物或劳务所有权或帮助转移其所有权的所有企业或个人。简单地说，营销渠道就是商品和服务从生产者向消费者转移过程的具体通道或路径。分销渠道主要包括商人中间商（因为他们取得所有权）和代理中间商（因为他们帮助转移所有权）。此外，它还包括作为分销渠道的起点和终点的生产者和消费者。对营销渠道的理解如下。

分销商

（1）起点是生产者，终点是消费者（生活消费）和用户（生产消费）。

（2）参与者是各种类型的中间商。

（3）前提是商品所有权的转移。

（二）分销渠道的功能

分销渠道的主要功能是将产品（服务）分销给消费者。在这一过程中，需要各方的共同努力，完成产品的一系列价值创造的活动，形成产品的形式效用、所有权效用、时间效用和地点效用。由此营销渠道的主要功能包括以下几个。

（1）市场调研。分析和传递有关消费者、行情、竞争者及其他市场营销环境的信息。

（2）寻求。寻求买者与卖者"双寻"过程中的矛盾，寻找潜在消费者，为不同细分市场消费者提供便利的营销服务。

（3）产品分类。解决厂商产品（服务）种类与消费者需要之间的矛盾，按买方要求整理供应品，如按产品相关性分类组合，改变包装大小、分级等。

（4）促销。传递与供应品相关的各类信息，与消费者充分沟通并吸引消费者。

（5）洽谈。使供销双方达成产品价格和其他条件的协议，实现所有权或持有权转移。

（6）物流。组织供应品的运输和储备，保证正常供货。

（7）财务。融资、收付货款，将信用延至消费者。

（8）风险。在执行营销任务过程中承担相关风险。

【案例】　如渠引水　大道无形

消费者需求是企业营销源头活水，销售渠道如灌溉系统。从我国农民几千年总结出来的田间管理经验中，我们的销售工作似乎可以得到一些启示。

事实上，在我们的销售工作中，制造商这一大水库，一直控制着整个灌溉系统流量。经销商是分散在各地的小水库，它从制造商那里获得水，并通过水渠向田间送水；零售商就是田间地头的蓄水池，农民从池里取水浇田。从大水库到小水库再到水池，这个水流的通道只有畅通无阻，才能保证水田地能够有水浇。

如果制造商只考虑蓄水——制造产品而没有通道向经销商输送产品，那么水库的水位只能越来越高，到最后可能导致决堤——企业会被其过大的库存拖垮；经销商同样也要平衡其小水库的蓄水量以及田间水池的需求，不同的一点是，灌溉中水池的需求是由下向上的，而经销商则要从上向下去推动零售商；零售商因为直接面对消费者，要清楚地知道田里什么时候浇水，什么时候向小水库要水，如何最近距离地靠近田地使农民浇地方便。

虽然都是蓄水设备，但制造商、经销商、零销商考虑渠道问题的侧重点是不一样的。制造商着重渠道的广度、深度、速度、到达率，经销商关注渠道政策、资金周转、利润，零售商则对产品的及时性、厂家的促销政策、产品的种类最为敏感。即使它们的侧重点有差异，但三方的利益却是同整个渠道的运营效率息息相关的。它们都要管好各自水库、小水库、水池的阀门，并共同清理水渠中的烂泥沉沙，使商品流效率得到最大限度提高，这样渠道的价值才能最大化，否则任何一处的堵塞影响到的都是整个灌溉系统。

二、渠道的类型及策略

市场营销人员有必要了解各种类型的分销渠道特征，以便选择适当的分销渠道策略，使产品顺畅地被销售出去。

（一）直接渠道与间接渠道

直接渠道和间接渠道的区别实际上就是企业在分销活动中是否通过中间商的问题。

1. 直接渠道

直接渠道又称直接销售，是指产品在从生产领域流向消费领域的过程中不经过任何中间商转手的渠道类型。一般生产资料通常通过这种渠道被销售，大约80%的生产资料是直接销售的。此外，消费品中的一些传统产业和新兴服务业也采用直接销售的策略。例如：

（1）农民在自己农场门口开设门市部，或者在市场上摆货摊，将其生产的蔬菜、水果、禽蛋等生鲜农产品直接销售给消费者；

（2）有些大制造商和面包房，自己开设零售商店，将其产品直接销售给消费者，或雇用推销员挨家挨户向家庭主妇推销产品；

（3）有些制造商采用申视、电话、电子商务和邮购等方式，将其产品直接销售给消费者。

但是，由于消费者市场的特点，大多数生产者无法将消费品通过直接渠道销售给广大消费者，而需通过间接渠道进行销售。

2. 间接渠道

间接渠道又称间接销售，是指产品从生产领域转移到消费领域要经过若干中间环节的分销渠道。间接渠道是销售消费品的主要渠道，大约有 95% 的消费品通过该渠道被销售。此外，一部分生产资料也通过若干中间商被转卖给生产性团体用户。

（二）短渠道和长渠道

根据商品在流通过程中所经过环节或层次的多少，营销渠道分为短渠道和长渠道。

1. 短渠道

短渠道是指商品在从生产领域向消费领域转移过程中仅仅通过一道中间商的营销渠道，其基本形式是生产者—零售商—消费者；生产者—批发商—产业用户；生产者—代理商—消费者或产业用户。

短渠道的优点是：可以加快商品流转速度，从而使产品迅速进入市场；可以减少中间商分割利润，从而维持相对较低的销售价格；有助于生产者和中间商建立直接、密切的合作关系。其缺点是：不利于在大范围内大批量销售产品，因此会影响销售量。

2. 长渠道

长渠道是指商品在从生产领域向消费领域转移过程中要通过两道以上中间商的营销渠道，其基本形式有生产者—批发商—零售商—消费者或用户；生产者—代理商—零售商—消费者或用户；生产者—代理商—批发商—零售商—消费者或用户。

长渠道的优点是：可以减少生产企业的资金占用、交易成本和其他营销费用；有助于生产企业开拓市场，从而提高商品销售量。其缺点是：会减慢商品流通速度，从而延缓商品上市时间，并且各个不同环节的中间商都要分割利润，从而会抬高商品售价。

（三）窄渠道和宽渠道

根据营销渠道中每一层次中间商数目的多少，营销渠道分为窄渠道和宽渠道。

1. 窄渠道

窄渠道是指商品在从生产领域向消费领域转移过程中使用较少数目同种类型中间商的营销渠道。

窄渠道的优点是有助于密切厂商之间的关系；有助于生产企业控制营销渠道。其缺点是：市场营销面较窄，从而会影响商品销售。

2. 宽渠道

宽渠道是指商品在从生产领域向消费领域转移过程中同时使用较多数目同种类型中间商的营销渠道。

宽渠道的优点：方便消费者购买，从而提高商品的销售量；促进中间商竞争，从而提高销售效率。其缺点：不利于密切厂商之间的关系，并且生产企业几乎要承担全部推广费用。

（四）分销渠道策略

分销渠道的宽与窄是和生产企业所采取的分销策略相关联的，一般有 3 种类型。

1. 密集分销

这是一种最宽的销售渠道。即在同一渠道环节层次上，生产企业尽量通过众多的中间商来推销其产品。这种策略的重点是扩大市场覆盖面或快速进入一个新市场，使众多的消费者或用户能随时随地地购买这些产品。一般消费品中的日用品和产业用品中的通用机具多采用密集分销。

2. 选择分销

它是指生产企业在某一地区仅通过几个最合适的中间商推销产品。是资深的公司或是新成立的公司，都可以通过承诺给予选择分销来吸引中间商的加入。这样，公司不必再为众多的中间商，特别是无利可图的中间商花费精力，同时公司可以与选中的中间商形成良好的协作关系，并期望得到高于平均水平的推销努力。选择分销策略的重点是着眼于市场竞争地位的稳固，维护本企业产品在该地区良好的信誉，同时使生产者取得足够的市场份额，比密集分销成本更低，企业可拥有更强的控制力。这一策略适于消费品中的选购品，大多数商品都可用这种销售策略。

3. 独家分销

它是指生产企业在某一市场对一种产品仅选择一个批发商或零售商销售，通过双方协商签订独家经销合同，规定生产企业不得让第三方承担购销业务。这一策略的重点是控制市场、控制货源的竞争对策，或者是彼此充分利用对方的商誉和经营能力，增强自己的推销能力。这样可调动中间商的经营积极性，其销售额可达到或超过通过众多中间商销售的总和。这一策略多见于新型汽车、大型家电和某些品牌服装的销售中。

任务2　中间商

各类中间商的存在是社会分工和市场经济发展的产物。生产与消费的分离，使二者在产品数量、品种、时间、地点和所有权等方面产生了矛盾。为有效地解决这些矛盾并节约社会劳动，就产生了在生产者和用户之间专职从事商品交换的中间商。

中间商

一、批发商

（一）批发商的性质

（1）从销售对象来讲，批发是指一切将物品或服务销售给为了转卖或者商业用途而进行购买的个人或组织的活动。其中主要包括把商品卖给批发商、零售商用于转卖；把商品卖给制造商、矿商等用于工业生产；把商品卖给农场主用于农业生产；把商品卖给商业用户（旅馆、饭店、食堂等）、公共机关用户（学校、医院、监狱等）、政府机构等。批发商是专门从事批发贸易，为上述单位服务的商业企业，它是生产企业与生产企业之间，生产企业、商业企业、各种用户之间以及批发企业与零售企业之间的中间人或桥梁，因而批发商联系面广，市场信息灵通，在许多商品行业中素有"市场的耳目"之称。

（2）从销售批量来讲，批发商也由于销售的对象是企业、机关用户，因此销售批量较大。有人认为，零售商业的销售额大于批发商业的销售额，因为零售企业从批发企业进货以后还要加上一定毛利，再转卖给最终消费者。其实不然，批发商业的销售额要大于零售商业销售额。例如，美国批发商业的销售额大约是零售商业销售额的 1.5 倍；日本批发商业的销售额为零售商业销售额的 4 倍。这主要是因为商品在零售环节只被转卖一次，而在批发环节一般要经过两次以上的转卖；把商品卖给各种用户（包括商业用户、公共事业用户、政府机构等）属于批发，把商品销售到国外也属于批发。

（3）从地区分布来讲，由于批发商从事批发贸易，为生产企业、各种用户、批发企业、广大零售企业服务，因此通常都集中在全国性的大城市（即人口、工业生产、商业、金融业、仓储以及交通运输业等集中的全国性经济中心），中小批发商通常都集中在地方性的中小城市。

（二）批发商存在的必要性

在 19 世纪，西方国家独立批发商、某些商品代理商在分销渠道中占有很重要的地位，到 20 世纪二三十年代，由于集中和垄断的发展，市场竞争激烈，大制造商纷纷设置自己的推销机构，越过批发商、代理商，将其产品直接批售给零售商，甚至直接卖给最后消费者；同时，连锁商店迅速发展，这种大零售商财力雄厚，进货批量大，通常设有自己的采购中心，直接向制造商大量采购货物，也不通过批发商进货。批发商、代理商受到了大制造商和大零售商的两面夹击，其地位有所下降。基于这种情况，美国有许多人预言，随着连锁制造商和零售商的发展壮大，连锁商店的兴起和发展，批发商存在的日子已屈指可数。在其他西方国家，也有类似论调。但事实上，批发商并没有被淘汰，相反，随着经济增长，批发商的批发销售额也相应增长。这是由批发商存在的客观必然性决定的。

（1）小型制造商财力有限，无法单独设立一个直接销售部门，而批发商的存在，就解决了这一难题。

（2）大制造商虽财力雄厚，但宁愿将资金投在生产设备上，以创造更高的效率，而不愿投资于费用高昂的分销渠道上。

（3）批发商在分销上可以享有规模效益，而且它与零售网点接触多，还具有进货、批发的专门技术，因此，生产者认为批发商分销效率高，愿与之合作。

（4）零售商经营品种繁多，一般也不大可能每种商品都从生产者那里进货，因而那些经营品种有限的生产者更需批发商解决产品销售难题。

（三）批发商的职能

（1）销售与促销职能。批发商通过其销售人员的业务活动，可以使制造商有效地借助众多的小客户，促进销售。

（2）整买零卖职能。批发商可以整批地买进商品，再根据零售商的需要批发出去，从而降低零售商的进货成本。

（3）采购与搭配货色职能。批发商代替消费者选购产品，并根据消费者需要将各种货色进行有效的搭配，从而使消费者节省不少时间。

（4）仓储服务职能。批发商可将商品存储到出售为止，从而降低供应商和消费者的存货成本和风险。

（5）运输职能。批发商一般距零售商较近，可以很快地将商品送到消费者手中。

（6）融资职能。批发商可以向客户提供信用条件，提供融资服务；此外，如果批发商能够提前订货或准时付款，也等于为供应商提供了融资服务。

（7）风险承担职能。批发商在分销过程中，由于拥有商品所有权，故可承担失窃、瑕疵、损坏或过时等各种风险。

（8）提供信息职能。批发商可向其供应商提供有关卖主的市场信息，如竞争者的活动、新产品的出现、价格的剧烈变动等。

（9）管理咨询服务职能。批发商可经常帮助零售商培训推销人员、布置商店以及建立会计系统和存货控制系统等，从而提高零售商的经营效益。

（四）批发商的类型

（1）商人批发商（独立批发商）是指自己进货，取得商品所有权后再批发售出的商业单位。这是最常见的批发商类型。商人批发商按职能和提供的服务是否完全，还可分为两种类型。

① 完全服务批发商。这类批发商执行批发商业的全部职能，它们提供的服务主要有保持存货、雇佣固定的销售人员、提供信贷、送货和协助管理等。它们又可分为批发商人和工业分销商两种。批发商主要向零售商销售产品，并提供广泛的服务；工业分销商向制造商而不是向零售商销售产品。

② 有限服务批发商。这类批发商为了减少成本费用，降低批发价格，只提供一部分服务。

（2）商品代理商是指从事购买或销售或二者兼备的洽商工作，但不取得商品所有权的商业单位。与商人批发商不同的是，它们对其经营的产品没有所有权，所提供的服务比有限服务批发商还少，其主要职能在于促成产品的交易，借此赚取佣金。商品代理商主要有以下几种形式。

① 商品经纪人。商品经纪人指不实际控制商品，受委托进行购销谈判的代理商。他们联系面广，认识许多买主和卖主，了解哪些卖主要卖什么，哪些买主要买什么，他们主要的作用是为买卖双方牵线搭桥，促成买主和卖主成交。成交后卖主把货物直接运给买主，而经纪人向委托人收取一定的佣金。

② 制造商的代理商。制造商的代理商是指在签订合同的基础上，为制造商销售商品的代理商。其通常在某一地区销售非竞争而又相关的商品，对商品售价及销售条件的决定权有限，可能被指定销售其委托产品的特定部分或全部，制造商则按销售额的一定百分比付给佣金。那些无力为自己雇佣外勤销售人员的小公司往往雇佣代理商；另外，某些大公司也利用代理商开拓新市场，或在那些难以雇佣专职销售人员的地区雇佣代理商作为其销售代表。

③ 销售代理商。销售代理商是指在签订合同的基础上，为委托人销售某些特定商品或全部商品的代理商，可全权决定价格、条款及其他交易条件。它与制造商的代理商的不同之处如下。

● 每个制造商只能使用一个销售代理商，而且制造商将其全部销售工作委托给某一个销售代理商后，不得再委托其他代理商代销产品，也不得再雇佣推销员去推销产品，而每一个制造商可以同时使用几个制造商的代理商。此外，制造商还可以设置自己的推销机构。

● 销售代理商通常替委托人代销售全部产品，而且不限定在一定地区代销，它在规定销售价格等销售条件方面有较大权力，即销售代理商实际上是委托人的独家全权销售代理商。

④ 拍卖行。拍卖行为买主和卖主提供交易场所和各种服务项目，以公开拍卖方式决定市场价格，组织买卖成交，并从中收取规定的手续费和佣金。

二、零售商

（一）零售商的形式

零售是指个人或企业单位把商品直接卖给最后消费者用于个人生活消费的销售活动。零售的形式多种多样，随着经济的发展、城市的变迁、人们消费习惯的变化而不断发生着变化，一些新形式兴起，一些旧形式被淘汰。零售商是从事零售业务的中间商。目前存在的零售商主要有以下几种形式。

1. 百货商店

百货商店起源于 19 世纪中叶，商店规模较大，经营商品范围广，商品档次较高，属大型综合性商店。其内部按照服装、家庭日用品、洗涤化妆品、五金商品、文化用品等分为不同的商品部。每一大类商品部都经营许多品种、规格的商品。百货商店大多设在城市繁华的闹市区和郊区购物中心，商店内部装饰豪华，橱窗陈列琳琅满目，销售方式多采用传统方式，由售货员为消费者介绍、取送商品、解答问题、包装商品。百货商店特别是豪华大型的百货商店经营的主要是优质、高价、时尚的名牌商品，并为消费者提供多种服务。由于百货商店之间竞争激烈，还有来自其他零售商，特别是专用品连锁店、仓储式超市的激烈竞争，加上交通拥挤、停车困难和中心商业区的衰落，百货商店正逐渐失去往日的魅力。为了应付挑战，百货商店采取了一系列的措施，如改变以往"大而全"的形象，努力将自己定位于"小而精、精而全"的主体化经营。

2. 专业商店

专业商店是专业化程度较高的零售商店，这种商店专门经营某一类商品，但产品的花色品种较为齐全，如服装店、体育用品商店、家具店和书店等。这类商店通常以经营该类商品中各具特色的高中档品种为主，价格亦偏高，但能给消费者充分选择的余地，满足各种特殊需求，且服务项目齐备。

3. 超级市场

超级市场源于 20 世纪 30 年代，在第二次世界大战后才在美国迅速发展起来，随后被推广到世界各地。超级市场是以自我服务、低价销售为特征的零售商，主要经营食品。它的经营特点主要是：连锁经营，总店下设很多分店，统一采购配送商品、统一经营管理；采购与销售分离；经营的主要是各类食品、洗涤用品和家庭日用品等。

4. 便利商店

便利商店是设在居民区附近的小型商店，营业时间长，销售品种有限、周转率高的日用品，其营业价格要高一些。消费者主要利用便利商店进行"填充"式采购。便利商店由于可以在购买场所、购买时间、商品品种上为消费者提供方便，从而成为人们生活中不可缺少的购物场所。

5. 仓储式商场

仓储式商场是一种以大批量、低成本、低售价和微利多销的方式经营的连锁式零售企业。仓储式商场一般以会员制为基本的销售和服务方式，以工薪阶层和机关团体为主要服务对象，旨在满足一般居民的日常性需求，同时满足机关、企业的办公性和福利性消费的需要；经营上，运用各种可能的手段降低经营成本，如针对仓库式货架陈设产品，将商店选址在次商业区或居民住宅区，产品以大包装形式供货和销售，不做一般性商业广告，仓店合一，使用先进的计算机管理系统，及时纪录分析各店的销售情况，不断更新经营品种，这既为商场提供了现代化管理手段，也减少了雇员的人工费用支出。

（二）零售商业的营销决策

在零售竞争中，许多企业竞相采取不同的零售营销组合以增强企业形象，避免陷入与竞争者过于相同的境地，从而使零售经营形式多样化。零售商可以从决定目标市场、货色搭配、服务与商店气氛、价格、促销和地点等方面做出零售商业的营销决策。

1. 目标市场决策

零售商最重要的决策是选择目标市场。即商店应面向高档、中档还是低档购物者。目标消费者的需要是多样化、品种搭配的深度还是便利。只有明确限定目标市场，零售商才能对货色搭配、商场装饰、广告媒体、价格水平等做出一致的决策。许多零售商没有明确其目标市场或者想要满足的市场太多，结果往往不能满足任何市场。

2. 货色搭配决策

零售商的货色搭配应与目标市场的购物期望相匹配。事实上，货色搭配已经成为在相似零售商之间进行竞争的关键因素。零售商必须决定货色搭配的宽度和深度。因此在餐饮业中，一家餐厅可提供窄而浅的搭配（小型午餐柜台）、窄而深的搭配（熟菜店）、宽而浅的搭配（自助餐厅）和宽而深的搭配（大型餐馆）。另一种货色搭配的标准是产品的质量。消费者不仅对选择的范围感兴趣，而且对产品质量也感兴趣。

3. 服务与商店气氛决策

零售商还必须确定向消费者提供的服务组合。表 7-1 所示为完全服务的零售商提供的某些典型服务。这种服务组合是在竞争中商店之间实现差异化的主要手段。

表 7-1　　　　典型的零售服务

售前服务	售后服务	附加服务
1. 接受电话订购	1. 送货	1. 支票付现
2. 接受邮购	2. 常规包装	2. 普通服务
3. 广告	3. 礼品包装	3. 免费停车
4. 橱窗展示	4. 调货	4. 餐厅
5. 店内展示	5. 退货	5. 修理
6. 试衣间	6. 换货	6. 内部装修
7. 节省购物时间	7. 裁剪	7. 信贷
8. 时装表演	8. 安装	8. 休息室
9. 折价券	9. 雕刻	9. 幼儿看护服务

气氛是商店进行竞争的另一个要素。商店必须具备井然有序、适合目标市场并能吸引消费者前来购物的气氛。超市的管理人员发现变换音乐速度会影响消费者在商店的平均逗留时间和平均开支。有的超市则在探索通过在货架上张贴标签散发香味，以刺激消费者的饥饿感或干渴感。

4. 价格决策

零售商的价格是一个关键的定位因素，必须根据目标市场、产品服务搭配组合和竞争情况来加以确定。所有的零售商都希望以高价销售，并能提高销售量，但是往往难以两全其美。大部分零售商可分为高加成、低销量（如高级专用品商店）和低加成、高销量（如大型综合商场和折扣商店）两大类。

5. 促销策略

零售商使用的促销方法能支持并加强其形象定位。高档商场会在《时尚》《消费指南》等杂志上刊登整版的文雅广告。超市在广播电台、报纸上大做广告，宣传其商品价格低廉，富有特色。在使用销售人员、销售促进和广告方面也各具特色。

6. 地点决策

零售商总是强调零售成功的 3 个关键因素是地点、地点，以及地点。零售商能否吸引消费者的关键要素是其如何选择地点，如消费者一般选择最近的银行和加油站。百货公司连锁店、快餐专卖受许人在选择地点上尤为小心谨慎。这一问题再进一步细分就是在哪些国家设立分店，然后是具体在哪些城市，进而是在哪些地段。

此外，大型零售商还必须解决一个问题，即是在许多地点设立若干小店，还是在较少地区设立较大的商店。

鉴于消费者流量大和租金高这两者之间存的矛盾，零售商必须为自己的商店选择最有力的地点。它们可使用各种不同的方法对地点进行评估，如统计交通流量、调查消费者购物习惯、分析有竞争能力的地点等。

三、连锁商店与特许经营

连锁经营和特许经营以其快速的延伸性、复制性和强大的规模效益，日益成为现代零售业最主要的企业组织形式和经营方式。

（一）连锁商店

连锁商店即由同一公司所有，统一经营管理，经营相同或相似的商品大类，实行集中采购，由两个或两个以上分店组成的零售商店。连锁商店有标准的商店门面和平面布置，以便于消费者识别和购物，以增加销售量。连锁商店由于规模大，在进行业务洽谈时，处于优势地位，能争取到较优惠的采购条件和较低的价格，从而降低了成本，获得了规模效益。

连锁商店可以是超级市场的连锁、专业商店的连锁、百货商店的连锁，也可以是旅店连锁、快餐馆连锁。应该说连锁是一种组织形式，而非经营方式。

由于各国法律规定的不同，有些连锁商店也并不都属于同一所有者，或服从同样程度的统一管理。根据所有权和集中管理程度的不同，连锁店可分为直营连锁店、自愿连锁店和零售合作社这 3 种。其中，直营连锁店为同一所有者所有，统一店名、统一管理；自愿连锁店是独立商店通过契约形式建立的，通常由一批发商牵头，统一管理，统一采购；零售合作社主要是一群独立的零售商组成的一个集中采购组织。

20 世纪 90 年代以来，连锁商店在我国获得了迅速发展。最初是超市和便利店，代表有上海华联超市、北京好邻居连锁，随后发展到众多行业，如药店、鞋店、百货商店、书店等。

连锁的发展有助于零售企业克服由于消费者分散、店址固定、单店规模小、经营成本高的困难，使企业可通过统一进货、统一的标准化管理和统一广告宣传获得规模效益。连锁经营是商业、服务业的发展趋势。

（二）特许经营

特许经营是指特许人与受许人之间通过协议授权受许人使用特许人已经开发出的品牌、商号、经营技术等的权利。为此受许人必须先付一笔首期特许费，以后每年按销售收入的一定比例支付特许权使用费，换得在一定区域内使用该商号出售该商品或服务的权利，并必须遵守合同中的其他规定。

现代特许经营起源于 1851 年的美国，胜家缝纫机公司开始推销它的产品时建立了第一个特许零售系统。第二次世界大战后，特许经营方式在汽车公司、各式商店、药店和就业代理机构中盛行，特许经营企业迅速增加，尤其以快餐业最为典型。到了 20 世纪 90 年代，特许经营行为开始强调全球特许经营。

【案例】　麦当劳的特许经营

　　世界知名的快餐连锁企业麦当劳的各分店都是由当地人所有和经营管理的。麦当劳公司在采取特许连锁经营这种战略开辟分店和实现地域扩张的同时，特别注意对连锁店的管理控制。为此，麦当劳公司制定了一套全面、周密的控制方法。

　　麦当劳公司主要通过授予特许权的方式来开辟连锁分店。其考虑之一就是使购买特许经营权的人在成为分店经理的同时也成为该分店的所有者。麦当劳公司在出售其特许经营权时非常慎重，总是通过各方面调查了解后挑选那些具有卓越经营管理才能的人作为店主，而且事后如发现其能力不足则撤回这一授权。

　　麦当劳公司还通过具体的程序、规则和条例，使分布在世界各地的麦当劳分店的经营者和员工们都进行标准化、规范化的作业。为了确保所有特许经营分店都能按统一的要求开展活动，麦当劳公司总部的管理人员还经常走访、巡视世界各地的经营店，进行直接的监督和控制。

　　麦当劳公司的另一个控制手段就是要求所有经营分店都塑造公司独特的企业文化，这就是大家所熟知的由"质量超群，服务优良，清洁卫生，货真价实"口号所体现的文化。麦当劳的顾客虽然要自我服务，但公司特别重视满足顾客的要求，如为他们的孩子开设游戏场所、提供快乐餐和生日聚会等服务，以形成家庭式的氛围，这样既吸引了孩子们，也增强了成年人对公司的忠诚感。

1. 特许经营的特点

（1）在特许经营中，受许人对自己的店铺拥有自主权，即自己仍是老板，人事和财务均是独立的，特许人无权干涉，这不同于连锁商店。

（2）特许人根据契约规定，在特许期间提供受许人开展经营活动所必需的信息、技术、知识和训练，同时授予受许人在一定区域内独家使用其商号、商标或服务项目等。

（3）受许人在特定期间、特定区域享有使用特许人商号、商标、产品或经营技术的权利，同时必须按契约的规定从事经营活动。例如，麦当劳要求受许人定期到公司的汉堡包大学接受如何制作汉堡包及管理方面的培训；对所出售的商品有严格的质量标准和操作程序的要求，还有严格的卫生标准和服务要求。

（4）特许关系中明确规定的一点是受许人不是特许人的代理人或伙伴，没有权力代表特许人行事，受许人要明确自己的身份，以便在同消费者打交道时不致发生混淆。这是特许经营关系与代理的本质区别。

（5）在特许经营中，契约规定：特许人按照受许人营业额的一定比例收取特许费，分享受许人的部分利润，同时也要分担部分费用。例如，麦当劳收取的特许费用约为受许人营业额的12%，同时其承担培训员工、管理咨询、广告宣传、公共关系维护和财务咨询等责任。

2. 特许经营的主要类型

（1）产品、商标型特许经营。这是一种传统特许经营方式。在这种方式中，特许人通常是一个制造商，同意授权受许人对特许产品或商标进行商业开发。在美国，这种特许大约占所有零售特许商店的 70%，最典型的有汽车制造商授权的 4S 店、石油公司授权的加油站等。

（2）经营模式型特许经营。该类型又称第二代特许经营，是近一二十年发展较快的经营形式。在这种形式下，特许人与受许人之间的关系更为密切，受许人不仅被授予使用特许人的商号，还能得到其全套的经营方法、指导和帮助，包括商店选址、产品或服务的质量控制、人员培训、广告、财务系统及原材料供应等。这种经营方式常见于餐馆、旅馆、洗衣房等。麦当劳就是利用这一特许经营形式最成功的例子。

3. 特许经营的优点

从许多方面来说，购买一项特许经营权非常吸引人。而其最主要的优点就是它成功的可能性大，将经营失败的危险降至最低。对于一个缺乏经验的投资者来说，自己开一家店铺，个体经营，是很困难的。因此，进行特许经营有时是一种明智的选择。根据国际经营协会统计，国外普通企业，第一年的破产率达 35%，5 年后的破产率达 92%；而加盟企业第一年的破产率是 5%，5 年后也只有 12%。

其次，受许人通常还会得到全国性的品牌形象支持。其只要能拿出足够开店的资金，借助特许人的商号、技术、服务等，便可以开展经营活动。受许人由于继承了特许人的商誉，在开业之前便拥有了良好的企业形象，易于给消费者亲切感，许多活动都可以在一个好的招牌和制度下受到推动。

另外，受许人还可共享规模效益，将开业成本降至最低。受许人在原材料采购、广告宣传等方面都可获得规模效益，在这方面，特许经营比单店经营有着明显的优势。受许人还可分享特许公司技术开发的成果，获得其他方面的许多支持和服务。

4. 特许经营的缺点

特许经营就像一枚硬币，具有双面性。受许人取得上述利益的同时，也要付出代价或做出某些牺牲。

（1）受许人必须遵循特许人的要求，很少有创新的余地。由于特许人对全体受许人的经营一致性有严格要求，以稳定由受许人提供给消费者的服务或产品的质量，因此，各受许人想完全自主经营是不可能的。

（2）投资者加入特许经营组织，无形中将自己的投资得失与整个特许系统连在一起，形成命运共同体。如果特许经营总部不擅长业务和管理，会使受许人受到株连；如果个别受许人失败，其他受许人形象和信用也会受到不良的连带影响。

（3）加盟条约限制经营业务的转让。受许人如果要中途终止合同，特许人出于自身利益考虑，往往不会同意。如果受许人将生意转卖给第三者，或迁移他地，在未得到特许人同意之前，私自行动是不被允许的，即使该店工地和建筑物都归受许人所有。

【案例】 美国零售业第一——沃尔玛折价百货连锁公司

沃尔玛折价百货连锁公司的创始人和总裁山姆·沃顿曾获得美国总统亲自颁发的"总统自由奖章"——美国平民的最高荣誉。其原因是他从无到有，在小镇上建起了当今美国最大，也是最成功的零售"帝国"。

他于 1949 年决定经营零售店，以开创自己的事业。1962 年，山姆决定经营折扣百货商店，并于同年 7 月在阿肯色州的罗杰开店经营。商店获得了巨大成功，第一年营业额就达到 70 万美元，截至 20 世纪 60 年代末，沃尔玛已有 18 家分店，加上原有的 14 家小杂货连锁店，总销售收入增至 3 000 万美元，其中折价百货店的销售收入占了 74%。20 世纪 80 年代，沃尔玛开始通过兼并迅速向其他地区扩展，以每年新增 100～150 家分店的速度，其市场范围从 9 个州发展到 25 个州。同时，山姆开始尝试新的零售形式。

他主要尝试了 3 种新形式。

（1）超级中心。经营范围包括一个沃尔玛式的折价百货店和一个城区超市，山姆的出发点是通过增加食品吸引顾客更频繁地光顾商店。

（2）赛姆斯俱乐部，即会员制批发俱乐部。其经营的商品主要是周转快的家庭用品，品种只有一般折价百货店的 5%。

（3）特级市场。这种零售店规模更大，不仅有百货食品，通常还设有餐厅、美容院、干洗店等，类似于一个购物中心。

20 世纪 80 年代的继续高速发展，使沃尔玛在 1990 财政年度以 326 亿美元的销售收入成为美国第一大折价百货连锁公司和第一大零售业公司。

专家们认为，沃尔玛的成功可归功于以下几点。

（1）将顾客和公司员工视为上帝。

（2）在小城镇发展的战略。

（3）成本控制：包括严格控制进货成本、严格控制配销成本、较低的广告促销费和人员精简的组织结构及山姆本人节俭作风的影响。

（4）购买美国货和保护环境。

（5）利用新技术。

任务3　分销渠道决策

一家生产企业要在经营上取得成功，必须在了解营销环境的基础上，进行分销渠道决策。这就要求企业首先了解影响分销渠道的因素，其次挑选具体的中间商，并对其进行有效管理和控制。

一、影响分销渠道决策的因素

（一）产品因素

1. 单位价值的高低

一般而言，产品单价越低，分销渠道越长，反之，价值越高，分销渠道越短。例如，一些日用百货一般都要经过几个中间商才到达消费者手中，而一些价格昂贵的产品，不易使用过多的中间商，甚至可选择直销。

2. 体积和重量

一些体积大而笨重的商品运输较为困难，所以宜选择比较短的分销渠道。

3. 易损性和时尚感

对于不易储运的鲜活易腐产品、易损产品和一些时尚感较强的产品，企业可选择直接分销或以短而窄的间接渠道分销；反之，对于易储运、时尚感弱的产品，则可选择长而宽的间接渠道分销。

4. 非标准化

非标准化产品通常由企业推销员直接销售，这主要是由于不易找到具有该类知识的中间商，如消费者定制的机器和专业化商业表格。

5. 技术性和售后服务

一些技术性强、售后服务要求高的产品可由生产者直接销售或选择少数有技术能力的中间商进行销售。

6. 新产品

新产品刚刚进入市场，中间商往往不大愿意承担风险进行销售，生产者则需要自己组织推销队伍尽快打开市场。

（二）消费者特点

当消费者分布相对集中，购买的批量大、频率低、形式单一，且购买相对稳定时，生产企业可选择直销或以尽可能短而窄的间接渠道分销；反之，当消费者分布广泛而又稀疏，购买的批量小、购买频率高、购买多样化、购买不太稳定时，则可选择多一些的中间商进行销售。

（三）市场因素

1. 微观因素

有时企业要尽量避免和竞争者使用同样的营销渠道；有时生产企业则希望在与竞争者相同或相近的分销渠道上与竞争者的产品抗衡。同时，企业要调查研究某一市场上零售商、批发商的规模大小、购买数量多少与竞争状况，将这些情况与企业生产量、生产周期进行比较，选择协调性好、适应性强的营销渠道。如果在某一市场上，大型零售商多，进货数量多，可以和生产企业的产量相匹配，在这种情况下，企业就可以将产品直接销售给零售商，于是分销渠道较短；相反，若中小零售商数量多，竞争激烈，通过批发商的长渠道才能得到较好的营销效益。

2. 宏观因素

在经济萧条期，通货紧缩，市场需求下降，生产企业的侧重点只能是控制和降低产品的最终价格，所以必须尽量减少不必要的流通环节，使用较短的分销渠道，避免影响产品销路。此外，政府对有关商品的流通政策、法规也限制渠道选择的范围。

（四）企业本身因素

1. 声誉和资金

企业的声誉高、财力雄厚，具备经营管理销售业务的经验和能力，在选择中间商方面就有更大的主动权，甚至有可能建立自己的销售队伍。企业以此为基础选择的营销渠道会短而窄。

2. 产品组合

如果企业产品组合的深度深、宽度大（产品种类、型号规格多），则可以直接把产品销售给各零售商，这种分销渠道短而宽。反之，如果企业生产的产品种类单一、型号少，则只能通过若干批发商和零售商转卖给广大消费者，这种分销渠道长而窄。

3. 营销政策

企业现行的市场营销政策也会影响渠道的选择。例如，对最后购买者提供快速交货服务的政策，会影响生产者对中间商所执行的职能、最终经销商的数目与存货水平以及所采用的运输系统的要求。

二、渠道设计决策

设计一个渠道系统，往往要经过以下几个步骤：分析消费者对服务的需求，确定渠道目标及限制因素，确定主要渠道选择方案和评估主要渠道方案。

（一）分析消费者对服务的需求

营销渠道的功能之一就是将价值传递给消费者，完成此任务的前提便是了解消费者需要何种价值。消费者看中价格，还是注重服务；是要求立即交货，还是宁愿等待，这些不同的需求决定了企业资源的分配，从而也决定了渠道的选择。分析消费者对服务的需求是设计渠道系统时应首先考虑的问题。

（二）确定渠道目标及限制因素

渠道目标是企业预期达到的、面向目标消费者的服务水平，体现在商品数量、等待时间、空间便利、商品种类、服务支持等方面。渠道目标往往还受到产品特性、企业特性、中间商特性、竞争对手的渠道设计以及环境因素的影响。

（三）确定主要渠道选择方案

明确了消费者的需求，确定了渠道目标，接下来就可以确定主要渠道选择方案了，企业既可以选择自建渠道，也可以利用中间商渠道。自建渠道是指企业通过建立或收购现有的渠道成员组成分销网络。如果企业利用中间商渠道，还需要做出以下决策：确定中间商类型，即选择适合其渠道业务的中间商；确定中间商的数量，即确定采用密集分销、选择分销还是独家分销的策略；确定渠道成员的责任，即与中间商在价格、销售条件、区域权利等方面达成协议，明确中间商的职责。

（四）评估主要渠道方案

经过以上 3 步，企业就得到了几个可供选择的渠道方案，这时就可以依据一定的评价标准对它们进行筛选，最终确定渠道方案。常见的评价标准有以下 3 个。

（1）经济性标准。即渠道必须能为企业带来一定的利润。

（2）控制性标准。即使用中间商后，企业必须能够有一定的营销控制权。

（3）适应性标准。即企业应想办法使渠道具有灵活性。

三、中间商评价与选择

（一）评价中间商

为了做出客观评价，企业有必要把各个中间商的分销优势和劣势，按其来源或性质予以分类。

1. 因历史原因形成的分销优势

历史优势是在过去的经营中取得的，属于当前已经存在的有利条件。

（1）地理位置可成为一些中间商的分销优势。可以从中间商进货和销售两个方面来评价其地理位置的"优越程度"。如果中间商处于交通干线，或者接近工厂或商品仓库，进货必然容易；如果中间商处于目标消费者购物活动范围之内，或者说目标消费者能够方便地从中间商那里购买，那么该中间商也有优势。

（2）经营某种商品的历史和成功经验。中间商长期从事某种商品的经营，通常会积累比较丰富的专业知识和经验，因而在行情变动时，能够掌握经营主动权，保持销售稳定或趁机提高销售量。一般来说，经营历史较长的中间商早已被周围的消费者熟悉，拥有一定的市场影响力和一批忠诚的消费者，大多成为周围消费者光顾购物的首选之地。

（3）中间商的经营范围和业种业态。中间商的经营业务通常有批发、零售、批零兼营之分；业种通常有产品（或系列）专业型、顾客专业型和非专门化型 3 类。中间商的经营范围和业种业态对有关商品分销具有重要的影响，不仅影响商品分销范围和数量，而且影响商品定位。那些符合企业商品定位的相关业种业态的中间商，无疑具有分销优势。

（4）中间商的经营实力。经营实力表现为中间商在商品吞吐规模上、在市场开发投入上的行为能量。经营规模大的中间商销售流量也较大，而在市场开发方面能够保持较高投入的中间商，其商品销售流量也决不会小，因而它们在商品分销方面具有优势。

上述优势是由过去的经营形成，而且是目前具备的，因而被称为由历史原因决定的优势。这些优势一般来说是静态的，随着市场环境的变化、时间的推移，它们会发生改变。

2. 来自管理的分销优势

来自管理的分销优势可以从以下几个方面来评价。

（1）经营机制和管理水平。经营机制是企业存在与经营的基础，它是指企业经营者在所有权的约束下，对市场机会或威胁灵活制定对策，并组织企业职工努力提高经济效益的制度性安排。我们可以从企业制度形式、经营者拥有多大经营决策权、所有者和职工承担多大责任等方面来认识和区别不同类型企业。管理水平主要是指计划体系、组织结构、激励机制以及控制系统的完善程度、现代化水平。一般来说，经营机制和管理的优劣主要从是否能适应市场变化，保持企业经营稳定与发展，能否提高资本收益等方面来评价。

（2）自有分销渠道和商圈。一些批发商、连锁商业企业、仓储式商店等拥有自己的零售商店（分公司、子公司或连锁店）和固定的零售商顾客群，相当于拥有自己的分销渠道。不管是什么类型的中间商，都应当经常保持一定的消费者流量，以维持其商品销售额水平。这个消费者流量就是商圈，其大小与商店的地理位置、经营特色、促销力度、商业信誉及声望有关。

（3）信息沟通与货款结算。分销渠道应当承担多方面的功能，包括信息沟通与货款结算。良好的信息沟通和货款结算关系是保障分销渠道正常连续运行的重要条件之一，因此也可以成为中间商的分销优势之一。

由管理决定的分销优势是一种动态的优势。只有那些科学管理、重视合作与协调、灵活经营的中间商才能拥有这些优势。

企业还可以从历史原因角度、经营管理角度来分析有关"候选人"的劣势。例如，地处偏僻小镇的中间商可能没有较大的商圈；规模太大的中间商机构复杂、人员多，管理费用很高，需要生产厂商多"让利"；与目前供应商保持良好关系的中间商可能过于忠诚，不愿意与新的生产厂商合作而"伤害"老供应商；与现有供应商关系不好的中间商也可能存在"自高自大、目中无人"或者信誉度不高的毛病。

对每个"候选人"从事有关商品分销的优势劣势进行分析和评价，将有利于准确地预测和客观地说明它们能够承担的商品分销责任，为正确地选择中间商奠定基础。

（二）选择中间商的方法

1. 强制评分选择法

其基本原理是对拟选择作为合作伙伴的每个中间商，就其从事商品分销的能力和条件进行打分评价。各个中间商之间由于存在分销优势与劣势的差异，因而其每个项目的得分会有所区别。注意到不同因素对分销渠道功能建设的重要程度的差异，企业可以对其分别赋予一定的重要性系数。然后计算每个中间商的总得分，从得分较高者中择优"录用"。

2. 销售量分析法

销售量分析法是通过实地考察有关中间商的消费者流量和销售情况，并分析其近年来销售额水平及变化趋势，在此基础上，对有关中间商实际能够承担的分销责任（尤其是可能达到的销售量水平）进行估计和评价，然后选择最佳"候选人"的方法。

3. 销售费用分析法

联合中间商进行商品分销是有成本的，主要包括分担市场开拓费用、给中间商让利促销、由于货款延迟支付而带来的收益损失、合同谈判和监督履约的费用等。这些费用构成了销售费用，它实际上会减少生产厂商的净收益，降低利用有关分销渠道的价值。当然，销售费用的高低主要取决于被选择的合作伙伴各方面的条件和特征。企业可以把预期的销售费用看作是衡量有关"候选人"优劣程度的指标。

四、分销渠道管理

分销渠道管理是指生产者设法解决与中间商的冲突，并以各种适宜的措施去支持和激励中间商积极分销，从而促使商品高效地被流转到消费者手中的活动过程。

生产者与中间商之间通常存在着必然的冲突。在正常情况下（即在非独家经销情况下），一个中间商往往同时经销多个厂家的产品。中间商最关心的是它的整体销售利润目标，为了实现这个目标，不得不密切关注整个顾客群对它所经销的各种商品的兴趣。然而，对于某个厂家而言，其最关心的则是自己产品的价值实现问题，它不得不时刻关注自己的目标顾客群的兴趣变化，其一切努力在于培养目标顾客对本厂产品的信赖与忠诚。显然，单个厂家很难满足某个中间商追求利润目标的需要，而某个中间商也往往难以为单个厂家去全力促销。生产者和中间商各自利益目标的不一致，必然导致两者对同一产品在销售方针、经销策略、促销措施等方面的矛盾。生产者和中间商的这种冲突在商品流转的过程中是普遍存在的，只是冲突的强弱程度不同。生产者应当恰到好处地去解决与中间商的冲突，对分销渠道实施有效的管理与控制。而这里所指的管理，绝非行政意义上的管理，而是生产厂商通过与分销渠道进行良好的合作而得以实施的。

（一）选择渠道成员

为了实现企业的市场营销目标，各企业都需招募合格的中间商来从事渠道分销活动，从而使其成为企业产品分销渠道中的一个成员。招募过程中需根据选择中间商的条件进行判别。

（二）为中间商提供适销对路的产品，争做渠道中的"领袖"成员

在销售中，商品之间往往存在着一定的连带关系，而消费者购买所偏爱的某种商品时会顺便购买其他商品。因此中间商总是设法去购进某些快货、俏货，也愿意投资于这类商品，以此带动其整体经营。

（三）合理分配销售利润

生产者与中间商协作销售，必须要给予中间商合理的销售利润，这样才能调动中间商促销本企业产品的积极性。与此同时，也可对厂家分出的利润总额进行细分，并根据中间商在销售各方面的工作绩效高低合理分配利润，从而引导中间商配合厂家进行促销工作，如某公司支付给批发商和零售商共 28%的销售利润。

（四）恰到好处地实施激励措施

生产者应对中间商采用适度的激励措施，如各种折扣、质量担保、降价保证、奖励等。但激励必须适度，因为激励费用过高，会使生产者的盈利下降，而且在有些场合下，激励过度，会适得其反。如累计折扣设置不当，会造成中间商盲目购进，从而给厂家造成市场需求量大的假象，进而导致生产的盲目发展和供给过剩。

（五）评估渠道成员

生产者必须定期评估中间商的绩效是否已达到某些标准。如果某一渠道成员的绩效过分低于既定标准，则需找出主要原因，同时还应考虑可能的补救方法。当放弃或更换中间商将导致更坏的结果时，生产者只好容忍这种令人不满的局面；当不致出现更坏的结果时，生产者应要求工作成绩欠佳的中间商在一定时期内有所改进，否则，就取消它的资格。

（六）对渠道成员实施适当的强制措施

如果一开始生产者与中间商就签订了有关绩效标准和奖惩条件的契约，就可避免种种不愉快。在契约中应明确中间商的责任，如销售强度、绩效与覆盖率、平均存货水平、送货时间、次品与遗失品的处理方法、中间商必须提供的顾客服务等。如果中间商违反合同规定，生产者应对其进行制裁和处罚，如减少中间商产品的利润，撤销过去所答应的奖励措施，减少供货量或采购量等。如果生产企业属于渠道领袖，拥有十分雄厚的企业资源或极受欢迎的产品，而受控成员的企业资源十分有限又热衷于经营该生产企业的产品，对其实施强制措施最为有效。

（七）利用专门知识

生产企业拥有能帮助渠道成员提高经营能力的专门知识，利用这些专门知识，可促使渠道成员的业务行为与自己的期望相一致。

【案例】 LG 电子公司的渠道策略

LG 电子公司（以下简称"LG"）从 1994 年开始进军我国家电市场，目前其产品包括彩电、空调、洗衣机、微波炉等种类。它把营销渠道作为一种重要资产来经营，通过把握渠道机会、设计和管理营销渠道，拥有了一个高效率、低成本的销售系统，提高了其产品的知名度、市场占有率和竞争力。

一、准确进行产品市场定位和选择恰当的营销渠道

LG 家电产品系列种类较全，与其他国内外品牌相比，其最大的优势在于产品性价比很高，消费者能以略高于国内产品的价格购买到不逊色于国际著名品牌的产品。因此，LG 将市场定位在那些既对产品性能和质量要求较高，又对价格比较敏感的客户。LG 选择大型商场和家电连锁超市作为主要营销渠道。因为大型商场是我国家电产品销售的主渠道，具有客流量大、信誉度高的特点，便于 LG 提高品牌的知名度。在一些市场发育程度不很高的地区，LG 则投资建立一定数量的专卖店，为其在当地市场的竞争打下良好的基础。

二、正确理解营销渠道与自身的相互要求

LG 对中间商的要求包括中间商要保持很高的忠诚度，不能因渠道反水而导致客户流失；中间商要贯彻其经营理念、管理方式、工作方法和业务模式，以便彼此的沟通与互动；中间商应该提供优质的售前、售中和售后服务，使 LG 品牌获得客户的认同；中间商还应及时反馈客户对 LG 产品及潜在产品的需求反应，以便把握产品及市场走向。中间商则希望 LG 制定合理的渠道政策，造就高质量、统一的渠道队伍，使自己从中获益；希望 LG 提供持续有针对性的培训，以便自己及时了解产品性能和最新的技术；另外，中间商还希望得到 LG 更多方面的支持，并能够依据市场需求变化，及时对其经营行为进行有效调整。

三、为中间商提供全方位的支持和进行有效的管理

LG 认为，企业与中间商之间是互相依存、互利互惠的合作伙伴关系，而非仅仅是商业伙伴。在相互的位置关系方面，自身居于优势地位。无论从企业实力、经营管理水平，还是对产品和整个市场的了解上，厂商都强于其中间商。所以在渠道政策和具体的措施方面，LG 都给予中间商大力支持。这些支持表现在两个方面：利润分配和经营管理。在利润分配方面，LG 给予中间商非常大的收益空间，为其制定了非常合理、详细的利润反馈机制。在经营管理方面，LG 为中间商提供全面的支持，包括信息支持、培训支持、服务支持、广告支持等，尤其具有特色的是 LG 充分利用网络对中间商提供支持。在其网站中专门设立了中间商 GLUB 频道，其中不仅包括 LG 全部产品的技术指示、性能特点、功能应用等方面的详尽资料，还有一般性的企业经营管理知识和非常具体的操作方法。这种方式既降低了成本又提高了效率。

然而中间商的目标是使自身利润最大化，与 LG 的目标并不完全一致。因此，LG 应对中间商进行有效的管理，提高其经济性、可控制性和适应性。渠道管理的关键在于价格政策的切实执行。为了防止不同销售区域间窜货，LG 实行统一的市场价格，对中间商进行评估时既考察销售数量也重视销售质量。同时与中间商签订合同来明确双方的权利与义务，用制度来规范中间商的行为。防止某些中间商为了提高销售量、获取更多返利而低价销售，从而使中间商之间保持良性竞争和互相制衡。

四、细化营销渠道，提高其效率

LG 依据产品的种类和特点对营销渠道进行细化，将其分为 LT 产品、空调与制冷产品、

影音设备等营销渠道。这样，每个中间商所需要掌握的产品信息、市场信息范围缩小了，可以有更多的精力深度发展，更好地认识产品、把握市场、了解客户，最终提高销售质量和业绩。

五、改变营销模式，实行逆向营销

为了避免传统营销模式的弊端，真正做到以消费者为中心，LG 将营销模式由传统的"LG→总代理→二级代理商→……→用户"改变为"用户←零售商←LG+分销商"的逆向模式。采用这种营销模式，LG 加强了对中间商的服务与管理，使渠道更通畅。同时中间环节大大减少，物流速度明显加快，销售成本随之降低，产品也更具竞争力。

课堂讨论

1. 分析分销渠道决策在整体市场营销活动中所起的作用。
2. 连锁经营适合何种商品销售，有何优缺点？

能力形成考核

【知识测试】

1. 什么是分销渠道？分销渠道决策包括哪些基本内容？
2. 以你所熟悉的一种消费品和一种工业品为例，说明商品销售过程是否一定要有中间商介入；如果有中间商介入，应执行什么职能？
3. 分析麦当劳特许经营的优缺点？
4. 举例说明生产厂商如何成为"渠道领袖"，以达到有效管理和控制分销渠道的目的。
5. 请举例说明密集分销、独家分销和选择分销各适合什么样的产品？
6. 请分析传统渠道和垂直渠道系统的异同。

【能力训练】

"奥普"的渠道策略

澳大利亚奥普卫浴电器（杭州）有限公司（以下简称"奥普"）是专业从事卫浴电器研发、生产和营销的国际化现代企业。其代表产品"奥普浴霸"在国内外颇受欢迎，仅此一项，奥普在我国的年销售额便超过 2 亿元。"奥普浴霸"的成功得益于其整体营销方案的执行，这里将对其渠道策略予以总结分析。

奥普的代理商制度是奥普在行业中领先的一大法宝。奥普认为，代理商是奥普的自家人，市场的繁荣、品牌的构建是厂、商共同努力的结果。奥普在与代理商的合作中，不仅给了它们合理的利润空间，同时，也将它们视为企业的一员。奥普与代理商的合作过程，是一方吸纳另一方融入的过程，奥普选择代理商有其独到方法，它把志向一致、目标相同、条件相仿的代理商纳入奥普的利益共同体系中来。

目前有这样一种现象：一些企业选择代理制销售，是因为市场拓展难，所以把难做的事情让别人去做，自己放弃营销工作。等到网点铺开了，市场做大了，就以各种形式取缔代理商。而奥普在市场导入初期总是自己先去拓展市场，从最基础的工作做起，等到市场已经打开，产品销路畅通时，就把市场交给合适的代理商，公司则在当地开设办事处来协助代理商做好产品销售和品牌维护工作。在工作中，办事处会主动协助代理商做好通路建设、导购培训等基础管理工作。对新产品的信息、存货情况、企业经营动向、广告诉求方向等内容都会定期主动与它们沟通，使它们感到"我就是奥普的一员"，产生了这种归属感之后，代理商就会下定决心，放开手脚去做市场拓展、铺货等工作了。奥普的许多"合作伙伴"都是与奥普一起发展壮大起来的。

奥普为了做好售前、售中、售后服务，并使工作更加细致化，设定所有代理均为城市代理，以服务半径作为市场划分的标准，不搞以行政区域为标准的"圈地"，也就是在奥普没有所谓的省级、地市级代理，这样就可避免代理商因专注于批发业务而忽视了终端管理、售后服务、品牌维护等基础工作。同时，奥普建立了代理商模型，为每个模型都设计了发展的方向。对于不同特点的代理商，公司在模型中设定了不同的工作侧重点，以便工作的有效开展。

公司对代理商的科学管理也是奥普成功的原因之一。奥普公司有一整套建立商务代理的文件，其中，《代理商素质描述文件》中全面约定了代理商应具备的素质条件，《代理合同》为双方的工作说明书。《代理商素质描述文件》中有这样一段话："区域营销代理商是奥普公司持久发展的战略伙伴，是奥普营销系统最重要的组成部分，奥普公司与代理商是利益共同体。奥普公司与代理商的统一利益应通过双方最大程度在代理区域共同构建奥普品牌的影响力和扩大奥普市场容量后公平获取。任何一方的短期行为都会成为双方合作的羁绊。合作双方均应具备现代的诚信理念、科学的营销理念、发展的市场理念、朴素的双赢理念、良好的沟通理念和相互的学习理念。双方应达成这样的共识：双方追求的均是利润最大化。实现追求的唯一合理方式是塑造强势品牌。成为奥普品牌的区域营销代理商的前提是认可和赞同奥普理念。奥普应通过良好的企业文化和科学的管理技术思想影响合作者，并从对方汲取所长，共同进步。"

思考：

（1）"奥普"的渠道策略是什么？

（2）"奥普"是如何管理销售渠道的？

【技能提升】

[实训项目]

为白酒或啤酒设计或改进销售渠道。

[实训目的]

检验学生的渠道设计和管理能力。

[实训任务]

（1）访问当地酒类企业，了解其现有渠道。

（2）为该企业设计销售渠道或对当前销售渠道提出改进建议。

[实训步骤]

（1）以班级为单位访问当地酒类企业，了解其现有渠道。

（2）以小组为单位进行讨论，每人写出策划书。

（3）推选 5~10 篇优秀策划书，推荐给企业。

（4）对企业的反馈进行课堂讲评。

[考核评价]

由任课老师负责指导与考核评价，其中预习准备 10%，实际调查符合要求 20%，初始记录完整 20%，实训分析报告完整清晰 40%，团队合作 10%。

项目八

促销策略

【知识目标】

1. 掌握广告、人员推销、公共关系、营业推广的基本概念、特点及其策略的主要内容。
2. 了解策划各形式促销活动的一般程序，明确各种促销方式的适用范围。

【能力目标】

1. 能够综合运用各种促销方式开展促销活动。
2. 具备策划、产品推广的广告设计能力。
3. 具备营业推广和公关策划的能力。
4. 熟练掌握人员推销技巧。

案例导入

王宝强捧红"奇异王果"

2007 年的果汁市场大战中，汇源推出的"奇异王果"表现得极为抢眼。"奇异王果"在全国很多地方掀起一股"绿色风暴"。

进入 2007 年之后，与碳酸饮料的颓势相比，果汁饮料则呈现出了极其明显的发展势头。消费者对饮料的需求也不断升级，"能解渴、口感好"已经无法满足消费者。消费者要求"不仅能解渴，还要有营养；不仅要时尚，还要更健康"。

作为我国果汁行业的第一品牌，汇源果汁一直以来承担着培育市场的责任，2007 年 10 月，汇源将目光瞄准了超级水果市场，开发了奇异王果猕猴桃汁饮料，找到了属于自己的一片天地。用奇异王果项目总监的话说："'奇异王果'既不同于传统的果汁饮料，也不同于刚刚兴起的果粒饮料，而是一种富含维生素 C 的超级水果饮料。"

一个好产品想被市场认可，厂商的营销智慧至关重要。

为赢得市场的认可，"奇异王果"邀请深受全国观众喜爱的"傻根""阿炳""许三多"的扮演者——王宝强拍摄电视广告片。一时间，王宝强担当起开辟"超级水果"饮料新市场的先锋官，为"奇异王果"的上市积蓄了大量人气。汇源以王宝强为代言人，大胆喊出"做自己的王"的品牌主张，走出了一条另类的定位之路。

启示：营销活动要与企业产品定位相匹配，恰当的促销方式能给企业带来更多的利润。

任务1　促销与促销组合

在研究促销组合之前，首先必须了解促销的内涵与作用。

一、促销的内涵与作用

（一）促销的内涵

促销是促进销售的简称，英文名为"Promotion"，它是指企业通过人员推销或非人员推销的方式传播商品信息，帮助和促进消费者熟悉某种商品或劳务，并促使消费者对商品或劳务产生好感和信任，最终使其踊跃购买的一种市场营销活动。从促销的内涵中可以看出，它主要包括以下几层含义。

第一，促销的主要任务是沟通和传递信息。企业通过信息的沟通和传递，将商品或劳务的存在、性能和特征等信息传递给消费者，以便与消费者保持良好的联系，保证企业营销的顺利进行。

一般认为，最理想的信息沟通，应对消费者产生4个方面的影响，即引起注意（Attention）、产生兴趣（Interest）、激起欲望（Desire）、促成行动（Action）。

第二，促销的目的是吸引消费者对企业或商品的注意和兴趣，激发消费者的购买欲望，促进消费者的购买行动。

第三，促销的方式分为人员促销和非人员促销。人员促销又称人员推销，是指企业派出推销人员与消费者进行面对面的口头洽谈，说服消费者购买。非人员促销是指企业通过一定的媒介传送产品或劳务的信息，促使消费者产生购买动机和购买行为的一系列活动，包括营业推广、营销广告和公共关系等。两者相比较，一般来说，人员推销针对性较强，但影响面较窄；而非人员促销影响面较宽，但针对性却较差。企业可将两者有机地结合起来，以达到理想的促销效果。

（二）促销的作用

促销是企业整体营销活动中不可缺少的重要组成部分，具有不可忽视的作用。

1. 传递信息，沟通渠道

无论在产品正式进入市场之前还是进入市场之后，企业都需要及时向市场介绍产品。对消费者或用户来说，信息情报起着引起注意和激发购买欲望的作用，对中间商来说，则是为它们做出采购决策的依据，可调动它们的经营积极性。同时，促销可以帮助企业及时了解消费者和协作者对商品的看法和意见，迅速解决经营中的问题，从而加强生产者、经销者和消费者之间的关系，加强分销渠道各环节间的协作。

2. 引导需求，扩大销售范围

消费者的购买行为通常具有可诱导性，促销的一个重要作用就是诱导需求，唤起消费者对企业及其商品的好感。在一定的条件下，有效的促销活动不仅可以诱导和激发需求，而且可以创造需求，从而使市场需求朝着有利于企业产品销售的方向发展。

3. 突出特点，树立形象

在现代市场经济条件下，产品之间的竞争日益激烈，特别是同类产品的竞争尤为突出，因为同类产品之间存在的差异较小，且消费者往往难以分辨。在这种情况下，企业可以通过强大的促销攻势，借助商标、产品特征、价格和效能等方面，宣传其产品与竞争者产品的差异，强调能给消费者带来独特的利益，使消费者形成对本公司产品的偏好心理，建立起与众不同的产品形象，从而加强企业在市场竞争中的优势。例如，许多品牌的啤酒在味道、颜色等方面实际上是一样的，为什么人们会持久喜欢某一品牌或某几个品牌呢？因为促销在成功地影响着人们的感觉和态度，所以有人说："消费者喝的不是饮料，而是广告"。

4. 稳定销售，巩固市场

在许多情况下，市场环境的复杂性常使许多公司的销售量波动很大，企业如能有针对性地开展促销活动，使更多消费者了解、熟悉和信任本公司的产品，这对稳定销售乃至提高企业的市场份额，巩固企业的市场地位都有十分重要的作用。

【案例】

免费赠送是一种促销方法，就其实质而言是一种销售促进策略，日本万事发公司就是利用这一方法打开销路。有相当长一段时间，万事发香烟的销路不畅，公司面临倒闭的威胁，于是公司决定以"免费赠送"进行促销。公司老板在各主要城市物色代理商，通过代理商向当地一些知名的医生、律师、作家、演艺人员等按月寄赠两条该品牌香烟，而每过若干时日，代理商就会寄来表格，征求大家对香烟的意见。半年后，万事发香烟赢得了一些较有身份和影响力的顾客的青睐，接着其利用这些名人做广告，宣传该香烟都是有身份的人士所用，那些有点身份的人当然会来购买，而那些没有多少财富或名气的人碍于心理或面子的驱使，也买这种香烟，这样，万事发香烟很快获得了更多的顾客。

美国企业巨人西屋电器公司也曾利用这种方法获益。西屋电器公司曾经开发了一种保护眼睛的白色灯泡，为了打开销路，采取了免费赠送策略，两周后再派人到使用者家中收集使用意见。在反馈意见中，有 86%的家庭主妇认为，这种灯泡比别的灯泡好；78%的主妇认为，这种灯泡光线柔和。于是，西屋电器公司以此作为实验性广告资料，将使用者的意见发布出来，立即引起了消费者注意，使白色灯泡一下子成为畅销品。

二、促销组合及其特点

促销组合是指企业在市场营销过程中，对人员推销、广告、营业推广和公共关系等促销手段的综合运用。促销组合运用的好坏，关系到企业的产品能否顺利流转到消费者手中，关系到企业经营活动的成败。

促销组合是一个重要的概念，它体现了现代市场营销理论的核心思想——整体营销，这一概念的提出反映了促销实践对整体营销思想的需要。

要使促销组合做到科学化、合理化，就必须首先了解促销组合中 4 种促销方式各自的特点，只有这样才能使它们做到有机结合。

1. 人员推销

这是企业通过推销人员与消费者的口头交谈来传递信息，说服消费者购买的一种营销活动。这种方法的特点是灵活性强、针对性强、信息反馈快，是一种"量体裁衣"式的信息传递方式，因为它是面对面的交谈，所以推销人员可以与消费者进行双向式的沟通，并保持密切联系，可以对消费者的意见及时做出反应。但是人员推销的成本比较高，是最昂贵的一种促销方式。

2. 广告

这是广告主通过付费的方式由广告承办单位所进行的一种信息传播活动。其特点是：大众性，即借助大众传媒发布信息，因此传递信息的速度较快、传播面广、渗透性强；表现性，它通过对文字、音响以及色彩的艺术化运用，将企业及产品的信息传递给听众或观众。但广告往往只是单向传递信息，缺乏与消费者的双向沟通，信息反馈很慢而且困难，同时，有的广告媒体如电视的广告费用也很高。

3. 营业推广

这是在短期内采取一些刺激性的手段，如奖券、竞赛、展销会等来鼓励消费者购买的一种营销活动。它的特点是可以使消费者产生强烈的、即时的反应，从而提高产品的销售量，但这种方式通常只在短期内有效，如果时间过长或活动过于频繁，很容易引起消费者的质疑和不信任。

4. 公共关系

这是企业通过宣传报道等方式提高其知名度和声誉的一种促销手段。它的特点是：以新闻报道等形式传递信息，比广告更具可信性；可以解除消费者的戒备心理，使其在不知不觉中接受信息；具有与广告相似的信息传播速度快及传播面广的优点，但与广告不同的是它不一定需要支付费用，而且更容易使企业在目标市场中有较高的声誉。它的缺点是不如其他方式见效快，而且信息发布权掌握在公共媒体手中，企业不容易进行控制。

三、影响促销组合的因素

企业的促销组合实际上就是对上述促销方式的具体运用。在选择采取哪一种或几种促销方式时，有一些因素是企业必须考虑的，这些因素主要包括以下几个。

1. 促销目标

企业在不同时期及不同的市场环境下，都有其特定的促销目标，促销目标不同，它的促销组合也就有差异。例如，在一定时期内，一家企业的营销目标是要在某一市场迅速增加销售量和市场份额；另一家企业的总体营销目标是在该市场树立企业形象，为其产品今后占领市场奠定有利的基础。显然，上面两家企业所采取的促销组合决策绝不会一样，一般来说，前者的促销目标强调了近期效益，属短期目标，在这样的目标下，促销组合的选择、配置则更多地使用广告和营业推广，而后者需要制订一个较长期的促销组合方案，实现这样的长期目标，公共关系和广告非常重要。

2. 产品性质

产品性质不同，消费者的行为往往存在很大差异，这制约和影响着企业对促销组合的选择。一般来说，工业品具有技术性强、价格高、批量大等特征，购买时一般要经过研究、磋商、审批等手续。因此，促销组合应以人员推销为主，配以广告与公共关系；消费品供个人或家庭生活使用，面广量大，促销组合应以广告宣传为主，结合营业推广，辅以人员推销和公共关系。

3. 市场状况

针对不同的市场，企业应采取不同的促销手段。例如，市场规模不同和类型不同，消费者数量也就不等。规模小且相对集中的市场，应突出人员推销策略；范围广且较分散的市场，则应多采用广告、公共关系及营业推广。此外，目标市场的其他特性，如消费者收入水平、风俗习惯、受教育程度等也会对各种促销方式产生不同的影响。

4. 产品价格与销售渠道

一般来说，对于廉价的日常生活用品，由于其利润微薄，需要大批量销售，因而广告的效果较大；而价高利润高的产品，多采用人员销售以消除消费者购买时的阻力。当企业采用直接销售的方式，自己负担整个的销售过程时，促销组合的重点应放在人员推销上；反之，促销渠道较长，环节较多时，促销组合的重点应在广告上，以吸引消费者到商店去购买产品。

5. 产品的生命周期阶段

根据产品所处的生命周期阶段不同，企业的营销重点不一样，因此，促销方式也不尽相同。在产品引入期，消费者的接受能力很低，企业要让消费者认识了解新产品，可利用广告与公共关系广为宣传，同时配合使用营业推广和人员推销，以鼓励消费者试用新产品；产品进入成长期，可观的销售增长率和利润开始吸引竞争者进入市场，这时促销的重点应放在宣传本企业产品的商标品牌上，以争取消费者的偏爱，这一阶段，人员推销的任务则是开拓销售渠道，争夺市场占有率，对广告的投入也要增加，广告的内容要转向宣传品牌的突出优点和特色，以提高产品和企业的声誉。到了成熟期，竞争者很多，但竞争的态势已趋稳定，弱小的竞争者退出，市场产品也逐渐相似，这一阶段，广告是消费品的主要促销形式，广告的内容应集中宣传本品牌与其他品牌的不同之处，强调产品的附加利益。进入衰退期，由于生产量和销售量开始下降，促销预算也就逐步消减，此时营业推广为主要促销方法。

6. 促销预算

企业用于促销的费用也是影响促销组合的一个重要因素。每一种促销方法所需要的费用是不相同的，企业必须运用有限的销售费用，结合其他因素，选择适宜的促销方法，并在恰当的时间进行使用。

四、促销组合策略

企业促销方式的选择，也取决于其已定的策略原则，一般来说，企业促销时主要采用两种策略，即推动策略和拉动策略。

1. 推动策略

所谓推动策略，是指企业通过各种促销方式把产品推销给批发商，批发商则将产品推销给零售商，零售商再进而把产品推销给消费者。常用的推动策略如下。

（1）示范推销法：如技术讲座、实物展销、现场示范与表演、试看、试穿、试用等。

（2）走访销售法：如带样品或产品目录走访消费者，带商品巡回推销等。

（3）网点销售法：如建立、完善分销网点，采用经销、联营等方式扩大销售范围。

（4）服务销售法：如售前根据用户要求设计产品、制定价格；售中向用户介绍产品，传授安装、调试知识；售后征询意见，做好保修、维修工作等。

2. 拉动策略

所谓拉动策略，是指企业针对最终消费者展开促销攻势，使消费者产生需求，进而向零售商要求购买该产品，零售商则向批发商要求购买该产品，而批发商最后向企业要求购买该产品。常用的拉动策略如下。

（1）会议促销法：如组织商品展销会、订货会、交易会、博览会等，邀请目标市场的企业或个人前来订货。

（2）广告促销法：如通过电视、广播、报纸、杂志及各种信函、订单等，向消费者介绍产品的性能、特点、价格和征订方法，吸引消费者购买。

（3）代销、试销法：新产品问世时，委托他人代销或试销，以促进产品尽快占领市场。

（4）信誉销售法：如实行产品质量保险、赠送样品、开展捐赠与慈善活动等，以增强消费者对企业及产品的信任，从而促进销售。

总之，在实际市场营销过程中，企业可根据推动与拉动的需要选择不同的促销方式。

任务2　人员推销

一、人员推销的内涵

人员推销是指企业的推销人员直接与潜在消费者进行接触、沟通、洽谈，采用帮助或说服等手段，促使消费者采取购买行为的活动过程。

正确理解人员推销的含义应注意以下几个方面的内容。

（1）推销的核心就是发掘和满足消费者的需求，帮助和说服消费者购买。推销的目标是双重的，既要售出产品，又必须满足消费者的需要。推销是卖和买的统一，没有消费者的"买"，也就不可能有推销人员的"卖"，所以，推销人员要将产品推销出去，就必须了解消费者现实和潜在的需要，刺激消费者的需求欲望，促使消费者自觉购买。

人员推销

（2）推销是一种"双赢"的公平交易活动。推销人员和推销对象是推销活动的两个重要方面，都有各自特定的利益和目的。要想使生意做得好，就要使买卖双方都满意，如果单从任何一方出发考虑问题，生意都不可能成交。推销人员要想获得利润，就必须从消费者的利益出发，使消费者从购买的产品中获得利益。

【案例】

有位销售外围硬件设备的顶尖销售员正与顾客进行电话沟通，追踪售后情况，并趁此向这位顾客推销他可能需要的其他设备。请看以下两幕。

［第一幕］

他说："您好，是琼斯女士吗？我是 ABC 公司的史密斯，您的新销售代表。您刚购买的 123 型机，现在运行得怎样？"……"我打电话来主要是想作个自我介绍，并留下我的名字和电话号码，以便您有需要时和我联系"

请注意，这位销售员打电话时完全按自己认定的结果去谈，并认为与琼斯女士的关系已很好，足以使她回电话。总之，带有太多的设想。

[第二幕]

还是这名销售人员，但在电话中谈的却是："您好，我是 ABC 公司的史密斯，请问贵姓？"……"特纳先生，这是个服务电话。请问您的新设备运转如何？"……"听起来还不错，而且您的团队都在学着用了。在学习的过程中您需要什么支持？"……"看来您在公司中什么都不缺。那还有没有新员工要学这一设备的操作方法？"……"人还不少嘛，恐怕那么多用户不能共用一个设备了。"……"啊，还以为您知道呢。那您还需要什么来支持未来的运行环境？"……"添加设备的价格是×××美元。您现在有这个预算吗？"……"要做好这个预算，还有什么需要我效劳的？"……"当然，我会把价格和规格传真给您，还有别的需要吗？"

分析：在第一幕中，销售员的眼中根本没有顾客。第二幕却不同，买卖双方相互协作、相互信任，关系甚为融洽。这位销售员是在服务顾客，这就是双赢。

（3）推销是一个负责的行为过程，推销人员要运用一定的方法和技巧。推销是科学、是艺术，同时也是一种技能。推销人员在推销过程中必须掌握推销的基本原理和基本技能，在此基础上发挥个人的主观能动性，灵活运用各种推销方法和技巧，才能有效达成交易。

二、人员推销的原则及基本流程

（一）人员推销的原则

推销人员在推销活动中，必须坚持以消费者为中心，把握好自己的言行举止，灵活运用推销的方法和技巧，这就要求推销人员必须坚持几条基本原则，切实领会这些原则的精神并付诸实践。

1. 满足需求

消费者的需求和欲望是市场营销的出发点，也是推销的出发点。商品买卖的目的就是满足消费者的某种需求，而买卖只不过是达到这一目的的手段而已。因此推销人员必须认真了解消费者的需求，让消费者明白该产品确实能给他带来利益，能满足他的需要。消费者只有有了需求才会产生购买动机进而产生购买行为。

2. 推销产品利益

不论你推销的是什么产品，消费者所购买的是你的产品为他们带来的好处和利益，或产品能满足消费者什么样的需要。这是推销人员要取得成功必须认识的一个基本原则。例如，对于化妆品推销人员来讲，他推销的是"美丽"，只有针对消费者的求美心理开展推销，才能打动消费者。如果推销的是空调，他的介绍应该是"炎炎夏日里带给你一份清凉"。

3. 互利双赢

推销是买卖双方都得利的公平交易活动。要想使生意做得好，就得使买卖双方都满意，任何一方都不能受到损失。

4. 诚信为本

诚信是任何人都要遵守的基本道德，人与人之间、团体与团体之间，如果没有诚信，不讲信用，那将是不可想象的。推销人员千万不要为了引诱消费者订货而向消费者许下不能履行的诺言，这种做法产生的后果是不堪设想的。推销人员只有兑现承诺，以诚信为基础，才能树立良好形象，取得消费者信任。

【案例】

　　有一位求职者到一家公司求职，由于各方面条件都不错，很快便从众多的求职者中脱颖而出。最终面试由公司的总裁亲自主持。当这位求职者刚一跨进总裁的办公室，总裁就惊喜地站起来，紧紧握住他的手说："世界真是太小了，真没想到会在这遇到你，上次在东湖游玩时，我女儿不慎落水，多亏你奋不顾身及时相救。我当时忘了询问你的名字。你叫什么？"这位就职者被弄糊涂了，但他很快想到总裁是认错人了。于是，平静地说："总裁先生，我从没有救过什么人，你一定是认错人了。"但无论这位求职者怎么说，总裁依然一口咬定自己没有记错。求职者也犯起了倔劲，就是不肯承认自己救过总裁的女儿。过了一会儿，总裁才微笑着说："你的面试通过了，明天就来公司上班。"

　　原来，这是总裁导演的一场测试。之前的几位求职者都将错就错，乘机揽功，结果全被淘汰。

点评：许多事实都证明，成功往往与诚实结伴而行。

（二）人员推销的基本流程

推销既是一个商品交换过程，又是一个信息传递过程，同时也是一个心理活动过程。推销过程是上述 3 个过程的统一。

1. 寻找准消费者

在这里推销人员要完成以下两项任务。

（1）要利用各种途径和方法寻找准消费者。寻找准消费者的途径主要有利用各种人员、租赁单位、各种信息和资料以及各种商务活动等；方法主要有地毯式访问法、中心开花法、广告开拓法、资料查阅法、委托助手法、个人观察法和关系拓展法等。

（2）进行消费者资格的审查。准顾客资格的认定有 3 项内容：①需求的认定；②支付能力的认定；③购买决策权的认定。

2. 推销接近

推销人员首先要做好接近消费者的准备工作（消费者资料、推销器材、推销员素质等各项准备），其次要做好约见工作，掌握接近消费者的方法。任何推销过程中的约见都必须考虑以下 4 个问题：确定约见的对象、告知约见事由、选择约见时间和约见地点。接近消费者的方法主要有产品接近法、利益接近法、介绍接近法、问题接近法、赞美接近法、好奇接近法、表演接近法等。

3. 推销洽谈

推销洽谈是推销的中心环节，是推销成败的关键。在与消费者正式洽谈时，首先，要在见面之初营造积极友好、和谐融洽的洽谈气氛；其次，洽谈中要运用各种语言及非语言技巧来与消费者进行充分交流和沟通；最后，以恰当的方式进行产品报价和产品演示，从而使对方接受自己的产品，达成交易。

4. 消费者异议处理

推销的过程其实就是处理消费者异议的过程。在化解消费者异议之前，首先要分析消费者异议的成因（需求异议、价格异议、财力异议、购买时间异议、权利异议），区分真假。其次要掌握处理消费者异议的原则，对于不同的异议选择恰当的方法和技巧进行化解。处理消费者异议的策略主要包括转折处理策略、转化处理策略、以优补劣策略、委婉处理策略、合并意见策略、反驳处理策略、冷处理策略等。

5. 促成交易

推销人员主要完成以下工作。

（1）从消费者的外表和购买行为入手，分析消费者的需求。

（2）准确捕捉消费者的语音、动作、表情、事态等信号。

（3）掌握促进成交的基本策略，熟练地运用请求成交法、假定成交法、选择成交法、小点成交法、从众成交法、机会成交法等，有效地促成交易。

（4）订立买卖合同。

6. 售后管理

售后管理主要有以下 3 项工作：建立客情、做好售后服务和货款回收工作。

三、人员推销的方式

人员推销的主要方式有以下几种。

（1）上门推销，即推销人员走出去，主动到目标消费者的单位或家中进行推销。该方式主动性强、效果明显，但花费较多。

（2）营业推销，即推销人员在固定的营业场所（如商场、超市、专卖店）设置柜台进行推销。该方式店铺固定，容易取得客户信任，花费人力较少，但缺少上门推销积极主动的特点。

（3）会议推销，即推销人员在订货会、展览会、交易会等各种商品购销会议场所进行推销。这些会议场所中聚集了众多供应商、中间商、用户和消费者，有助于在短时间内进行大量洽谈活动，省时省钱，但容易受参会者人数、范围的限制。

（4）电话推销，即利用电话这种现代通信工具向目标消费者进行推销。该方式省时、推销范围广，但不能单独用于复杂的推销。

（5）信函推销，即通过名片、书信、便笺、订单及邮寄商品目录等书面形式与客户进行联络推销。该方式费用相对较低，但必须与其他方式并用才能突出效果。

（6）陪购推销，即在固定营业场所设导购员，为客户介绍商品、充当参谋、提供服务。该方式针对性强、效果明显，但花费较多。

四、推销的模式

整个推销过程实际上就是一个消费者购买演变的过程，通过因势利导，促使其采取购买行动，从而令推销得到成功，实现销售的目的。消费者的购买演变过程可以用爱达斯公式来表述："注意—兴趣—欲望—行动—满足"。

1. 注意

引起注意是根据消费者购买心理演变过程进行销售的第一个阶段，如通过口头介绍，发资料宣传品等来吸引消费者的注意。

2. 兴趣

引起消费者注意后，我们的推销人员就要细心观察对方的态度、眼神和动作，想方设法引起消费者兴趣，这是销售的进一步深入，由注意上升到兴趣，为后面的销售做好铺垫。

　　从前有一个乞丐，在一个大雪纷飞的晚上，饥寒交迫，可他经过的每户人家都大门紧闭，没有人愿意让他进去吃点东西。这时，他想到一个好主意：他从地上选了几块外形特别的石头，去敲一家的大门，说：大叔，我这里有几块石头，能不能借个锅给我煮着吃。这位大叔很好奇："石头也能吃？"于是借了锅给他，想看他究竟怎么吃。乞丐于是又开口要了点水，把水烧开了，趁机又向大叔要了点菜叶之类的东西，大叔也一一满足了他。于是乞丐便美美地吃上了一顿菜叶汤。这个故事说明，只要有一个合适的"噱头"，再加上高超的表达技巧，很多顾客就会被你所吸引。

3. 欲望

　　欲望即一个人极想得到某种事物的愿望。营销人员在这时应静观消费者情绪变化，进行试探性对话，摸清其隐藏的心理，选择合适的方式，刺激对方的购买欲望。这是对销售的进一步深入和消费者感情心理的进一步追加，使消费者由被动的注意、对产品感兴趣上升到对产品有浓烈的欲望——想了解这个产品，需求它。这期间，推销人员要充分利用测试及专业知识来打动消费者，使其信服，认同你的讲述，主动关心和询问产品。

4. 行动

　　激起消费者的欲望后，还得帮助消费者采取行动。使其由欲望渴求上升到行动，购买产品。这是最关键的一步，这期间推销人员要说服消费者，帮助他下决心，提出合理建议，采用一些技巧更深层次地打动消费者，最终令他实现购买。在整个过程中，推销人员要创造轻松的气氛，把握时机，以达到销售的目的。

5. 满足

　　对于企业营销来讲，售出产品并不意味着推销过程的完结，从某种意义上说，此刻的推销才刚刚开始。消费者通过购买产品的实际行动，认同产品的效用，彻底消除心理障碍，感到满意、知足、物超所值，这才是企业的目的。要达到这个目标还需要更进一步的行动，用良好的售后服务，对消费者进行跟踪反馈，真正去关怀消费者，跟消费者建立一种良好的关系，从而使消费者对企业产生忠诚，进而使其成为企业的核心消费者，义务去为企业宣传和推销产品。这才是销售的最高层次。

　　推销员："您好，我是喜乐公司的王涛，我带来了一种新型的调料盒。"

　　顾客："调料盒？我家有，不买！"

　　推销员："那您一定有好多调料盒吧。"

　　顾客："那当然。你看，这是花椒盒，这是味精盒，这是……"

　　推销员："真不少，看来您很喜欢烹调美食啊，光调料盒就有这么多，挺占地方吧？"

　　顾客："为了吃得可口，没办法。"

　　推销员（开始示范产品）："您看，这种调料盒，能分装10种调料，而且可以挂起来，既卫生，又好看，还不占地方，用着特别方便，如果它，您的厨房就更整洁了。"

　　顾客："不错，多少钱？"

　　推销员："一个调料盒仅5元钱，十分便宜。"

顾客："确实便宜。"

推销员："那就把这套给您留下吧?"

顾客："好，给你钱。"

任务3 广告

一、广告的含义

广告是沟通组合中受到普遍重视和应用的沟通方式。广告的历史久远，凝聚着历史与创新的广告方式，在现代市场营销中占有越来越引人注目的地位。在现代企业营销活动中，广告作为信息和信息传播手段之一，在促进产品销售方面发挥着极其重要的作用。

广告作为一种沟通方式，是广告主为了推销其商品、劳务或观念，在付费的基础上，通过媒介向特定的对象进行的信息传播活动。

这个定义中有几个要点。

（1）广告是一种非人际传播。

（2）广告有明确的广告主。广告主是广告信息的发布者，对其所发信息的真伪负有法律责任。

（3）广告是付费传播。由于广告传播要借助大众的传播媒介，而媒介作为信息的运输工具是要收取费用的。

（4）广告的对象是有选择的。广告的对象由企业的产品或服务的目标市场决定，广告的"广而告之"仍是以一定的人群为目标对象的。

（5）广告是说服的艺术。广告把信息传播给消费者的同时，希望消费者能接受广告信息，并按照广告主的意愿去行动。

二、广告的分类

广告具有多种多样的形式和内容。对广告进行分类是市场营销人员运用广告开展沟通活动的基本前提，有助于提高广告的针对性和效果。

（一）根据广告的内容分类

1. 产品广告

其宗旨就是宣传和推荐某种或某类商品。产品广告具有下列明显特征：广告上明确地标示品牌；广告上产品清晰可见；广告上清楚说明产品信息。

2. 促销广告

促销广告是为传播促销活动的信息、吸引更多消费者参与而进行的宣传。促销广告中标明了促销活动的名称、活动的时间和期限、赠品、活动的办法、参加促销的方式。

促销活动的组合方式有减价优待、随货附赠、抽奖或猜奖、折价券、加量优待、以旧换新、折价优惠和免费送样品。促销广告的送出方式有定点分送、逐户投递、邮寄样品、广告截角赠送、零售点分送、商品附赠和媒体分送。

3. 形象广告

以塑造和传播富于魅力与个性的品牌形象为主旨的广告即为形象广告。其主要特征为广告着重表现一个品牌的风格和特质；广告要传达企业的理念、精神、历史和文化；广告着力塑造企业的整体形象；广告刻意强调一个团体的思想、理念和目标。

4. 服务广告

经济活动的活跃和消费水平的提高使服务业日趋发达。通常服务业提供的不是有形的物质产品，而是一种消费者能从中获得所期望利益的服务。金融、通信、运输、工商服务等企业为扩大宣传所做的广告均属服务广告。

5. 事件广告

事件广告即借助精心策划对组织的活动、事件所进行的广告宣传。其特征是广告上说明活动或事件的名称、地点、时间、期限、参加的条件或方式、意义和目的，参加活动的奖金、奖品、免费赠品，主办、协办以及赞助单位。

事件广告包括展览会、演唱会、竞赛活动、体育运动、集会活动和文化活动广告。

6. 公益广告

为推动公益活动而设计的广告就是公益广告。其特征是广告内容与商品和企业无关，旨在传递爱心；告知一个与公众福利有关的信息；传达助人、健康的活动信息；传播一个政令、共识、理念，以取得全民的认同；教导一种正确的生活方式或观念；以公众利益为主题，唤起大家的共鸣等。

7. 消费观念广告

消费观念广告是帮助建立或改变企业或某一产品在消费者心目中的形象，从而使消费者形成一种消费习惯或消费观念的广告，而这种观念的建立是有利于广告主获取长久利益的。

（二）按照发布广告的媒体分类

1. 视听广告
视听广告包括广播广告、电视广告等。

2. 印刷广告
印刷广告包括报纸广告、杂志广告和其他印刷品广告等。

3. 户外广告
户外广告包括路牌广告、招贴广告、交通工具上的广告以及布置在文体活动场所的广告等。

4. 销售现场广告
销售现场广告包括企业在销售现场设置的橱窗广告、招牌广告、墙面广告、柜台广告、货架广告等。

【知识链接】 四大广告媒体的特点

1. 报纸

报纸是经常被采用的一种广告媒体，也是一种出现比较早的传播媒体，它有很多优点：发行量大，传播范围广，覆盖率高，读者广泛且较稳定；传播及时；传播信息量大；读者看广告的时间不受限制，广告刊出的日程选择自由度大；费用较低。

报纸广告的局限性包括：时效短，过期报纸一般读者很少接触；注目率低，庞杂的内容易分散读者的注意力；技术差、形象欠佳，在印刷效果上不及杂志等印刷品，在形象表达上远不如电视等。

2. 杂志

杂志分类明确，作为广告媒体的优点主要有：目标市场针对性强，读者稳定，容易辨认，宣传效率较高；可利用专业刊物的声望加强广告效果；持续时间长，能在一定时期内被阅读；视觉集中，杂志广告通常独占一个版面，读者注视率较高；制作精美、效果好，从而提高产品视觉印象。

杂志广告的缺点是：受定期发行的时间限制，广告难于适时发布；接触对象不够广泛，专业性强，影响广告信息的扩散；制作时间较长，灵活性较差。

3. 广播

广播广告是在 20 世纪 40 年代兴起的，曾在一段时间内成为人们广为应用的主要宣传媒体。它的优点是：传播迅速、及时、灵活，对时效性要求较高的广告尤其适用；传播空间大、覆盖面广，扩大了广告传播区域；广告内容变更容易；广播广告制作简便，费用较低。

广播广告的缺点是：传递的信息量有限；广播媒体是声音的唯一传播，无法进行产品演示；声音消逝速度快，有声无形，接受者印象不深，往往需要利用其他媒体进行补充；难以把握收听率，收听对象不平衡且听众的选择性较差。

4. 电视

电视是一种声、画结合的现代化广告媒体，虽然电视广告起步较晚，但其发展最快，所以电视日益成为最重要的广告媒体。它的优点是：具有视觉、听觉和实例示范产品的特点，广告作品的形象生动、鲜明；能综合利用各种艺术形式，表现力强，吸引力大；覆盖面广，收视率高；广告信息传达迅速，且受时空限制较小。

电视的缺点是：播放时间短，广告信息消逝快；制作费用和播放费用高；缺乏针对性，广告对象难于选择。

近年来，在广告业中逐渐出现了一种新兴广告媒体形式——网络广告。网络广告具有形式多样、宣传范围广、价格便宜、互动性强、更改方便、宣传效果好等特点。网络广告发布的主要方式有：一是建立公司自己的网址，即以"http//：www"开头的字符串；二是像常规的广告一样，向某个网上的出版商购买一个广告空间；三是在专题论坛上以电子消息的形式发布广告。

（三）按照广告覆盖的范围分类

1. 全国性广告

全国性广告是指选用全国性传播媒体，如全国性报纸、杂志、电台、电视台进行的广告宣传，其覆盖范围与影响都比较大。

2. 区域性广告

区域性广告是指选用区域性传播媒体，如地方报纸、杂志、电台、电视台开展的广告宣传，这种广告的传播范围仅限于一定的区域内。

（四）按照广告的对象分类

1. 消费者广告

消费者广告即面向广大消费者的广告，在各类广告中所占比例较大。

2. 产业用品广告和商业批发广告

产业用品广告和商业批发广告即针对生产企业、商业批发企业或零售企业的广告。

3. 专业广告

专业广告即针对教师、医生、律师、建筑师或会计师等专业人员的广告。

三、广告决策

广告作为信息传播手段之一，在促进产品销售和塑造企业形象方面发挥着极其重要的作用。广告决策也称广告的 5 M 决策，是企业在总体营销战略的指导下，对企业的广告活动进行的一系列规划与控制。在确定企业目标市场和明确购买动机的前提下，广告决策共包括以下 5 项决策。

- 确定广告目标（任务，Mission）。
- 广告预算决策（资金，Money）。
- 广告信息决策（信息，Message）。
- 广告媒体决策（媒体，Media）。
- 广告效果测定（衡量，Measurement）。

（一）确定广告目标

广告目标是广告活动要达到的预期目的，规定着广告活动的总任务，决定着广告活动的行动发展方向，是制定广告决策的首要步骤。广告的最终目标是增加销售量和利润，但企业利润的实现是企业营销组合综合作用的结果，广告的目标以信息传播目标为主。广告目标主要有以下几种类型。

（1）创造品牌广告目标（告知性广告），其目的在于介绍企业产品，唤起初步需求。它通过对产品的性能、特点和用途的宣传介绍，提高消费者对产品的认识程度，重点加强消费者对新产品的理解，加深品牌印象，创造名牌。

（2）保牌广告目标（提醒性广告），其目的在于保持消费者、社会对产品的记忆。广告的诉求重点是保持消费者对广告产品的好感、偏爱，增强其信心。

（3）竞争性广告目标（说服性广告），其目的是使消费者从选择竞争对手的产品转向选择本企业的产品。广告的诉求重点是宣传本产品比其他品牌同类产品的优异之处，使消费者认识本产品的好处，以增强他们对广告产品的偏爱，并争取使偏好其他产品的消费者转变偏好，转而购买和使用广告产品。原则上广告目标应该规定具体的指标和要求，如视听率、知名度、理解率、记忆率和偏爱率等，以作为检查广告效果的依据。

（二）广告预算决策

广告预算是企业广告计划对广告活动费用的估算，是企业投入广告活动的资金费用使用计划。它规定在广告计划期内从事广告活动所需的经费总额、使用范围和使用方法，是企业广告活动得以顺利进行的保证。

（三）广告信息决策

广告信息决策也就是解决广告说什么和怎么说的问题，有效的广告信息是实现企业广告活动的目标、获得广告成功的关键。最理想的广告信息应能引起人们的注意，提起人们的兴趣，唤起人们的欲望，促使人们采取行动。

（四）广告媒体决策

广告信息需要通过一定的媒体才能被有效地传播出去，然而不同的媒体在广告内容承载力、覆盖面、送达率、展露频率、影响力以及费用等方面有差异，因此正确地选择媒体是广告策划过程中一项非常重要的工作。

（五）广告效果测定

对广告的有效计划与控制主要基于对广告效果的测定。广告效果测定包括两个方面的内容：一是广告的销售效果测定，即对广告宣传对企业产品销售状况产生的影响进行测定，该测定一般在广告播出之后进行；二是广告的传播效果测定，也就是对既定的广告活动对消费者知识、感情与信念的影响程度进行测定，该测定可以在广告播出之前或播出之后进行。

任务4 营业推广

近年来，由于受到品牌数量增加，产品日趋相似，竞争者经常使用销售促进，消费者、经销商要求厂商提供更多优惠，广告因成本上升、媒体干扰和法律约束而效率下降等因素的影响，加之销售促进具有产品与市场针对性强、短期沟通效果明显、可供选择的沟通手段灵活多样等优点，营业推广获得了迅速发展。

一、营业推广的种类

营业推广又称销售促进，是指企业在特定的目标市场中为迅速刺激需求和鼓励消费而采取的沟通措施，如陈列、展出、展览、表演和许多非常规的非经常性销售尝试。营业推广包括如下种类。

（一）针对消费者的营业推广

其目的是鼓励老消费者继续使用，促进新消费者使用，动员消费者购买新产品；引导消费者改变购买习惯，或培养消费者对本企业的偏爱行为等。可以采用以下几种方式。

（1）赠送：向消费者赠送样品或试用样品。样品可以挨户赠送，在商店或闹市区散发，在其他商品中附送，也可以公开广告赠送。赠送样品是介绍一种新商品最有效的方法，费用也最高。

（2）优惠券：给持有人一个证明，证明他在购买某种商品时可以免付一定金额的钱。

（3）廉价包装：是在商品包装或招贴上注明比通常包装减价若干的商品，它可以是一种商品单装，也可以把几件商品包装在一起。

（4）奖励：可以使消费者凭奖励券买一种低价出售的商品，或者凭券免费购买，或者凭券买某种商品时有一定优惠，各种抽奖活动也属此类。

（5）现场示范：企业派人在销售现场进行使用示范表演，把一些技术性较强的产品的使用方法介绍给消费者。

（6）组织展销：企业将一些能显示企业优势和特征的产品集中陈列，边展边销。

┣【案例】　促销活动，送得好还要送得妙┣

促销活动是送礼，但一定得符合目标消费者的接受心理。礼要送得好、送得妙。1998年雷氏纯蛇粉策划了这样一个活动。

口号：爱心奉献社会　幸运送给用户。

活动：买雷氏纯蛇粉　送福利彩票。

内容：买雷氏纯蛇粉一盒，赠"上海风采"福利彩票一张，多买多赠。

宣传：广告除了说明活动以外，着重树立雷氏为社会福利事业真诚奉献，把幸运无私地送给消费者的形象。跟踪领取彩票的中奖者进行报道，大张旗鼓地"热炒"。

益处：一张彩票面值 5 元，但潜藏的价值却可能是一百万元，这使其吸引力大增。雷氏仅仅送出 5 元，换来的却是快速促销的实绩和良好的形象。

（二）针对中间商的营业推广

其目的是鼓励批发商大量购买，吸引零售商扩大经营，动员有关中间商积极购存或推销某些产品。可以采用以下几种方式。

（1）批发回扣：企业为争取批发商或零售商多购进自己的产品，在某一时期内可给予购买一定数量本企业产品的批发商以一定的回扣。

（2）推广津贴：企业为促使中间商购进企业产品并帮助企业推销产品，还可以支付给中间商一定的推广津贴。

（3）销售竞赛：根据各个中间商销售本企业产品的实绩，分别给优胜者以不同的奖励，如现金奖、实物奖、免费旅游、度假奖等。

（4）交易会或博览会、业务会议。

（5）工商联营：企业分担一定的市场营销费用，如广告费用、摊位费用，建立稳定的购销关系。

（三）针对推销人员的营业推广

其目的是鼓励推销人员热情推销产品或处理某些老产品，或促使他们积极开拓新市场。可以采用以下方式。

（1）销售竞赛：如有奖销售、比例分成。

（2）免费提供人员培训、技术指导。

销售奖励

二、营业推广的特点

1. 直观的表现形式

许多营业推广工具具有吸引注意力的特点，可以打破消费者购买某一特殊产品的惰性。它们告诉消费者这是永不再来的一次机会，对于那些精打细算的人有很强的吸引力，但这类人对于任何一个品牌的产品都不会永远购买，是品牌转换者，而不是品牌忠诚者。

2. 灵活多样，适应性强

可根据消费者心理和市场营销环境等因素，采取针对性很强的营业推广方法，为消费者提

供特殊的购买机会，具有强烈的吸引力和诱惑力，能够唤起消费者的广泛关注，立即促成购买。

3. 有一定的局限性和副作用

有些方式显现出卖者急于出售的意图，容易造成消费者的逆反心理。如果使用太多，或使用不当，消费者会怀疑此产品的品质及质量，或产品的价格是否合理，产生"推销的是水货"的错误感觉。

三、营业推广的实施过程

营业推广的实施过程包括：必须确定目标，选择工具，制订方案，方案试验，实施和控制方案及评价结果。

（一）确定目标

就消费者而言，目标包括鼓励消费者更多地使用商品和促进大批量购买；争取未使用者试用，吸引竞争者品牌的使用者。就零售商而言，目标包括吸引零售商们经营新的商品和维持较高水平的存货，建立零售商的品牌忠诚和获得进入新的零售网点的机会。就销售队伍而言，目标包括鼓励他们支持一种新产品，激励他们寻找更多的潜在消费者和刺激他们推销商品。

（二）选择工具

可以在上述的各种营业推广中，灵活有效地选择使用。

（三）制订方案

在确定销售促进目标和工具后，接下来就是制订具体的促销方案。在制订这一具体方案时要做出以下几方面的决策。

（1）激励规模。销售促进对象的激励规模要根据费用与效果的最佳比例来确定。

（2）激励对象。刺激可以提供给任何人，或是选择出来的一部分人，选择的正确与否直接影响营业推广的最终效果。

（3）送达方式。企业营销人员必须研究通过什么送达方式让激励对象来参与，才能达到理想的效果。

（4）活动时间。活动什么时候开始，持续多长时间，要根据消费需求时间的特点结合总的市场营销战略来确定。

（5）预算及其分配。营业推广需要大量资金支持，事先必须进行策划预算。

（四）方案试验

面向消费者市场的营业推广能轻易地被预试，企业可邀请消费者对几种不同的、可能的优惠办法做出评价，也可以在有限的地区进行试验性测试。

（五）实施和控制方案

实施的期限包括前置时间和销售延续时间。前置时间是从开始实施这种方案前所必需的准备时间。销售延续时间是指从开始实施到大约 95%的采取此促销办法的商品已经在消费者手里所经历的时间。

（六）评价结果

最普通的一种评价方法是把推广前、推广中和推广后的销售结果进行比较。

任务5　公共关系

一、公共关系的概念和特点

（一）公共关系的概念

公共关系是社会组织为了塑造组织形象，通过传播沟通手段来影响公众的科学与艺术。从沟通方式的角度看，公共关系指的是企业有意识地、自觉地采取措施改善企业与社会公众之间的关系状况，增强社会公众对企业的了解与支持，树立良好的企业形象与产品形象，从而提高社会公众对企业及其产品的接受程度。其含义可从以下几个方面理解。

（1）公共关系是社会组织与其公众之间的关系，其中社会组织是主体，公众是客体。

（2）公共关系的手段是传播。

（3）公共关系具有明确的目的性，目的在于为社会组织建立良好的信誉，美化形象。

（二）公共关系的特点

公共关系作为一种沟通手段，能够获得长期效应、具有很高的可信度。公共关系具有以下特点。

（1）公共关系的着眼点，是在社会公众中树立良好的企业形象与产品形象。

企业开展公共关系活动，一般不直接推销产品，不以立即促成购买行为为目标，而是通过积极参与各项社会活动，宣传企业的经营宗旨，着眼于建立良好的公共关系，形成和谐的人事气氛与最佳的社会舆论，提高企业的知名度，树立良好的信誉和形象，以赢得社会各界的了解、好感、信任、合作和支持，从而提高社会公众对企业及其产品的认同感与接受程度。

（2）公共关系的对象，不只是企业产品的购买者，还有各种社会关系。

企业在其日常生产经营活动中，总要与协作者、竞争者、银行及其他金融公众、供应商和产品经销商、消费者和用户、政府部门、新闻界人士、各界社会团体以及企业所处的社区产生种种复杂的社会关系。因此，企业的公共关系实际上指的就是该企业赖以生存、发展的整个社会关系网络。企业的生产经营活动形成了这些关系，这些关系又反过来影响和制约着企业的有关活动，成为企业生存与发展的人事环境和社会气候。企业通过有关的活动，建立良好的公共关系，不仅有助于产品销售，而且对企业的整个生存发展都是至关重要的。所以，公共关系的对象不单是企业产品的购买者，而是企业面临的各种公共的社会关系。

（3）公共关系的基本方针是着眼于长远打算、着手于平时努力。

企业与公众之间的良好关系，不是一朝一夕可以建立起来的。建立良好的公共关系需要长期的、有计划的、持续不懈的努力。为了长远的利益，企业要舍得付出眼前代价，要通过点点滴滴的工作去建立、维护、调整和发展与公众之间的良好关系。

（4）公共关系注重运用现代信息的沟通理论、方法和形式实现企业与社会公众之间的双向沟通。

企业要建立并维护与社会公众的良好关系，创造企业运行的最佳社会环境，就必须运用现代信息沟通理论和方法，利用各种信息沟通工具和形式，建立企业同外部社会的信息沟通网络。在公共关系活动中，企业与社会公众之间的信息沟通是双向的，即一方面对外沟通，使公众认识和了解自己，引导和调整社会公众对自己的看法；另一方面吸取舆情民意，根据顾客需求与公众意愿去设计自身的形象，使自己的方针、政策、产品和服务等更加符合公众的利益。

（5）公共关系的基本原则是真诚合作、互利互惠。

企业的公共关系对象都是与企业有着一定的利益关系，对企业的生存发展具有一定制约力的组织或个人。这种以一定的利益关系为纽带的双方关系特别强调平等相待、互利互惠，企业只顾自身利益而不择手段、不顾后果就毫无公共关系可言。与自己的服务对象一同发展是公共关系的重要原则。

二、公共关系策划的主要类型

（一）利用新闻传播媒体开展宣传

社会组织运用各种传播媒介和活动进行传播，使各类公众充分了解，以获得更多的合作者与支持者，达到促进社会组织发展的目的。公共关系人员可以在不违背真实性原则，不损害公共利益的前提下，有计划地策划、组织、举办具有新闻价值的活动、事件，制造新闻热点、吸引新闻界和公众视线，以提高知名度，扩大社会影响范围。企业可以向新闻媒体投稿，传播企业及产品的信息，或召开记者招待会、新闻发布会、新产品信息发布会，或邀请记者写新闻通信、人物专访、特写等。新闻媒体具有权威性，对社会公众有很大的影响力。因此，通过新闻媒体向社会公众介绍企业和产品具有很强的说服力，可以有效地增强社会公众对企业及其产品的认同感与提高其接受程度。

（二）企业形象设计

企业形象设计（Corporation Identification System，CIS 或 CI），原意是企业识别系统，意为一个社会组织用以区别于其他组织的各种图形、文字、风格等的综合体，其目的是展露产品特色，突出企业风格，宣传企业文化。

CIS 具体包括 3 个方面内容。

1. 理念识别

理念识别的内容如图 8-1 所示。

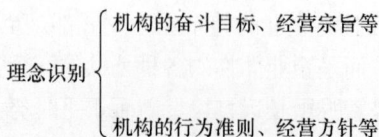

$$
理念识别
\begin{cases}
机构的奋斗目标、经营宗旨等 \\
\\
机构的行为准则、经营方针等
\end{cases}
$$

图 8-1　理念识别的内容

其目的在于从思想上、精神上使本企业区别于其他竞争者，如理想信念、企业文化、价值观念等。其外在表现形式可以包括广告词（如四川长虹的"以产业报国，民族昌盛为己任"就反映了民族产业的企业文化，广东健力宝的"运动饮料健力宝"就反映了体育产品的企业文化）、企业的厂训、厂歌、特定仪式等。

2. 行为识别

行为识别的内容如图 8-2 所示。

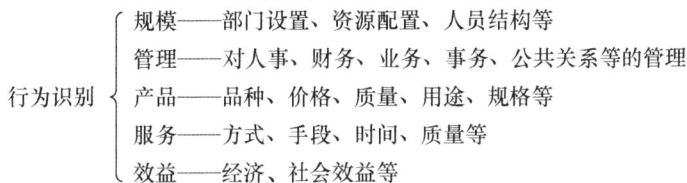

行为识别 ⎰
规模——部门设置、资源配置、人员结构等
管理——对人事、财务、业务、事务、公共关系等的管理
产品——品种、价格、质量、用途、规格等
服务——方式、手段、时间、质量等
效益——经济、社会效益等

图 8-2　行为识别的内容

其目的在于从行为举止、服务方式上使本企业区别于其他竞争者，如饮食业从点菜到上菜时间的规定、迎宾员鞠躬度数的规定等。海尔集团规定：凡购海尔空调者，可享受 24 小时内上门安装服务，安装 1 个月内公司也将电话查询使用情况，这种独特的时间规定就是海尔形象设计的一部分。

3. 视觉识别

视觉识别包括机构名称、商标、品牌、徽记、代表色、内外环境等。其目的在于从视觉上使本企业的产品、服务、形象区别于其他竞争者。其方法很多，包括设计独特的产品商标、款式、包装，企业的厂牌、厂名，员工的着装及佩戴的厂徽等。

（三）服务性公共关系

服务性公共关系以向公众提供各种实惠服务为特点，把社会组织形象与优质服务融合在一起，感化公众，在公众心中留下深刻难忘的印象，以具体实在的行动向公众证明其诚意。它包括售前、售中、售后服务，咨询服务、技术服务和信息服务。

（四）社会性公共关系

社会性公共关系活动包括捐赠（慈善救济、福利活动、公共设施建设、教育事业、学术研究等），赞助（体育赞助、文艺赞助、专题活动赞助、学生赞助等），支持义卖、义演，开展环境保护工作，参与社区公益活动，维护社区安全等。这些活动有助于提高企业的声誉和知名度，使企业赢得社会公众的信任和支持。

（五）举办各种专题活动

专题活动包括开业典礼、开工典礼、厂庆、周年纪念、有奖评优、知识竞赛、参观访问等。这些活动可以扩大企业的影响范围，加强企业同外界公众的联系，树立良好的企业形象。

（六）矫正性公共关系

企业经常会遇到一些个别事件，如消费者投诉、不合格产品引起的事故、被谣言中伤等。这些事件的发生往往会使企业的信誉下降，产品销售额下跌。危机事件的特点是具有突发性、坏影响且较正难。

企业处理危机事件要做到以下几点。

（1）冷静对待，从最坏的角度考虑。

（2）迅速查明原因，尽快将事实公之于众。

（3）实事求是，不故意隐瞒重要情节。

（4）短时间内提出解决问题的对策。

（5）派专人与新闻媒介联络。

（6）做好受害人的安抚工作。

（7）通过多种渠道，将处理结果告诉公众，尽量减少坏的影响。

总之，要将公众利益放于首位，尽量挽回企业损失。

三、公共关系的对象

企业的公共关系可以分为内部关系与外部关系。企业的内部公共关系包括职工关系和股东关系。企业的外部公共关系包括企业与所有外部公众的关系。本书是从企业市场营销的角度来研究的，因此，书中所提公共关系主要是指外部的公共关系。企业的公共关系对象主要有以下几个。

1. 消费者

在市场经济条件下，满足消费者的需求是企业一切活动的出发点。成功企业的经验也表明，以消费者为中心建立良好消费者关系的目的就在于促使消费者形成对本企业及其产品的良好印象，在消费者中建立企业的声誉，提高企业在社会公众中的知名度。因此，为了建立与消费者间的良好关系，企业应始终坚持为消费者提供满意服务的观点，与消费者进行有效的沟通，特别要注意处理好与消费者发生的纠纷，因为被满意的消费者就是最好的广告宣传者。

2. 供应商与经销商

企业要生产产品，就必须有原材料、燃料、机器设备、零配件等，这些都要靠供应商来提供，而产品生产出来之后，还要由经销商卖给消费者。商业企业也需要供应商提供丰富、可靠的货源。而且，供应商和经销商还可以为企业提供有关市场、原材料、商品、价格、消费趋势等方面的信息。因此，为了使原材料的供应得到保证，使产品的销售渠道顺畅，并获得一些供销方面的重要信息，企业应该努力与供应商、经销商建立良好的关系。

要建立良好的供销关系，主要靠优良的产品服务、合理的价格及供销人员的努力。但是，公共关系人员也应积极推进企业与供应商、经销商之间的信息交流，增进彼此间的了解，密切相互间的联系。

3. 政府机关

政府是国家政权的执行机构，它具有组织和领导经济建设的职能，对企业进行宏观管理是国家经济职能的重要组成部分。同时，政府的各个职能部门所制定的政策、法规会直接或间接地影响企业。因此，企业必须经常与政府有关部门进行沟通，以及时了解有关的政策、法规及计划，并使之能尽量有利于企业的发展。

4. 社区

社区是由居住在一定区域的人们因利益相互关联而结成的相对完整的社会实体。企业的社区关系主要是指企业与周围的工厂、机关、商店、学校、医院、居民等的相互关系。这些社会组织和群体，不一定与企业有业务关系，却是企业赖以生存和发展的外部环境，与企业有着十分密切的关系。因此，企业应与社区携手，共同繁荣社区的地方经济，与社区共建精神文明，以获取社区的谅解和支持。

5. 媒介

媒介是企业最特殊的一类公共关系对象，企业的公共关系活动通常要借助于媒介工具来进行，通过媒介向外发布，以扩大活动的影响范围。因此，企业的公共关系部门要与媒介保持密切的关系。企业应当特别重视正确处理媒介对企业的批评报道，既不盲目接受，也不拒不接受批评，而是要采取冷静的态度进行调查和分析，以求重新树立企业的形象。

除此之外，企业还应处理好与竞争对手的关系，市场营销实践表明，企业之间的竞争，与其拼得你死我活，两败俱伤，不如携手共进。那种殊死的拼斗对于双方都是有百害而无一利的，因此，现在很多企业之间的关系已逐步发展成既有竞争，又有合作的关系。

课堂讨论

1. 如何成为一名优秀的推销人员？
2. 最有效的促销手段是广告吗？

能力形成考核

【知识测试】

1. 选择广告媒体时应考虑哪些因素？
2. 广告目标按其具体内容进行分类，可分为哪几个？
3. 对广告效果进行评价时，一般从 3 个方面进行，试简述这 3 个方面的内容。

【能力训练】

三只松鼠的营销

大家对三只松鼠这个品牌想必并不陌生，对于一般的消费者而言，他们考虑的是产品好不好吃，价格贵不贵，但是对于运营和企业管理人员来说，关注的就是三只松鼠能够大火的原因，今天我们就来分析一下三只松鼠的促销方式。

1. 在细节上做到极致

三只松鼠发现消费者食用坚果时，肯定需要一个垃圾袋。于是，三只松鼠就在包装里增加了一个价值 0.18 元的袋子，这虽然增加了额外成本，但也使消费者被三只松鼠的细心和体贴所打动。

2. 精准的企业定位

三只松鼠有着精确的企业定位。它出于对消费者的考虑，专注于生产消费者喜欢吃的零食，而且零食种类繁多，满足了众多消费者的不同需求。

3. 不一样的品牌形象

相信三只松鼠的品牌"代言人"，三只可爱的小松鼠——鼠小贱、鼠小酷、鼠小美，给众多消费者都留下了深刻的印象。这三只松鼠能让消费者产生这就是自己的宠物的感觉，给人以亲切、真实的感觉，拉近了品牌与消费者的距离，同时也让消费者对品牌产生了强烈的好感。

4. 不断挖掘消费场景

挖掘消费场景，不是让企业去寻找消费者，而是让企业帮助消费者找到消费的场景，这样企业的产品就能被更多的消费者所接受。三只松鼠不断努力挖掘消费场景，如使其成为游客在漫漫旅途中打发无聊侯车时间的良品。

三只松鼠的成功，值得很多企业学习和借鉴，你从中发现了哪些好的促销方式？

【技能提升】

[实训项目]

为当地有名的产品做促销策划。

[实训目的]

检验学生对促销策略的应用情况。

[实训任务]

选择当地有名气的某一食品或生活用具，为其制订促销策划方案。

[实训步骤]

（1）以小组为单位，组织学生外出考察某一企业。

（2）对调查情况进行分析讨论，写出品牌策划方案。

（3）派代表将策划方案送交考察企业。

（4）课堂评析各小组策划书。

[考核评价]

由任课教师负责实训指导与考核评价，其中预习准备 10%，实际操作符合要求 30%，实训记录完整 20%，实训分析报告完整清晰 30%，团队合作 10%。

项目九

新媒体营销

→ 学习目标

【知识目标】

1. 掌握新媒体营销的概念及常用方法。
2. 了解新媒体营销运营的类型和关键特征。

【能力目标】

1. 运用不同新媒体工具进行整合营销。
2. 能结合实际情况分析企业实施新媒体营销的效果及前景。

→ 案例导入

"集五福"——支付宝"经典"的营销活动

第一年 2 个亿，第二年 2 个亿，第三年直接翻翻升级 5 个亿……支付宝集五福的活动，在 2018 年春节如期而至，从第一年争议颇多，到今年玩法多变，"集五福"已经成为支付宝"经典"的营销活动，而"集五福"最热闹的地方，是支付宝的对手微信的朋友圈。

微信是支付宝的竞争对手，尤其是在新零售渠道，微信支付的市场份额一度超过支付宝，而支付宝为了在新零售中独占鳌头，在支付应用上不惜以直接发红包撒钱的方式，直接抢"用户"，培养用户线下使用支付宝的习惯。而有趣的是，支付宝的支付送红包的"推广"重地，是腾讯的 QQ、微信，许多网友通过群发二维码的方式，主动推广支付宝，从而让自己获利，这也让支付宝支付送红包成为一场病毒营销。

而 2018 年初的支付宝晒年度消费单，也在朋友圈进行了一次成功的刷屏，这次消费账单用年度关键词，如"能干""颜值正义""温暖""爱""当家"……给每个消费者定义了一个标志，带有字谜的色彩，一度刷爆朋友圈。从营销角度来说，支付宝的晒账单活动差不多已经有将近十年的时间，已经让用户养成了一种习惯。

支付宝的集五福活动，最早的动机是为了阻击微信。当时，支付宝为了迎战微信，推出了"来往"软件，结果"来往"没有形成影响力。所以在微信用红包瞬间抢占移动支付市场的时候，支付宝在春节祭出了集五福活动。虽然第一次集五福活动结果没达到预期，但是整个过程人们的参与度，让支付宝窥到了移动社交的强大之处。然后第二年的集五福活动，就取得了成功，到今年已经是第三次了。而对于很多用户来说，对这个活动已经期待了好久，而且各大媒体，包括主流媒体、自媒体自动传播，在微信朋友圈，也开始以病毒营销的方式迅速传播，和往年比较，获得的参与度和关注度更高。

红包这个关键词，古已有之，在春节做好"春节"关键词，虽然微信撬动了这个市场，提早开启了微信发红包活动，但是，以红包为主题，不限于微信支付这个"玩法"，可以生出很多新的"玩法"，如支付宝的集五福就是一个变相的红包游戏。

一个游戏想要深入人心，需要两个硬性条件，一个是真的，不是虚假的，和发放各种价值上百上千的礼券比较，根本没有给几元钱、几十元钱实惠；另一个是坚持，就是每年都搞一次这样的"烧钱"的活动，就像春晚一样，也是经历了多年的沉淀，才形成了用户的黏性。新年的主题之一是娱乐，"集五福"直接给用户送钱，没有比这个营销更能让用户喜闻乐见的了！

启示：新媒体的飞速发展令人瞩目，一系列数据不断被刷新，这给现代营销提出了新的挑战。如何运用新媒体开展营销，营造一个良好的企业生存发展空间成为当务之急。

任务1　走进新媒体营销

一、新媒体的内涵

（一）界定新媒体

新媒体是相对于传统媒体而言的，是在报刊、广播、电视等传统媒体以后发展起来的新的媒体形态，是利用数字技术、网络技术、移动技术，通过互联网、无线通信网、有线网络等渠道以及计算机、手机、数字电视机等终端，向用户提供信息和娱乐的传播形态和媒体形态。

联合国教科文组织对新媒体下的定义是："以数字技术为基础，以网络为载体进行信息传播的媒介。"新媒体就是能对大众同时提供个性化的内容的媒体，是传播者和接受者融会成对等的交流者、而无数的交流者相互间可以同时进行个性化交流的媒体。

新媒体是新的技术支撑体系下出现的媒体形态，如数字杂志、数字报纸、数字广播、移动电视、桌面视窗、数字电视、数字电影、触摸媒体、手机网络等。相对于报刊、户外、广播、电视四大传统意义上的媒体，新媒体被形象地称为"第五媒体"。

（二）新媒体的特征

1. 全民参与传播

从传播者而言，新媒体传播不再是机构、媒体单位的事情，每一个公民都可以参与其中，谁都可能是记者、编辑，全民参与。同时，每一个人不但是信息的接受者，也能成为新闻的采集者和传播者。

2. 即时、实时、全时传播

从信息传播的时效性方面来说，新媒体信息传播打破了传统媒体定时传播的规律，表现出即时、实时、全时的特征，信息随时都可以发布。

3. 信息传播的互动性

所有的用户都有机会参与到信息的搜集、发布等一系列活动中，并且能发表自己的评论。受众能够强烈地体会到一种参与感，主动性和积极性被调动起来，信息的互动性也使目标受众实现从被动到主动的改变。

4. 传播内容的丰富性

与传统媒体相比，新媒体不仅支持用户传播文字、图片，还支持音频、视频等多媒体信息，新媒体在传播内容的表现形式方面更为丰富，文字、图像、声音等多媒体化成为一种趋势。

5. 传播内容的碎片化

碎片化也可以叫作"微内容"，并非整块的内容，很多内容只是零碎地堆砌在一起，而没有得到有效的整合。

6. 传播行为的个性化

博客、微博等新的传播方式，使得每一个人都成为信息的发布者，可以个性化地表达自己的观点，传播自己关注的信息。传播内容与传播形式等完全是"我的地盘我做主"。个性化的传播方式一方面让众人体会着发布信息、影响他人的快感，同时也带来了个人隐私泛滥、内容良莠不齐的弊端。

7. 传播途径的多样性

传播者可以用计算机、手机等多种手段进行信息发布，受众也可以通过计算机、手机等多种手段接收多媒体信息，客户端实现多样化，这是传统媒体无法比拟的。

二、新媒体营销与运营

（一）新媒体营销的界定

新媒体营销是指利用新媒体平台进行营销的模式。在新媒体应用之前，过去的营销方式偏重于硬性推广，而新媒体的发展使得营销人员与消费者沟通的互动性增强，更有利于取得高效的传播效果。企业要做的，就是让目标客户参与其中，让品牌融于与消费者的互动中，融于口碑中，从而使营销活动获得事半功倍的效果。

（二）新媒体营销的意义

新媒体营销具有以下意义。

（1）新媒体营销能让消费者自主选择产品并实现有效互动。

（2）新媒体营销拓展了营销的创意空间。

（3）更精准化的定位可以满足消费者的个性化需求。

（4）可以帮助企业构建巨大的营销数据库。

微营销

（三）新媒体营销运营的主要工作

新媒体营销的成功运营要做好以下工作。

（1）理解产品。脱离产品的新媒体运营是没有意义的。

（2）积累网感。运营者要具备能够快速抓住网络流行热点创造内容的能力。

（3）整合资源。整合网络上的写文案的素材以及能帮产品传播的优质资源。

（4）内容策划。新媒体运营的形式会一直在变，但有效策划好内容、好活动的基本框架却是稳定的。

任务2　新媒体营销常用工具

一、从门户网站到微门户

（一）门户网站

所谓门户网站，是指通向某类综合性互联网信息资源并提供有关信息服务的应用系统。

在全球，最为著名的门户网站是谷歌以及雅虎，而在我国，最著名的门户网站有中国四大门户网站（新浪、网易、搜狐、腾讯），其他如百度、新华网、人民网、凤凰网等也较为著名，其中百度已经成为我国排名第一的搜索网站。

传统意义上人们所理解的门户类网站主要是指一些综合性质的网站，也就是相对于那些专业性较强、涉及内容较为单一的垂直类网站而言的。二者的区别似乎可以形象地理解为：超级市场与专卖店之间的区别，前者品牌及商品类型众多，后者却较为单一。但是如果严格的从互联网门户概念的诞生以及门户的字面意义来讲，各种类型的网站都可成为门户类网站，因为从字面上来理解，门户本身应该就是一种手段、媒介，通过这个媒介领略大千网络世界，这样理解的话所谓门户不应有内容类型以及多寡的区别。

网站是要通过互联网这个全球性的网络来宣传企业、开拓市场，同时降低企业的管理成本、交易成本和售后服务成本，并通过开展一系列的电子商务活动获得更多的利润，这些均与企业的经营目的是一致的。

网络媒体不同于大众媒体，信息时代的网民及其需求也不同于过去时代的受众及其需求，千万不要轻视网络媒体所具有的信息交流平台功能，千万不要轻视数量日增的网民对新闻服务以外的信息需求。向网民发布新闻固然是门户网站的一种模式选择，但是，为网民提供信息交流平台，使网民从多种渠道（如其他网民）获取多元信息（不仅限于新闻）也是门户网站的一种模式选择，也许，这是更好、更有前途的模式选择——以这种模式成功的网站正在涌现。

（二）微门户

门户通常指一个起始点或者一个网站，用户通过它们可以在 Web 上航行，获得各种信息资源和服务。门户是网络世界的"百货商场"，也是网络世界的"大门口"，当前中国网站的发展形式主要是以资讯为支撑的新闻结构型网站，网站依靠大量的信息来填充网站的空间。而微门户则是一个新的概念，微门户按照定义，只是一种门户的类型而已，但是作为一种新的类型，相比之下，它的形式更加直观，访问模式更加便捷。当前一些互联网企业给微门户冠以新闻资讯为主的小型门户网站的定义，其实是不准确的。搜狐微门户是搜狐旗下的一个产品，将搜狐门户网站上的海量内容精挑细选，呈现最优质的新闻资讯。搜狐微门户包含新闻、娱乐、图片、视频、财经、房产、游戏、体育、汽车九个分类资讯，同时，用户还可以通过个性资讯订制自己感兴趣的新闻源，如南方周末、凤凰网等。

微门户是一种 App 应用，随着智能手机和终端的兴起，用户希望通过更加快捷的方式访问和浏览信息，App 应用符合这一特性，并且随着用户对功能需求的不断提升，传统 WAP 已经很难满足用户的浏览需求，无法真正实现个性化订阅和离线阅读等特点。微门户可根据用户自己的需要对资源随性进行订阅和排序，打造专属于自己的个性化微门户。在安装微门户客户端之后，用户可以直接通过客户端访问微门户，客户端支持预加载以提升浏览品质，是智能手机和终端的主流访问模式，它通过多种滑动、单击、长按等操作完成浏览，使得阅读更加富有趣味性。

微门户从技术上解决了浏览信息必须依赖网络的特性，通过离线模式也能够获取信息和服务，用户可以在出门前从办公室或家中的 Wi-Fi 网络中提前下载出门后所需要查阅的信息和服务内容，为路途中的信息浏览节约了很多流量费用。微门户因基于 App 应用模式开发，不受浏览模式和网络制约，在使用上更加贴合于微博访问模式。

二、从博客到微博

博客营销是指通过博客平台为商家、个人等创造价值而执行的一种营销方式，也是指商家或个人通过博客平台发现并满足用户的各类需求的商业行为方式。博客营销以博客作为营销平台，每一个用户都是潜在营销对象，企业通过更新自己的博客向网友传播企业信息、产品信息，树立良好的企业形象和产品形象。每天通过更新微博内容就可以跟大家交流互动，或者通过发布大家感兴趣的话题来达到营销的目的，这样的方式就是最近几年被广泛认可的微博营销。该营销方式注重价值的传递、内容的互动、系统的布局、准确的定位，微博的火热发展也使得其营销效果尤为显著。微博营销涉及的范围包括认证、有效粉丝、话题、名博、开放平台、整体运营等。当然，微博营销也有其缺点，如有效粉丝数不足、微博内容更新过快等。自 2012 年 12 月后，新浪微博推出企业服务商平台，为企业在微博上进行营销提供一定帮助。

博客营销和微博营销的本质区别可以从下列 3 个方面进行简单的比较。

（一）信息源的表现形式存在差异

博客营销以博客文章（信息源）的价值为基础，并且以个人观点表达为主要模式。每篇博客文章表现为独立的一个网页，因此对内容的数量和质量有一定的要求，这也是博客营销的瓶颈之一。

微博内容则短小精练，重点在于表达现在发生了什么有趣（有价值）的事情，而不是系统的、严谨的企业新闻或产品介绍。

（二）信息传播模式的差异

微博注重时效性，3 天前发布的信息可能很少会有人再去问津，同时，微博的传播渠道除了相互关注的好友（粉丝）直接浏览之外，还可以通过好友转发向更多的人群，因此是一种快速传播简短信息的方式。

博客营销除了用户直接进入网站或者 RSS 订阅浏览之外，往往还可以通过搜索引擎搜索获得持续的浏览。博客对时效性要求不高的特点决定了博客可以获得多个渠道用户的长期关注，因此创建多渠道的传播对博客营销是非常有价值的，而对未知群体进行没有目的的"微博营销"通常没有太大意义。

（三）用户获取信息及行为的差异

由于博客营销属于传统的内容营销方式，用户获取博客信息与获取企业网站信息的方式没有显著区别，即通过用户直接访问、搜索引擎、网站内部及外部链接、其他网站的转发等方式浏览博客信息。

在微博环境中"用户是网络信息发布和传播的主体，也是网络信息源及信息的接收者"，用户获取信息及传播信息可以同时进行，同时又可以用多种方式便捷地实现信息获取和传播。

将以上差异归纳起来可以看出，博客营销以信息源的价值为核心，主要体现信息本身的价值。微博营销以信息源的发布者为核心，体现了人的核心地位，但某个具体的人在社会网络中的地位又取决于他的朋友圈对他言论的关注度，以及朋友圈的影响力（即群体网络资源）。

因此可以认为微博营销与博客营销的区别是，博客营销可以依靠个人的力量，而微博营销则要依赖博主的社会关系和网络资源。

三、从QQ到微信

（一）IM营销

IM 营销又叫即时通信营销（Instant Messaging），是企业通过即时工具 IM 帮助企业推广产品和品牌的一种手段，常用的主要有两种情况：第一种，网络在线交流。中小企业开设网店或者建立企业网站时一般会有即时通信在线，这样潜在的客户如果对产品或者服务感兴趣自然会主动和在线的商家联系。第二种，广告。中小企业可以通过 IM 营销通信工具，发布一些产品信息、促销信息，或者可以通过图片发布一些网友喜闻乐见的表情，同时加上企业要宣传的标志。

IM 营销是网络营销的重要手段，是进行商机挖掘、在线客服、病毒营销的有效利器，是继电子邮件营销、搜索引擎营销后的又一重要营销方式，它克服了其他非即时通信工具信息传递滞后的不足，实现了企业与客户的无延迟沟通。

作为即时通信工具，IM 最基本的特征就是能够实现即时信息传递，且具有高效、快速的特点，无论是品牌推广还是常规广告活动，通过 IM 都可以取得巨大的营销效果。正如有的学者所说，即时通信平台有着与生俱来成为营销平台的可能。

（二）QQ与微信营销

企业使用 QQ 与微信进行营销，都属于 IM 营销。大家都知道 QQ 和微信都是腾讯的产品，这两款产品在我国都有巨大的人群基础。在我国社交领域的地位举足轻重。那么 QQ 和微信到底有什么区别呢？

QQ 和微信都是社交软件，QQ 是 PC 端时代的产物，微信是移动端时代的产物。QQ 是从

PC 端发展来的，后来也可以用于移动端。微信主要定位移动端，所以微信在 PC 端的功能是很简单的，使用也不是很方便。

微信现在的使用人群数量和影响力比 QQ 大，无论是年轻人还是老年人都愿意使用微信。微信的几个重要功能有：公众号、朋友圈、钱包、卡包、购物、小程序等。这些功能每一个都担负"重要责任"。例如，利用公众号，可以建立各类公司的资料库、信息库，然后公司可以利用这些资料进行微信营销。再如，腾讯之所以能够在支付领域迅速崛起，就是用好了钱包中的红包功能。

QQ 和微信的最大区别主要就是两点：一个是定位，QQ 定位 PC 端，微信定位移动端；另一个就是 QQ 之前都是利用用户群体优势和流量优势来进行产品推广的，但现在微信是利用用户的整个移动生态圈在进行营销的。

四、从视频到短视频

（一）视频网站

视频网站是指在完善的技术平台支持下，让互联网用户在线流畅发布、浏览和分享视频作品的网络媒体。除了传统的对视频网站的理解外，近年来，无论是 P2P 直播网站，BT 下载站，还是本地视频播放软件，都将向影视点播扩展作为自己的一块战略要地。影视点播已经成为各类网络视频运营商的兵家必争之地。尽管我国网络视频市场正在飞速发展，但很少有企业实现盈利，只有资金雄厚的企业才能生存下来分享利润。

目前，视频网站的最佳商业模式仍不清晰。一些视频网站通过让广告商给频道冠名收取费用；另一些以向注册用户提供没有广告的服务收取费用；还有一些找到了合作伙伴共同进军电子商务和网络游戏市场。

现在，视频网站的竞争也从以往的拼融资、拼概念、拼流量时代，进入了内容为王的时代。目前，发展前景较为清晰、光明的垂直类视频网站就剩下优酷了，其他核心的竞争者则是搜狐、百度、腾讯这类互联网老牌公司。

（二）短视频

短视频是指在各种新媒体平台上播放的、适合在移动状态和短时休闲状态下观看的、高频推送的视频内容，其时长从几秒到几分钟不等。内容融合了技能分享、幽默搞笑、时尚潮流、社会热点、街头采访、公益教育、广告创意、商业定制等。由于内容较少，可以单独成片，也可以组合成为系列栏目。

短视频营销

不同于微电影和直播，短视频并不像微电影一样具有特定的表达形式和团队配置要求，具有生产流程简单、制作简单、参与性强等特点，又比直播更具有传播价值，但超短的制作周期和趣味化的内容对短视频制作团队的文案以及策划功底有着一定的要求，优秀的短视频制作团队通常依托成熟运营的自媒体或 IP，除了有高频稳定的内容输出外，也有强大的粉丝渠道；短视频的出现丰富了新媒体原生广告的形式。其主要形式有以下几种。

1. 短纪录片

一条、二更是国内出现较早的短视频制作团队，其内容多以纪录片的形式呈现，内容制作精良，其成功的渠道运营优先开启了短视频变现的商业模式，被各大资本争相追逐。

2. 网红IP型

papi酱、回忆专用小马甲、艾克里里等网红在互联网上具有较高的认知度，其短视频内容贴近生活。

3. 草根恶搞型

以快手为代表，大量草根借助短视频在新媒体上输出搞笑内容，这类短视频虽然存在一定争议性，但是在碎片化传播的今天也为网民提供了不少娱乐谈资。

4. 情景短剧

被人们熟知的陈翔六点半、报告老板、万万没想到等团队制作的短视频大多为情景短剧，该类短视频多以搞笑为主，在互联网上被广泛传播。

5. 技能分享

随着短视频的快速发展，技能分享类短视频也在网络上得到了非常广泛的传播。

6. 街头采访型

街头采访也是目前短视频的热门表现形式之一，其制作流程简单，话题性强，深受都市年轻群体的喜爱。

7. 创意剪辑

利用剪辑技巧和创意，制作的或精美震撼，或搞笑的短视频。

五、从数字电视到直播

数字电视采用了双向信息传输技术，增加了交互能力，使人们可以按照自己的需求获取各种网络服务，包括视频点播、网上购物、远程教学、远程医疗等，使电视机成为名副其实的信息家电。

数字电视提供的最重要的服务就是视频点播（VOD）。VOD 是一种全新的电视收视方式，它不像传统电视那样，用户只能被动地收看电视台播放的节目，它使用户拥有了更多的选择权，有更强的交互能力，传用户之所需，看用户之所点，有效地提高了节目的参与性、互动性、针对性。因此，可以预见，未来电视就是朝着点播模式的方向发展的。数字电视还提供了其他服务，包括数据传送、图文广播、上网服务等。用户能够使用电视实现股票交易、信息查询、网上冲浪等，这扩展了电视的功能，把电视从封闭的窗户变成了交流的窗口。世界通信与信息技术的迅猛发展将引发整个电视广播产业链的变革，数字电视是这一变革中的关键环节。

伴随着电视广播的全面数字化，传统的电视媒体将在技术、功能上逐步与信息、通信领域的其他手段相互融合，从而形成全新的、庞大的数字电视产业。这一新兴产业已经引起广泛的关注，各发达国家根据自己的国情，已分别制定出由模拟电视向数字电视过渡的方案和产业目标。数字电视被各国视为新世纪的战略技术。数字电视成了继电信引爆 IT 之后的又一大"热点"。

电视数字化是电视发展史上又一次重大的技术革命。数字电视不但是一个由标准、设备和节目源生产等多个部分相互支持和匹配的技术系统，而且将对相关行业产生影响并促进其发展。数字电视是数字信息技术的产物，以数字化、交互性为特色，它把电视传播方式与信息技术集于一身。与收看的传统模拟电视相比，数字技术使数字电视无论是画面的清晰度还是伴音效果都大大地提高了。同时数字电视播出系统能有效地节省频道资源。而且，由于宽带网能顺畅地传播即时视频图像和清晰的声音，所以数字电视能被充分应用于各个行业，开展各种综合性业务。

直播营销是指在现场随着事件的发生、发展进程同时制作和播出节目的播出方式，该营销活动以直播平台为载体，以提高企业品牌知名度和销量为目的。直播营销是一种创新的营销形式，也是非常能体现互联网视频特色的板块。

对于广告主而言，直播营销有着极大的优势：①某种意义上，直播营销就是一场事件营销。除了本身的广告效应，直播内容的新闻效应往往更明显，也更具引爆性。②用户群精准。在观看直播视频时，用户需要在一个特定的时间共同进入播放页面，这其实与互联网视频所提倡的"随时随地性"是背道而驰。但是，这种播出时间上的限制，也能够使企业真正识别出并抓住这批具有忠诚度的精准目标人群。③能够实现与用户的实时互动。相较传统电视，互联网视频的一大优势就是能够满足用户更为多元的需求。用户不仅是单向观看，还能一起发弹幕"吐槽"，喜欢谁就直接"献花打赏"，甚至还能动用民意的力量改变节目进程。这种互动的真实性和立体性，也只有在直播的时候能够完全展现。④深入沟通，情感共鸣。在这个碎片化的时代里，在这个去中心化的语境下，人们在日常生活中的交集越来越少，尤其是情感层面的交流越来越少。直播，这种带有仪式感的内容播出形式，能将一批具有相同志趣的人聚集在一起，营造良好的沟通氛围。如果品牌能在这种氛围下进行恰到好处的营销，使用户产生共鸣，营销效果一定也是四两拨千斤的。

移动互联网的出现，使人们拥有了更多的自主权，媒体不再是少数专业人士手中的特权，人人都有了接受和传播信息的权利。移动视频直播相对于以往的文字、图片、视频等能够更加直观地呈现丰富多彩的内容，用户进入门槛降低，只需要一部智能手机、一个 App 平台账号，就可以随时随地分享、观看直播内容。对于看似遥不可及的明人，用户原本只能作被动的"旁观者"，而今通过移动视频直播平台，可以实时了解他们的动态，并且可以利用弹幕、打赏等功能与他们实时互动，用户成为移动视频直播的"直接参与者"。

相比其他社交平台，移动视频直播平台最大限度地突破了时间和空间上的束缚，让许许多多的事件第一时间呈现在大家眼前，改变了媒介传播的形态，影响了人类的生活和消费方式，也构建了未来生活和消费的种种新的场景。随着直播成为移动互联网的一大流量入口，很多的企业和厂商都在关注直播所创造的全新价值。自从电商出现之后，消费场景被割裂成线上和线下两个部分，消费者可以足不出户进行购物，从"图文详情""买家秀"和"用户评论"中获取商品的信息，从而做出购物决定。而移动直播营销重塑了用户的实时在场状态，使用户可以边看边买，眼见为实的普遍心理使直播营销相对于其他营销形式更能在消费者中产生信任，利于形成购物冲动，参与感与体验感更强。以品牌发布会为例，以往受制于场地的容量，能够现场观看的人数是有限的，而且品牌方和用户之间难以直接沟通。移动视频直播就彻底改变了这样的状况。2016 年 5 月 25 日，小米公司推出新产品无人机，小米的官网、官微等直播平台，联合了爱奇艺、斗鱼、虎牙等直播平台并机直播了长达 3 小时的新品发布会，当日直播观看人数超过了 100 万，观看总人数更是达到了 1092 万。小米 CEO 雷军在直播中亲自介绍无人机产品，与观众积极互动，认真回答网友的问题，拉近了产品与用户之间的距离。

如果想让广告被千万人在线围观，并且弹幕讨论不停，目前只有直播可以做到。想必这些大品牌之所以格外关注和热衷直播营销，背后的根本原因是直播作为一个新兴而迅猛成长的产业，正在成为一股巨大的"势能"。更重要的是，目前视频直播正在成为吸人眼球的新热点，用户规模已经不可小觑。

六、从淘宝到微商

淘宝网是亚太地区较大的网络零售商圈，由阿里巴巴集团在 2003 年 5 月创立，在我国深受欢迎，拥有近 5 亿的注册用户数，每天有超过 6000 万的固定访客，同时每天的在线商品数已经超过了 8 亿件，平均每分钟售出 4.8 万件商品。截至 2011 年年底，淘宝网单日交易额峰值达到 43.8 亿元，创造 270.8 万个直接且充分的就业机会。在 2017 年的"双 11"活动中，淘宝+天猫成交额再次刷新纪录，达到 1682 亿元，其中无线成交额占比 90%。全球消费者通过支付宝完成的支付总笔数达 14.8 亿笔，比 2016 年增长 41%。截至当天 24 点，全球有 225 个国家和地区的用户加入了 2017 年天猫"双 11"全球狂欢节。随着淘宝网规模的扩大和用户数量的增加，淘宝也从单一的 C2C 网络集市变成了包括 C2C、团购、分销、拍卖等多种电子商务模式的综合性零售商圈。目前已经成为全球知名的电子商务交易平台之一。

淘宝网实行实名认证，一旦发现用户注册资料中主要内容是虚假的，淘宝可以随时终止与该用户的服务协议。其还利用网络信息共享优势，建立了公开透明的信用评价系统。淘宝网的信用评价系统的基本原则是：成功交易一笔买卖，双方对对方做一次信用评价。为了解决 C2C 网站支付的难题，淘宝打造了"支付宝服务"技术平台。它是由浙江支付宝网络科技有限公司与公安部门联合推出的一项身份识别服务。支付宝的推出，解决了买家对于先付钱而得不到所购买的产品或得到的是劣质产品的担忧；同时也解决了卖家对于先发货而得不到钱的担忧。

微商营销是基于微信这个社会化媒体形成的一种全新营销形态，首先，这种营销形态是免费的，并无最低资金准入门槛，也不像传统媒体那般需要投资天价的广告费；其次，它破除了时区及地区的枷锁，使得企业与消费者之间的沟通是随时随地的；最后，微商营销将微信的社交功能发挥得淋漓尽致，使得"微商"不仅是一种生意，更是一种生活。微商营销的特点表现在以下几个方面。

1. 即时性强。不同于其他社交媒体的营销模式，即时性的信息传播特点在微商营销中得到了更好的发挥和表现。通过其他社交媒体发布出去的消息可能会因为受众的离线而失去即时被获取并浏览的机会，使得这些消息被埋没在茫茫的信息大海中。而微信却截然不同，微信特有的即时提醒功能会在消息到达移动终端的第一时间提醒用户查看，这充分确保了信息的时效性。

2. 精准度高。因发送信息之前已经与对方加为好友，所以微商从微信推送的信息，对方是一定能够阅读到的。相比于传统营销模式，通过微信发布消息目的性更强，也就是说只有微商的潜在客户，也就是微信平台后台的粉丝才能看到微商发布的信息，而那些没有购买或合作意向的群体则不会收到信息。这种营销模式一方面保证了精准客户信息的获取，另一方面也避免了由于疑似垃圾信息而产生的负面影响。

3. 功能性强。通过不断升级与迭代，现在的微信几乎能满足现代人的所有需求，如看新闻、读书、交友、打车、购物、订餐等。

4. 用户主导。区别于其他营销工具，微商具有可随意拉粉的特点，且在加粉这方面完全尊重粉丝自己的意愿。在微信里，用户可以通过扫描二维码或搜索微信公众号来关注商家，而微商却不能主动获取用户信息。通过微信进入微商数据库的粉丝从某种程度上来说都是微商的目标客户。

5. 成本低廉。微商营销的成本几乎为零，无论是注册微信公众号还是发布消息都是免费的，这就无形中为企业节约了成本。对于微商来说，通过微信实现微商营销的唯一投入就是雇佣后台维护人员的费用，而这些成本与以往传统的营销渠道相比可以说是微乎其微。

淘宝的最大优势在于其品牌知名度高，积累了数以亿计的用户，且很多人网购的时候习惯性地要去淘宝看看，将其作为比价平台，这些都构成其他网购平台无法与之竞争的巨大品牌优势。也正因如此，一些新开的店想要突出重围，脱颖而出也不是一件容易的事。

　　微商最大的优势是移动+社交，毋庸置疑的是移动端将是未来的发展趋势，用户移动端的第一大诉求又是社交，移动的便利性可以让人们在一天的碎片时间中也能在网上购物。同时，微商还可以利用人脉，达到定向推销的效果。对于实力不是太强的入行新手，选择微店比淘宝网店更具优势，而且运营成本更低。

七、从自媒体到社群

　　自媒体（We Media）又称"公民媒体"或"个人媒体"，是指私人化、平民化、普泛化、自主化的传播者，以现代化、电子化的手段，向不特定的大多数或者特定的单个人传递规范性及非规范性信息的新媒体的总称。自媒体平台包括博客、微博、微信、百度官方贴吧、论坛/BBS 等网络社区。

社交媒体

　　美国新闻学会媒体中心于 2003 年 7 月发布了由谢因波曼与克里斯威理斯两位联合提出的"We Media（自媒体）"研究报告，里面对"We Media"下了一个十分严谨的定义："We Media 是普通大众经由数字科技强化、与全球知识体系相连之后，一种开始理解普通大众如何提供与分享他们自身的事实、新闻的途径。"简而言之，即公众用以发布自己亲眼所见、亲耳所闻事件的载体。

　　在自媒体时代，各种不同的声音从四面八方传来，"主流媒体"的声音逐渐变弱，人们不再接受被一个"统一的声音"告知对或错，每一个人都在从独立获得的资讯中，对事物做出判断。

　　自媒体传播有别于由专业媒体机构主导的信息传播，它是由普通大众主导的信息传播活动，是由传统的"点到面"的传播，转化为"点到点"的一种对等的传播。同时，它也是为个体提供信息生产、积累、共享、传播内容兼具私密性和公开性的信息传播方式。

　　自媒体之所以爆发出如此大的能量和对传统媒体有如此大的威慑力，从根本上说取决于其传播主体的多样化、平民化和普泛化。从"旁观者"转变成为"当事人"，每个人都可以拥有一份自己的"网络报纸"（博客）、"网络广播"或"网络电视"（播客）。"媒体"仿佛一夜之间"飞入寻常百姓家"，变成了个人的传播载体。人们在自己的"媒体"上"想写就写""想说就说"，每个"草根"都可以利用互联网来表达自己想要表达的观点，传递自己的点滴生活，构建自己的社交网络。

　　众所周知，自媒体要想获得长足的发展，必须克服两大障碍：一是内容的可持续性问题。如何持续地生产出受欢迎的优质内容，这应该是所有自媒体人都面临的共同难题。二是流量的变现问题。自媒体人辛辛苦苦地产出了优质内容，吸引了一批粉丝，然而却没有一套行之有效的方法让自己的努力能够变现。这两大难题是天然地存在于自媒体身上的。

　　如今，社群和社群经济已得到广泛认可，而自带粉丝光环的自媒体天生就具有社群化的优势。因此，我认为自媒体人应当主动抓住机遇，将自媒体升级为社群媒体，获得持续的内容生产和变现能力，这才是最好的出路。我们知道，与自媒体单纯的"写→看"不同，社群媒体的运作模式更加立体和有机，它通过内容吸引和筛选用户（粉丝），用户沉淀下来后形成社群，社群成功运行后，群成员又源源不断地共同产出优质内容持续吸引用户。社群一旦形成，围绕社群的商业变现模式便可以多种多样了。

　　社群媒体不同于自媒体，由于粉丝沉淀在社群里，天然地便具有了高黏性和高互动性，这使得社群媒体的目标用户非常明确。因此，其在内容生产上，便有了明确的方向。对于内容的喜恶，群成员会有高效而直接的反馈。甚至在内容产出之前和产出的过程中，群成员也可以参与并提出反馈意见。所以，社群媒体产出的内容是高精准度的。群体的智慧是无限大的，内容既然由群成员共同产生，自然不会有枯竭的时候。社群媒体的内容是流量的入口，而社群即是流量的沉淀。即社群媒体产生的内容在群成员间便可形成有效的传播，而不必仅仅依赖于其他的媒体平台。社群媒体可使内容在全网传播，它不像自媒体那样必须死守内容以求变现。因为一旦形成社群，社群媒体的变现模式是多种多样的。社群媒体关心并非靠内容本身变现，内容主要是为其形成影响力，组建社群。因此，只要注明出处，社群媒体是十分欢迎他人传播其内容的，因此，其内容也容易被全网传播。

相对于自媒体来说，社群媒体在内容的生产和传播上都采取了一种更为持续和有效的方式，然而社群媒体区别于自媒体最本质的差别不在于此，而是用户沉淀。这才是社群媒体的核心所在。社群媒体由于摆脱了对内容变现的依赖，因此其商业模式往往是生态的、多样的。因为抓住了"社群"这一价值核心，所以无论是收会员费、社群电商，还是社群广告等，社群媒体都能够"玩得转"。

总的来说，社群媒体在内容生产上采取的是"PGC+UGC"模式，在内容传播上既有群成员传播又有全网传播，而且更加注重用户沉淀，在商业变现上更是有无限的可能，因此我们可以看出，社群媒体将是自媒体的最好出路。可以想见，未来将出现无数社群，每个人都可以加入多个社群。而且，人们将会以自己加入了某些特定的社群而产生优越感。这正如当初自媒体兴起的时候，有些人会因为自己关注了一些有品位的自媒体号而心生自豪感，并自觉地将自己与身边的人区别开来。无奈自媒体已过了黄金时代，社群媒体将是给用户制造优越感的新方向。而这，将给自媒体人带来巨大的机会。

八、大数据下的新媒体营销

这几年"互联网+"不断深入，在被用于实体经济的过程中，产生了大量数据，很多企业也开始把过去业务流程中看不到、抓不起来的数据，都抓了起来。因为绝大多数企业都意识到了大数据对实体经济的影响，但是，不同行业对数据的重视程度和应用有所不同。随着科学技术的迅速发展，互联网、云计算、大数据等现代信息技术不仅影响人们工作生活的方方面面，也在深刻改变着人类的思维方式、学习方式。其中，作为一种海量、高增长率和多样化的信息资产，大数据受到了人们的广泛重视，并成为企业家们的研究热点。

大数据具有大量、高速、多样、低价值密度、真实五个特性。与大数据有关的管理活动包括收集、存储、可视化、交叉分析和评估实时大数据，从而产生可操作信息，并根据有关信息做出决定。它意味着提取研究背景相关数据，并进行有效的知识处理和生产过程。在全世界，每一分钟约有20亿字节的数据被创建。如此规模庞大的数据不仅带来了新资源、新机遇，也带来了新挑战。对大数据的管理和分析涉及许多方面，如电信、健康、广告、消费、金融等。

现在数字转型已成为所有人都要面对的一项挑战。数据已经成为一项需要重视的核心资产。数据之于零售业的改变，从普通消费者角度来说，是购物环节更加便利、购物体验更佳；对于商家而言，是实现精细化运营、效率提高的重要途径。近两年在大数据、人工智能技术的推动下，网络消费形态升级，并呈现品质化、智能化、个性化特点。卓战大数据和人工智能技术支持的个性化场景，实现了针对不同消费者"千人千面"的定向导购和促销；虚拟现实和增强现实技术逐步成熟，缩短了消费者与物品的视觉感知距离，辅助交易达成。

采集和分析大数据可以为新零售提供一些决策的依据，新零售的基础其实是用户，通过卓战大数据我们可以做店铺的客流统计，可以分析潜在客户到底是谁，他们分布在哪里。我们都希望通过数据服务支持，为新零售在商业决策方向上提供支持，同时在精准划分客户上面做一些努力，让新零售在卓战大数据的作用下变得更有生机。对于普通消费者来说，是购物环节更加便利、购物体验更佳。但对于商家而言，是运用卓战大数据、人工智能等先进技术手段，对商品的生产、流通与销售环节进行升级改造，实现精细化运营、效率提高。企业利用大数据对用户的画像，或者了解用户需求后，才可以有针对性地提供产品和服务，而不是像电话推销员一样，不管他人需要不需要，只是盲目地推。这种通过收集、分析、利用大数据，了解客户的需求，从而提供相应的产品或服务的模式，就是 C2B 模式。

任务3 新媒体营销运营策略

一、新媒体营销思路

网络经济进入新媒体时代，许多企业开始从中寻求渠道，通过众多社会化媒体营销来推广自己的产品和服务，但和传统营销一样，时间和金钱是有价的，企业必须有完整的新媒体策略作为保证。

（一）高转化率

企业不能指望在新媒体中获得流量。企业应根据自己的产品和服务，制定一些吸引用户的策略，找出并瞄准我们的目标群体所在的小圈子。200 个手中拿着信用卡的超级目标用户也许比 20000 个随意用户能带来更高的转化。

（二）提高价值

提高流量，同时提供广告价值。这有可能是社会化媒体营销最容易达到的目标。要到达这样目标需要具备以下几个要素。

1. 一个对社会化媒体友好的网站是必需的；
2. 不要老盯着著名的社会媒体平台，要找出更多目标客户所在的小圈子；
3. 一个好的标题也是必需的；
4. 使用相关的图片；
5. 给用户提供其需要的内容；
6. 减少烦人的广告。

（三）优化渠道

一些企业常雇佣市场调查公司为产品改进出谋划策。事实上，新媒体能让企业从用户那里直接得到反馈，聆听用户的意见和建议，也许比那些市场调查公司要靠谱得多，如戴尔、星巴克都建立了用户反馈社区，未来的产品都是靠社区来定义的。

（四）曝光品牌

也许用户至少需要看到（或者听到）你的品牌 6 次，才有可能从你这里买东西。社会化媒体给企业提供了良好展示舞台，企业要多在社会化媒体上露脸。

（五）吸引忠实用户

企业其实也需要有粉丝。企业如果能通过社会化媒体拥有一大批忠实的粉丝，那么这些粉丝就是企业最好的产品推销员了。而要拥有粉丝，则必须让用户能了解你。

（六）目标明确

不要让新媒体被那些社会化网络或者社会化新闻网站搅乱了。新媒体从本质上来说就是一个交流的平台，不管是技术还是手段，沟通是最终目的，每个企业都能从沟通中得到有价值的信息。尽管好多企业都涉猎社会化媒体营销，但有很多都只是在浪费时间和精力。因此，企业应该知道自己希望从社会化媒体中得到什么。

二、新媒体营销模式与策略

科技推动着现代化的步伐，经济浪潮日益席卷整个社会，在多元化的今天，人们已离不开相互交流、互通有无的共同圈。信息时代的到来、快节奏的生活使现代人的生活更加的快餐化。人们对信息的需求越来越高，传统媒体的影响正在逐渐被日益增强的数字化媒体所取代，这是必然趋势。因此，关于新媒体的特点及营销策略的研究就变得尤为重要。

（一）做品牌卖授权

"品牌策略"会使新媒体企业具有"明星效应"，极大提高议价能力。以迪士尼为例，其动漫衍生品的开发主要是通过品牌授权的方式进行的，即被授权商使用授权商的动漫品牌生产销售某种产品或提供某种服务，并向动漫品牌授权商支付商定数额权利金。品牌授权的方式一般有商品授权，促销授权、主题授权、通路授权等。衍生品开发环节是动漫产业链中获益最多的一环，国际上发展成熟的动漫产业链，在动漫播出环节和衍生品开发环节收益比为 1∶9。因此，打造品牌会使企业获得巨大收益。

（二）做渠道卖链接

媒体的增长趋势用"无孔不入"来说一点也不过分，可以说，只要存在受"听""看""感受""触摸"等意念影响环境或者适合音像传播的环境，都可以有媒体的存在。网络时代的媒体资源如同一张密密麻麻的蜘蛛网，包围着所有人的神经和身体，以微小的"人"或"企业"为单位的个体已经无法摆脱媒体。新媒体与传统媒体融合，产生了数字杂志、数字报纸、数字广播、数字电视、数字电影等多种形式产品，通信方面也与新媒体融合，如手机短信、移动电视、宽带网络等，这样也拓展了媒体产品的传播渠道。

而有了渠道的拓展，新媒体依托网络强大的搜索引擎，向用户提供"链接服务"，通过"卖"这种链接与关键词，新媒体企业就能获得盈利。以云媒体电视为例，它的数字电视机顶盒不仅是用户终端，也是网络终端，它能使模拟电视机从被动接收模拟电视转向交互式数字、电视（如视频点播等），并能接入因特网，使用户享受电视、数据、语言等全方位的信息服务。

更重要的是，云媒体电视依托电视互联这一强大的搜索引擎，实现节目的点播。电视互联通过技术手段将互联内容抓取到本地，经过自动格式转换、两级审核审查后，通过电视供用户高速浏览访问，内容可管可控、用户操作行为可追溯，这使电视互联区别于传统互联。云媒体的云共享技术能实现传统媒体与络媒体资源的共享，实现"三融合"。

（三）免费卖服务

新媒体产品最初都是"免费"的，但它并不意味着真正的免费，如 360 杀毒软件提供免费下载、杀毒服务，但是后期专家杀毒等服务却是收费的。可以说免费与收费混合模式在新媒体营销中屡见不鲜。

（四）博关注得收益

"圈人即圈钱"，微博就应用了这种原理。先让用户体验微博乐趣，同时使其通过"加好友"联系身边很多人一起体验。当受众人数庞大起来时，微博就可以进行很多活动推广，可以宣传品牌。

（五）做体验卖升级

据了解，江苏有线的云媒体电视不仅用到云计算技术，还用到当前比较新的"体验技术"，"体验技术"主要包含三方面技术：第一是界面技术，希望通过界面创新，让电视更贴近老百姓，使电视的使用更加简单；第二是智能技术，让电视代替人思考，做智能电视，让电视知道用户的喜好，成为"聪明"的电视；第三是贯穿全程的以用户体验为核心的设计方法。收集 2000 名体验用户的反馈，正体现了江苏有线始终以用户体验为核心。体验技术强调了媒体与用户之间的互动方式正在不断丰富。就如同络游戏一样，用户只有通过体验游戏，对其产生了兴趣与快感，才会花钱去购买更精彩的升级版游戏软件、游戏道具与装备等。

三、需要关注的几个问题

（一）信息复制问题

有些媒体为了更快取得收益，不断"复制"他人成功模式与内容，制造了相同的媒体产品。还有的媒体盲目复制虚假新闻，错误地引导了舆论。

（二）知识产权保护

只有完善新媒体市场，加大法律对其的规范力度，加强版权立法和打击版权侵权力度，让原创企业利益得到很好保护，促进传媒产品公平、公开、有序地进行交易，才能提供一个公开的市场交易平台。公开的市场交易平台不仅可以为新媒体产品提供市场化的交易平台，也可以更广泛地为新媒体企业引入资本支持，提供融资服务。

四、新媒体营销运营流程

（一）选择社会化媒体

分析社会化媒体的运营特点，研究社区人群的行为特性。

（二）根据营销目标制订方案

根据目标群体的行为特性，结合企业需要宣传展示的内容和目标（品牌展示、促销、引流、转化等）制订策划方案，这个方案需要和群体关注的热点、兴趣爱好、切身利益有关，需要渗透企业的品牌、价值、理念等，需要具备有趣、有价值、有内涵的特点。

（三）收集反馈信息，互动，改进

（四）效果评估

利用有效工具，对方案进行定量和定性评估，以提高项目效率和效益。

课堂讨论

1. 新媒体技术对消费者的购买行为产生了哪些影响？
2. 中小企业更适合使用哪些新媒体技术宣传和推广自己的品牌？

能力形成考核

【能力训练】

还记得日本漫画家安倍夜郎的"深夜食堂"吗？里面除了有美食，更有一个个催泪的走心故事。最近，淘宝也推出了"深夜食堂"，官方名曰"淘宝二楼"，主打内容便是美食+故事。伴随而来的还有一档叫作《一千零一夜》新栏目。

淘宝通过大数据发现，晚上10点是一天流量的最高峰期。于是淘宝团队在淘宝二楼打造了一档季播栏目，《一千零一夜》是第一季，以淘宝美食为主题。2016年8月10日晚10点，《一千零一夜》第一集《鲅鱼水饺》上线后，立即在朋友圈引起轰动。据了解，视频播出后，截止到第二天中午12点，这家水饺店卖出了6400份饺子，按照以前的销售速度，这些饺子得卖很久才能卖完。此外，该栏目使淘宝食品全行业成交量增长了11.86%，水饺所在的水饺/馄饨类目，更是暴增了488%，这绝对算得上是一次"叫好又叫座"的营销活动。虽然之后《一千零一夜》的播放量日渐下降，但总的来说，作为淘宝的首档视频栏目，这已是一次较为成功的试水。此后，淘宝二楼将成为淘宝内容营销的新阵地。

淘宝为何在首页大力推广"淘宝二楼"？这种"视频导购"为何会让用户纷纷买账？

【技能提升】

［实训项目］
大学生群体新媒体营销接受情况调查。

［实训目的］
了解大学生群体对新媒体营销的理解和认识，并分析哪些新媒体营销手段在该群体中最受关注。

［考核评价］
由任课老师负责指导与考核评价，其中预习准备占10%，实际调查符合要求占20%，初始记录完整占20%，实训分析报告完整、清晰占40%，团队合作占10%。